# Cinema brasileiro a partir da retomada

CIP-BRASIL. CATALOGAÇÃO NA PUBLICAÇÃO
SINDICATO NACIONAL DOS EDITORES DE LIVROS, RJ

I28c

Ikeda, Marcelo
    Cinema brasileiro a partir da retomada : aspectos econômicos e políticos / Marcelo Ikeda. – São Paulo : Summus, 2015.
    il.

    Inclui bibliografia
    ISBN 978-85-323-1023-1

    1. Cinema – Brasil. 2. Indústria cinematográfica – Brasil. 3. Recursos audiovisuais – Legislação – Brasil. 4. Políticas públicas – Cinema. I. Título.

15-21743
                           CDD: 791.40981
                           CDU: 791.32.072.3

www.summus.com.br

Compre em lugar de fotocopiar.
Cada real que você dá por um livro recompensa seus autores
e os convida a produzir mais sobre o tema;
incentiva seus editores a encomendar, traduzir e publicar
outras obras sobre o assunto;
e paga aos livreiros por estocar e levar até você livros
para a sua informação e o seu entretenimento.
Cada real que você dá pela fotocópia não autorizada de um livro
financia o crime
e ajuda a matar a produção intelectual de seu país.

# Cinema brasileiro a partir da retomada

Aspectos econômicos e políticos

MARCELO IKEDA

summus editorial

*CINEMA BRASILEIRO A PARTIR DA RETOMADA*
*Aspectos econômicos e políticos*
Copyright © 2015 by Marcelo Ikeda
Direitos desta edição reservados por Summus Editorial

Editora executiva: **Soraia Bini Cury**
Assistente editorial: **Michelle Neris**
Capa: **Alberto Mateus**
Projeto gráfico: **Crayon Editorial**
Diagramação: **Santana**
Impressão: **Sumago Gráfica Editorial**

BIBLIOTECA FUNDAMENTAL DE CINEMA – 8
Direção: **Francisco Ramalho Jr.**

**Summus Editorial**
Departamento editorial
Rua Itapicuru, 613 – 7º andar
05006-000 – São Paulo – SP
Fone: (11) 3872-3322
Fax: (11) 3872-7476
http://www.summus.com.br
e-mail: summus@summus.com.br

Atendimento ao consumidor
Summus Editorial
Fone: (11) 3865-9890

Vendas por atacado
Fone: (11) 3873-8638
Fax: (11) 3872-7476
e-mail: vendas@summus.com.br

Impresso no Brasil

# Sumário

Introdução ............................................................................................. 9

1. A implementação do modelo estatal nos anos 1990:
   o fomento indireto ............................................................................ 13
Os atos do governo Collor e a criação do modelo de fomento indireto ................... 13
As transformações do papel do Estado: a crise do Estado interventor
   e o ressurgimento dos ideais liberais ............................................................. 15
O avanço liberal no Brasil: a herança do governo Collor ................................ 19
O modelo de renúncia fiscal: as primeiras leis de incentivo ........................ 21
Da euforia à repolitização: a segunda metade
   da década de 1990 .............................................................................. 33

2. A consolidação do modelo estatal no início dos anos 2000:
   o "tripé institucional" ....................................................................... 39
Edição da MP nº 2.228-1/01: a formação do
   "tripé institucional" ............................................................................ 39
O Estado como regulador: os paradoxos da
   formação da Ancine ............................................................................. 49
Limitações à plena atuação da Ancine ................................................................ 61
A Ancine como agência regulamentadora ........................................................... 70
A equação industrialista e o *boom* de 2003: o art. 3º
   da Lei do Audiovisual e a Globo Filmes ........................................................... 79

3. A reavaliação do modelo estatal: o governo Lula ............................................ 99
Uma nova visão da (política para a) cultura .................................................... 99
O questionamento do papel das agências reguladoras ...................................... 101
Resistências às mudanças de perfil do Estado ................................................. 103
A quebra gradual do "tripé institucional" ....................................................... 110
O fortalecimento da SAv ................................................................................. 121
A manutenção do modelo de fomento indireto ................................................ 129
Um porém: a manutenção da política para a radiodifusão ............................... 137

4. UMA ANÁLISE DAS LEIS DE INCENTIVO E DE SEU IMPACTO
   NO MERCADO CINEMATOGRÁFICO .................................................................. 145
**As leis de incentivo como mera política de oferta de
   longas-metragens cinematográficos** ............................................................... 145
**As transformações no setor de distribuição e exibição** ........................................... 148
**A falta de uma política para a televisão** ........................................................ 159
**Evolução da *performance* do filme brasileiro: o abismo
   entre o *blockbuster* e o filme de nicho** ...................................................... 167
**O ilusório *boom* dos documentários** ............................................................ 172
**O perfil das distribuidoras** ................................................................... 179
**O perfil das empresas produtoras** .............................................................. 185
**A captação de recursos por mecanismo e o perfil dos investidores** .............................. 195
**A ausência de risco para o produtor e as distorções da captação de recursos** ..... 202

5. PARA ALÉM DO FOMENTO INDIRETO: OS MECANISMOS AUTOMÁTICOS
   E O FUNDO SETORIAL DO AUDIOVISUAL ............................................................ 213
**Os mecanismos automáticos** ..................................................................... 213
**O Fundo Setorial do Audiovisual (FSA)** ......................................................... 227

6. UM EPÍLOGO: AS POLÍTICAS PARA O AUDIOVISUAL NO PRIMEIRO
   GOVERNO DILMA (2011-2014) ..................................................................... 241
**A nova gestão do MinC: descontinuidades e retrocesso** .......................................... 243
**A Ancine e a busca de ações estruturantes** ..................................................... 249

REFERÊNCIAS ....................................................................................... 259

*Para Anita Simis,*
*pioneira dos estudos entre Estado e cinema no Brasil.*

*Para Gustavo Dahl,*
*um bravo guerreiro zen.*

# Introdução

**O objetivo deste livro é** traçar um panorama das políticas públicas implementadas em nível federal para o setor audiovisual, com ênfase nas políticas cinematográficas, dos anos 1990 até o final do segundo mandato do governo Lula, em 2010. Nesse período que cobre exatas duas décadas, essas políticas públicas sofreram grandes mudanças, oscilando da profunda crise à incontida euforia.

É possível dividi-las em três fases. A primeira refere-se à reconstrução do apoio estatal às atividades culturais, entre elas as cinematográficas, após os atos do governo Collor – que, com um único decreto, extinguiu as instituições federais de apoio ao audiovisual brasileiro. No entanto, essa reconstrução apoiou-se em um modelo diferente do anterior, passando a se estruturar na participação indireta do Estado, especialmente pelos mecanismos de incentivo baseados em renúncia fiscal, expressos no binômio "mecenato da Lei Rouanet/art. 1º da Lei do Audiovisual". Esse modelo, de inspiração industrialista, buscava recuperar economicamente o cinema brasileiro, cuja ocupação de mercado no início dos anos 1990 chegou a ínfimo 1%.

A segunda fase abrange a consolidação do modelo estatal, já no fim do mandato do governo Fernando Henrique Cardoso. O apoio estatal às atividades cinematográficas passou a se ancorar numa estrutura governamental mais sólida, por meio de um "tripé institucional" construído na complementaridade de três órgãos: o Conselho Superior do Cinema, a Secretaria do Audiovisual e, sobretudo, a Agência Nacional do Cinema (Ancine). Essa estrutura surgia como resposta a um momento de crise, em que os mecanismos de incentivo não conseguiam atingir os objetivos desejados, já que a participação de mercado do filme brasileiro permanecia abaixo de 10%.

A terceira fase corresponde, com o governo Lula, a uma reavaliação do modelo estatal consolidado no governo anterior e aos novos rumos da política cultural conduzidos pela gestão de Gilberto Gil e de Juca Ferreira no Ministério da Cultura. O Estado retomou seu poder ativo de proposição das políticas culturais, fortalecendo a Secretaria do Audiovisual e, consequentemente, rompendo o equilíbrio vislumbrado pelo tripé institucional. Apesar de mudar o foco das políticas culturais, incluindo ações e programas que visam à diversidade dos modos de fazer e de acesso aos bens culturais, descentralizando recursos, o governo Lula não alterou de modo substancial o modelo de financiamento indireto das atividades culturais, mantendo a Lei Rouanet quase sem modificações.

Um esforço desta publicação é o de relacionar as mudanças nas políticas culturais com as próprias transformações do Estado brasileiro ao longo do período analisado. De fato, parto da hipótese de que a condução dos rumos das políticas culturais acaba sendo reflexo inevitável de posições mais amplas, espelhando, nesse aspecto, a própria posição de cada governo quanto ao papel do Estado no desenvolvimento setorial. Desse modo, é possível analisar as transformações das políticas culturais do período como um reflexo das mudanças do próprio Estado brasileiro, entre o "Estado mínimo" do governo Collor, o "Estado regulador" do governo FHC e o "Estado propositivo" do governo Lula – ainda que não necessariamente interventor, como o Estado desenvolvimentista dos anos 1970.

Nesse sentido, boa parte do segundo capítulo, relativo à consolidação do modelo estatal por meio do tripé institucional, é reservada a uma reflexão sobre os motivos de um novo órgão central – a Agência Nacional do Cinema – ter sido criado como agência reguladora, e não como outro órgão de governo (secretaria, autarquia simples ou agência de desenvolvimento). Para isso, é preciso discutir, ainda que de forma introdutória, a regulação econômica, seu papel e seus instrumentos de ação. Acredito que, por meio dessas reflexões, diversas nuances das políticas empreendidas nesse período podem ser mais bem compreendidas.

Por outro lado, a implementação dessas mudanças não aconteceu sem tensões, isto é, as políticas cinematográficas não foram meras transposições do contexto mais geral de reforma do Estado, devendo ser levadas em conta as especificidades do audiovisual, sua história institucional recente e os "traumas" diversos da longa relação entre Estado e cinema. Essas tensões refletiram-se de diversas perspectivas no período analisado, mostrando que os caminhos de um a outro momento não são lineares, muito menos homogêneos, assim como os próprios atores envolvidos, tanto na parte do Estado quanto na do setor cultural, que oferecem facetas múltiplas e, não raro, contraditórias. Decerto este livro não tem a pretensão de esgotá-las, mas de apontar algumas de suas possíveis leituras.

Em seguida, o Capítulo 5 comenta criticamente o modelo de incentivo fiscal, por meio da análise do impacto de sua implementação no mercado cinematográfico, mostrando algumas de suas lacunas e distorções. Para tanto, é constituído por uma extensa apresentação de tabelas e gráficos, elaborados com base em uma volumosa compilação de dados relativos ao desempenho de mercado dos filmes brasileiros lançados comercialmente em salas de cinema entre 1995 e 2009, assim como à captação de recursos pelos mecanismos de incentivo fiscais entre 1995 e 2008. Esse capítulo complementa os anteriores não apenas por descrever os modelos de política pública do período, mas por apresentar, fundamentado num tratamento estatístico de dados, uma análise crítica desse modelo, com indicadores quantitativos e metodologia estável.

Por fim, o Capítulo 6 vislumbra alternativas para além do fomento indireto, descrevendo a reedição de antigos mecanismos automáticos com uma nova roupagem e o fortalecimento do fomento direto reembolsável, com o Fundo Setorial do Audiovisual – cuja estrutura altera de modo substancial a lógica de financiamento público para o audiovisual vigente desde então.

No epílogo, analiso de forma breve as políticas para o audiovisual implementadas durante o primeiro governo Dilma (2011-2014). Ainda que não tenha sido possível atualizar a ampla fonte de dados apresentada no Capítulo 5, as informações acrescentadas contribuem para atualizar a agenda do audiovisual nos últimos quatro anos. Esse período ofereceu alternativas às políticas praticadas no período anterior, recebendo especial destaque a aprovação da Lei nº 12.485/11, cuja semente inicial pode ser associada ao projeto malogrado da Ancinav, ainda no governo Lula. Trata-se, talvez pela primeira vez em todo o período analisado, de uma efetiva ação governamental no sentido de promover uma regulação do conteúdo, concentrando-se nos canais de televisão por assinatura, além de introduzir uma preparação institucional para os futuros (presentes) impactos das novas tecnologias e da convergência tecnológica no mercado audiovisual e de comunicação. Ainda é preciso aguardar um pouco mais para constatar suas reais repercussões, assim como os rumos da política cultural do período seguinte. As perspectivas, no entanto, são promissoras.

Este livro acaba, portanto, com um lampejo de esperança. Melhor que assim o seja.

# 1. A implementação do modelo estatal nos anos 1990: o fomento indireto

## Os atos do governo Collor e a criação do modelo de fomento indireto

**Em março de 1990, por** meio da Medida Provisória 151/90, o presidente Fernando Collor de Mello anunciou um pacote de medidas que pôs fim aos incentivos governamentais na área cultural, extinguindo diversos órgãos, entre eles o próprio Ministério da Cultura, transformado em uma secretaria de governo. Na esfera cinematográfica, houve a liquidação da Empresa Brasileira de Filmes (Embrafilme), do Conselho Nacional de Cinema (Concine) e da Fundação do Cinema Brasileiro (FCB), que representavam o tripé de sustentação da política cinematográfica em suas diversas vertentes.

Com essas medidas, a atividade cinematográfica no país foi imediatamente atingida, ficando bastante comprometida a continuidade de sua realização. Enquanto a participação de mercado do filme brasileiro superou o patamar de 30% no início dos anos 1980, atingindo 32,6% em 1982 (Selonk, 2004), menos de dez anos depois o cenário tornou-se desfavorável. Em 1990 e 1991, ainda houve um número razoável de filmes brasileiros lançados comercialmente, como resultado inercial do período anterior. No entanto, em 1992, apenas três filmes nacionais foram lançados comercialmente, de modo que a participação do cinema brasileiro foi inferior a 1% (Almeida e Butcher, 2003). A velocidade de aniquilamento do mercado em razão da ocupação pelo filme estrangeiro comprovava a fragilidade do sistema de financiamento à produção cinematográfica, incapaz de capitalizar as produtoras para um investimento de risco.

Aos poucos, após reações da sociedade civil e, principalmente, do setor cinematográfico, houve a reconstrução dos mecanismos estatais de apoio a essa atividade. Ainda no governo Collor, houve a saída do então secretário de Cultura, o cineasta Ipojuca Pontes, principal responsável pelo desmonte das estruturas federais de apoio à produção cinematográfica, substituído pelo embaixador Sérgio Paulo Rouanet. Em dezembro de 1991, houve a publicação da Lei nº 8.313/91, a chamada Lei Rouanet, que criou o Programa Nacional de Apoio à Cultura (Pronac), restabelecendo o apoio estatal à atividade cultural. Ainda no governo Collor, Rouanet foi o primeiro responsável por uma reaproximação política com o setor cultural, após o desgaste provocado por Ipojuca (Lopes, 2001).

No ano seguinte, já no governo Itamar Franco, foi criada a Secretaria para o Desenvolvimento do Audiovisual (SDAv), no restabelecido Ministério da Cultura. Em 1993, um ano após sua aprovação pelo Congresso Nacional, houve a publicação de uma lei específica para a atividade audiovisual: a Lei nº 8.685/93, conhecida como Lei do Audiovisual, que, na verdade, era uma versão ampliada dos artigos vetados pelo presidente Collor na Lei nº 8.401/92[1] (Catani, 1994). Apesar de já estabelecida nos governos anteriores (de Fernando Collor e Itamar Franco), foi nos dois mandatos do presidente Fernando Henrique Cardoso que houve a consolidação de uma política cinematográfica baseada no modelo de incentivos fiscais.

O apoio do Estado aos projetos cinematográficos passava a ocorrer numa nova base, um modelo distinto do ciclo anterior, com a criação dos mecanismos de incentivo fundamentados em renúncia fiscal, em que pessoas físicas ou jurídicas realizam o aporte de capital em determinado projeto, sendo que o valor é abatido – parcial ou integralmente – no imposto de renda devido (Cesnik, 2002).

---

1. Essa lei procurava restabelecer uma política programática para o setor cinematográfico, criando o Programa Nacional de Cinema (Procine), que previa mecanismos de financiamento da atividade na área de cinema, além de um mecanismo de incentivo fiscal específico para a atividade. No entanto, esses artigos foram vetados por Collor. O texto sancionado pelo presidente envolvia aspectos ligados a algumas obrigatoriedades, tentando recuperar aspectos da fiscalização do mercado cinematográfico, como a criação do Sistema de Informações e Controle de Comercialização de Obras Audiovisuais (Sicoa). Porém, acabou por excluir toda a parte relativa ao fomento de obras. Para mais detalhes sobre os vetos da Lei nº 8.401/92, veja Lopes (2001).

Dessa forma, o Estado continuava sendo o indutor do processo de produção cinematográfica, mas introduzia os agentes de mercado como parte intrínseca desse modelo. Passava a agir no processo de desenvolvimento do audiovisual brasileiro de forma apenas indireta, estimulando a ação de terceiros, e não mais intervinha diretamente no processo econômico, produzindo ou distribuindo filmes. Apesar de os recursos, em última instância, permanecerem oriundos do Estado, a decisão de investir e a escolha dos projetos partiam de empresas do setor produtivo, cujo negócio muitas vezes nem sequer estava relacionado à atividade audiovisual. Esse modelo baseado em renúncia fiscal era, de um lado, uma resposta às acusações de clientelismo na escolha dos projetos financiados pela Embrafilme, mas, de outro, representava a busca de uma aproximação com o setor privado, um desejo de reconquista do mercado interno, que de maneira rápida passou a ser plenamente ocupado pelo cinema hegemônico.

## As transformações do papel do Estado: a crise do Estado interventor e o ressurgimento dos ideais liberais

**Entretanto, é preciso compreender que** as transformações do apoio do Estado às produções cinematográficas fizeram parte de um contexto mais amplo, tendo em vista as próprias mudanças do papel do Estado brasileiro introduzidas desde o governo Collor. Estas, por sua vez, não foram exclusivas do Estado brasileiro, mas comuns a diversos outros Estados nacionais, e diretamente relacionadas à crise do Estado nacional-desenvolvimentista (ou Estado de bem-estar social), intensificada a partir de meados da década de 1980.

A formação do Estado de bem-estar social (*welfare state*) deu-se como saída para a crise do Estado liberal, reconhecendo a necessidade de um Estado mais ativo na condução dos rumos da economia, de forma a suprir as funções que o mercado não conseguia cumprir. Esse novo modelo se intensificou a partir dos anos 1930, em que o investimento estatal foi visto como válvula de escape para a crise de insuficiência de demanda agregada que o Estado liberal não conseguia resolver, já que seu *modus operandi* era que o mercado representava "o mecanismo de alocação eficiente de recursos por excelência" (Bresser Pereira, 1998). Na lógica liberal, portanto, o principal papel do Estado é o de defender os direitos de propriedade e honrar os contratos existentes, sem os quais o mercado não pode se consolidar com segurança. Dessa forma, o Estado mostrava-se incapaz de superar as crises de demanda do capitalismo, que, de forma cíclica, cada vez mais se intensificavam, assim como de encontrar um ponto de equilíbrio no seu sistema de produção com uma taxa de desemprego menos elevada.

As crises de produção do final dos anos 1920 apontaram para a falência dos rumos do Estado liberal, reconhecendo a insuficiência do mercado em suprir as necessidades econômicas e sociais de um país. A política norte-americana do *New Deal*, de inspiração keynesiana, representou o primeiro passo efetivo para a redefinição do papel do Estado, que passaria a ser mais ativo na implementação de políticas que impulsionassem a economia e garantissem o bem-estar de sua população.

Bresser Pereira (1998) aponta para uma diferença de rumos adotados em resposta à crise segundo a natureza das nações: enquanto nos países desenvolvidos houve o surgimento do Estado de bem-estar social, naqueles em desenvolvimento o Estado assumiu um papel desenvolvimentista e protecionista. Ou seja, enquanto os primeiros voltavam suas políticas para a esfera social, privilegiando políticas de pleno emprego e estabelecendo direitos trabalhistas e de seguridade social, os segundos focavam suas políticas num equilíbrio entre os aspectos econômico e social, encontrando no desenvolvimento econômico uma possibilidade efetiva para não só reduzir o *gap* em relação aos países mais desenvolvidos, mas para elevar o nível de emprego e a renda *per capita*.

De outro lado, mesmo nos países desenvolvidos houve nítidas diferenças na intervenção do Estado: enquanto o *New Deal* norte-americano implementou políticas nitidamente keynesianas, visando à elevação da demanda agregada e à redução do desemprego, o *welfare state* dos Estados europeus teve uma formulação social-democrata, em que o Estado passa a ser o principal provedor dos serviços públicos, a fim de garantir sua universalidade.

No Brasil, o Estado desenvolvimentista teve início nas políticas empreendidas pelos governos de Getúlio Vargas, estando diretamente relacionado com o nacionalismo, de modo que alguns autores chamam a posição do Estado brasileiro da época de nacional-desenvolvimentista. O desenvolvimentismo assumiu nova feição, com um esforço inédito de planejamento global, nos governos militares, cuja representação máxima ocorreu nos Planos Nacionais de Desenvolvimento (PND), responsáveis pelos principais programas de expansão da infraestrutura e do fornecimento dos serviços públicos essenciais, como água, energia elétrica e telefonia, sempre visando a um projeto de integração nacional.

Dessa forma, no caso brasileiro, o Estado estabeleceu-se como agente diretamente participante do desenvolvimento da economia nacional, mediante a exploração direta dos serviços essenciais de utilidade pública, tornando-se o direto executor dos serviços prestados.

No entanto, em meados dos anos 1980, o modelo do Estado intervencionista já mostrava sinais de esgotamento. O ressurgimento dos ideais liberais teve início com os choques do petróleo nos anos 1970, que desestabilizaram a influência dos Estados nacionais.

De um lado, as intensas transformações tecnológicas do período, baseadas na ampla difusão dos equipamentos eletroeletrônicos e, em especial, da informática e das telecomunicações, promoveram um aprofundamento do chamado processo de globalização da economia e a necessidade da aceleração dos fluxos financeiros. A excessiva regulamentação dos Estados nacionais conferia limites à flexibilização das relações de trabalho (obrigatoriedade da concessão de benefícios, rigidez na duração da jornada de trabalho, excesso de impostos trabalhistas etc.). O desenvolvimento de um mercado mundial aumentou a necessidade de competitividade da economia, a fim de responder a novas demandas sociais impulsionadas pela crescente velocidade de transformações tecnológicas e de circulação dos produtos e dos fluxos financeiros. A produtividade das empresas estatais não conseguia atender à necessidade de transformações velozes e imediatas: a burocracia estatal enfrentava problemas de estrangulamento no fornecimento dos serviços essenciais. O Estado, lento e burocrático, não mais conseguia responder às demandas da nova "sociedade em rede", gerando uma carência nos setores de infraestrutura necessários para o incremento da produtividade da economia.

De outro lado, a política de maciços investimentos estatais nos setores essenciais da economia, em geral nos serviços de utilidade pública, além das políticas de seguridade social, conduziram o Estado a uma grave crise fiscal, aprofundada pelos movimentos cíclicos dos anos 1970 e intensificada pelo tamanho excessivo do Estado – composto por um corpo burocrático que o tornou lento e incapaz de responder com eficiência à velocidade das mudanças observadas naquele período. Inchado e endividado, o Estado não mais conseguia fornecer os instrumentos necessários de combate à crise. Havia, portanto, uma perda de confiança em sua capacidade de honrar seus compromissos e estabelecer ações efetivas.

A crise fiscal não atingiu sobremaneira os países mais desenvolvidos, mas causou forte impacto nos países latino-americanos, cujas políticas desenvolvimentistas estavam baseadas sobretudo no aumento dos gastos do governo, sem uma correspondente política de compensação nas áreas fiscal e monetária. Uma decorrência desse fato foi a escalada da inflação em meados da década de 1980, que se tornou crônica no caso brasileiro, dificultando ainda mais a capacidade de governança.

A resposta mais intensa à crise do Estado intervencionista foi a chamada reação neoliberal, que consistiu essencialmente no retorno aos princípios liberais de redução da sua participação na condução dos rumos da economia, com o ressurgimento da ideia de que o mercado é o agente mais eficaz para a busca de um nível ótimo de produção na economia. Esse movimento liberal ganhou força no final da década de 1980, com a difusão do ideário do chamado "Consenso de Washington". Essa expressão foi cunhada após o encontro sediado em Washington, em 1989, realizado pelo Institute for International Economics, em que diversos economistas de perfil liberal discutiram os impasses da economia na época e repensaram o papel do Estado na superação da crise. Suas principais conclusões reafirmavam o postulado liberal, defendendo a liberalização da economia pela implementação de desregulamentações e privatização dos serviços públicos ofertados pelas estatais. Estavam ainda entre as medidas destacadas pela agenda de Washington a proposta de uma reforma tributária e a liberalização do comércio exterior, eliminando as barreiras alfandegárias entre os países e facilitando a livre circulação de produtos e serviços.

Embora as recomendações do Consenso de Washington tivessem aparentemente apenas um fim acadêmico, elas logo se incorporaram à vida das economias latino-americanas quando passaram a servir de receituário para a concessão de empréstimos por parte de organismos internacionais, como o Fundo Monetário Internacional (FMI), o Banco Mundial e o Banco Interamericano de Desenvolvimento (BID). Como a dívida pública dos países latino-americanos atingiu patamares crônicos, devido ao acirramento da crise fiscal, aliado à escassez de crédito financeiro mundial, diversos governos adotaram essas políticas como a única saída viável para contornar a crise, representando um nítido retorno aos ideais liberais, ajustados a um contexto de rápidas transformações em que o processo de globalização se intensificava.

Como aspecto principal, estava em questão a diminuição do Estado, seja em tamanho, com o desmonte das empresas estatais mediante um processo de privatização e com a transferência do controle acionário das empresas públicas para o setor privado; seja em poder, com o estímulo às desregulamentações, intensificando os fluxos tanto de produtos e de serviços – eliminação de barreiras alfandegárias – quanto financeiro – abertura da economia para o ingresso de capitais estrangeiros de curto prazo. O ideário era o de um "Estado mínimo", cuja participação se resumia aos bens públicos que o mercado não poderia suprir, essencialmente segurança, justiça e defesa.

## O avanço liberal no Brasil: a herança do governo Collor

**No Brasil, o avanço liberal** se consolidou no governo Collor. Para Bresser Pereira (1991), Collor pretendeu realizar reformas modernizantes no país, ainda que ligado a uma direita conservadora, mas foi prejudicado pela perversa herança que recebeu do governo Sarney: uma grave crise econômica e enormes pressões dos credores internacionais. Nesse sentido, Collor promoveu uma abertura comercial sem precedentes, reduzindo as barreiras alfandegárias à importação de produtos, como um dos meios de combate à inflação. Com uma política de intensa contenção do consumo, por uma medida radical como o confisco das poupanças privadas, o governo Collor gerou uma profunda recessão na economia, ao mesmo tempo que viu infrutífera sua política de redução da escalada inflacionária.

Já na primeira semana de governo, Collor iniciou os movimentos de enxugamento do tamanho do Estado, extinguindo 11 empresas estatais e 13 outras agências, entre as quais estão os órgãos de apoio ao cinema brasileiro, como vimos. Nesse percurso, portanto, podemos verificar que a extinção desses órgãos não se tratou de estratégia isolada, setorialmente localizada, em função meramente das acusações de clientelismo e da deterioração financeira da Embrafilme, mas, em última instância, representa o próprio percurso ideológico do novo governo no que tange ao papel do Estado na promoção das atividades econômicas, refletindo um movimento estrutural de retração das políticas intervencionistas, em conformidade com o avanço de um ideário liberal.

A curta duração do conturbado governo Collor, interrompido de forma abrupta por seu *impeachment* em setembro de 1992, impediu o aprofundamento das reformas do Estado iniciadas no começo de seu mandato. No entanto, é possível afirmar que os governos de Itamar Franco e de Fernando Henrique Cardoso, ainda que em menor grau, deram continuidade às políticas de reforma do Estado. Sobretudo no campo cultural, existiu um nítido percurso de continuidade. Como diz Castello (*apud* Marson, 2006): "No campo da cultura, pode-se conjeturar: o governo FHC começou bem antes da posse, nasceu antes de si mesmo – iniciado no momento em que, ainda no governo Collor, Rouanet assumiu a Secretaria da Cultura".

O "neoliberalismo" aplicado ao audiovisual brasileiro durou pouco tempo, já que, em 1991, ainda no governo Collor, houve um recuo na total supressão do apoio do Estado às produções culturais, com a edição da Lei Rouanet. No entanto, os efeitos desse "vácuo institucional" perduraram por mais tempo. De um lado, existe o extenso período de regulamentação das leis e de retomada do horizonte de investimentos. Por outro, a própria natureza da realização cinematográfica necessita de um expressivo montante de recursos financeiros e seu prazo de maturação é mais longo que o da média das demais atividades culturais.

Ainda que se compreenda que o modelo de participação do Estado por incentivos indiretos, estimulando o aporte de recursos privados por renúncia fiscal, difere do ato de liberalismo pleno do início do governo Collor, as ações do governo Itamar Franco e dos dois governos Fernando Henrique Cardoso representaram simplesmente a consolidação de um modelo cujas sementes foram plantadas com a formulação da Lei Rouanet, editada ainda em 1991, e da Lei do Audiovisual, aprovada em 1993, portanto antes do primeiro mandato de FHC.

Porém, essa continuidade era trilhada com uma certeza: a de que o apoio à atividade cinematográfica deveria ser feito com uma partilha de responsabilidades entre o Estado e o mercado. Se parecia ser consenso a impossibilidade de manutenção do Estado interventor, como era o modelo vigente à época da Embrafilme, os drásticos atos do governo Collor e a velocidade com que o mercado cinematográfico foi ocupado pelo produto estrangeiro sinalizavam que tampouco a saída era a total omissão do Estado na condução da política cultural, transferindo a responsabilidade da produção cultural exclusivamente para o mercado. Era necessária a busca de equilíbrio, em que tanto o Estado quanto o mercado fossem agentes partícipes de um processo de produção de bens culturais e, nesse conjunto, de obras cinematográficas. Como assinala José Álvaro Moisés (1998, p. 445--62), secretário do Audiovisual no governo Fernando Henrique Cardoso:

> [...] após a desastrosa intervenção do governo Collor de Mello no setor, entre 1990 e 1992, quando se fez uma tentativa de praticamente desobrigar o Estado de qualquer responsabilidade pelo financiamento da cultura – com a extinção de algumas das mais importantes instituições culturais públicas do país e a drástica redução de recursos para a área –, a sociedade brasileira viu-se colocada diante de um falso dilema. Segundo esse dilema, haveria uma oposição insolúvel entre Estado e mercado em face das necessidades de custeio e fomento das artes e da cultura. Nos termos das crenças da época, o dilema teria de ser resolvido em favor do mercado, como se Estado e iniciativa privada fossem as únicas alternativas de seu financiamento e não pudessem, em nenhuma hipótese, combinar-se para custear a criação e a produção artística brasileiras.

## O modelo de renúncia fiscal: as primeiras leis de incentivo

**A partir de 1991, ainda** no governo Collor, foram implementados os primeiros mecanismos de reconstrução do apoio do Estado à atividade cultural, baseados num modelo de renúncia fiscal. Nesta seção, abordaremos as características dos dois principais mecanismos de incentivo para a produção audiovisual criados na década de 1990: a Lei Rouanet e a Lei do Audiovisual.

Apesar da existência de outros fatores que contribuíram para o processo de retomada do cinema brasileiro em meados de 1990, como o Prêmio Resgate, a criação da RioFilme e a participação dos polos regionais, é possível afirmar que os dois mecanismos de incentivo – o art. 25 da Lei Rouanet e o art. 1º da Lei do Audiovisual – representaram a espinha dorsal do novo modelo de fomento à atividade cinematográfica no período.

## A Lei Rouanet: para além do "mecenato privado"

A primeira lei de incentivo à atividade cultural restabelecida nos anos 1990 é a Lei nº 8.313/91, conhecida como "Lei Rouanet", em referência ao diplomata Sérgio Paulo Rouanet, então secretário de Cultura do governo Collor, responsável pelos trâmites de aprovação da lei.

Na verdade, a Lei Rouanet teve um antecedente, gestado logo após a redemocratização brasileira: a Lei nº 7.505/86, conhecida como "Lei Sarney", que estabeleceu o sistema de mecenato privado, em que parte do aporte de recursos por empresas devidamente cadastradas no Ministério da Cultura poderia ser abatida no imposto de renda a pagar. Dessa forma, ela estabeleceu um modelo de relação entre Estado e mercado, baseado num mecanismo de incentivo fiscal, que teve prosseguimento na Lei Rouanet. No entanto, a Lei Sarney foi alvo de acusações de fraudes e desvio de recursos, já que o MinC realizava apenas o cadastramento das proponentes, eximindo-se de acompanhar a destinação financeira dos recursos. Em apenas três anos, foram cadastradas 4.700 entidades culturais, sem um controle sobre os projetos aos quais eram direcionados os incentivos fiscais. Sob tais acusações, a lei foi revogada em 1990, um dos primeiros atos do governo Collor. A falta de controle foi tamanha que não existem dados sistematizados sobre seus principais investidores nem sobre os projetos incentivados, mas estima-se que cerca de US$ 110 milhões tenham sido aplicados pela Lei Sarney em seus quatro anos de vigência.

Nesse aspecto, a Lei Rouanet apresentou-se como uma versão ampliada da Lei Sarney, restabelecendo o sistema de mecenato privado com base em renúncia fiscal, incorporando, por outro lado, um maior critério sobre o controle dos valores incentivados. A partir da Rouanet, não bastava ao Estado apenas o cadastramento dos proponentes, sendo necessária a aprovação dos projetos que seriam beneficiados, bem como um procedimento de prestação de contas dos valores aplicados.

Se de fato a Lei Rouanet retoma o modelo de participação do Estado por meio de renúncia fiscal, é preciso, no entanto, compreendê-la como um sistema que não se limita a esse mecanismo, mas estabelece uma nova forma programática de apoio do Estado às atividades culturais. Dessa maneira, a Lei Rouanet, apesar de ser mais conhecida como lei de incentivo baseada em renúncia fiscal, na verdade tem um sentido mais amplo, sendo o incentivo apenas uma de suas modalidades, sem esgotar, no entanto, todo o seu espectro de atuação. De fato, a Lei nº 8.313/91 instituiu o Programa Nacional de Cultura (Pronac), voltando a sinalizar a preocupação do Estado em promover, direta ou indiretamente, o conjunto das manifestações culturais no Brasil, estimulando a produção e difusão dos meios culturais em geral, além de contribuir para a ampliação do acesso às fontes de cultura para os cidadãos brasileiros.

Dessa forma, a Lei Rouanet cria um arcabouço programático para o setor cultural brasileiro, prevendo diversos tipos de participação do Estado na promoção das atividades culturais, de modo que o mecenato privado a projetos culturais é apenas uma de suas formas de apoio. O segmento audiovisual faz parte dos segmentos contemplados pela Lei Rouanet, que abrange o setor cultural como um todo.

O art. 2º dispõe que o Pronac será implementado por meio de três mecanismos:

- o Fundo Nacional da Cultura (FNC);
- os Fundos de Investimento Cultural e Artístico (Ficart);
- o incentivo a projetos culturais (mecenato).

Vejamos, portanto, suas principais características no que aponta para uma complementaridade de suas ações para a consecução de um sistema programático do apoio estatal às atividades culturais.

## Fundo Nacional da Cultura (FNC)

Segundo o próprio Ministério da Cultura, o Fundo Nacional da Cultura (FNC) é

> [...] um fundo público constituído de recursos destinados exclusivamente à execução de programas, projetos ou ações culturais. O MinC pode conceder este benefício através de programas setoriais realizados por edital por uma de suas secretarias, ou apoiando propostas que, por sua singularidade, não se encaixam em linhas específicas de ação, as chamadas propostas culturais de demanda espontânea.[2]

---

2. Disponível em: <http://www.cultura.gov.br/site/2008/10/17/apresentacao-de-projetos-culturais/>.

Desse modo, o Ministério da Cultura pode apoiar programas, projetos e ações culturais mediante o aporte direto de recursos, com termo de convênio ou contrato de repasse. Ou seja, diferentemente do mecanismo indireto por meio de renúncia fiscal, pelo FNC, o Ministério da Cultura exerce sua ação efetiva de promover políticas públicas ligadas à área cultural por meio da seleção direta de projetos que lhe são apresentados por agentes culturais.

Entende-se, dessa forma, que sua ação é complementar ao mecanismo de incentivo fiscal, ou seja, trata-se de uma ação do Estado no sentido de fomentar a produção e a difusão da cultura em que o interesse da iniciativa privada se revela bastante restrito. Assim, a ação direta do Estado pode atingir manifestações culturais de pouca visibilidade comercial, mas de relevante interesse público, ou ainda em regiões geográficas distantes dos principais eixos econômicos do país, contribuindo para a descentralização dos recursos disponíveis ao setor cultural.

No entanto, boa parte das solicitações de recursos do FNC acontece por demanda espontânea, sem a existência de editais. A falta de critérios para apresentação de projetos para o FNC, assim como a pouca transparência sobre o aporte de recursos, dificulta a avaliação de sua efetividade.

## *Fundos de Investimento Cultural e Artístico (Ficart)*

Os Ficart são fundos de investimento na forma de condomínio, sem personalidade jurídica, destinados à aplicação em projetos culturais e artísticos. A ideia dos Ficart é a de estimular a participação do setor privado em projetos culturais com vocação comercial pela elaboração de fundos de investimento, que teriam recursos parcialmente abatidos no imposto de renda a pagar dos investidores. Dessa forma, pretende-se estimular a formação de fundos de investimento de projetos que tenham possibilidade comercial concreta, mas ainda assim necessitem de recursos públicos para viabilizar parte da sua realização. É o caso de obras cinematográficas, de espetáculos teatrais ou musicais ou da edição comercial de livros impressos com nítidas perspectivas comerciais que tipicamente integrariam as chamadas indústrias culturais. Como se trata de obras com apelo cultural, a intervenção do Estado se justificaria. Por outro lado, dada a possibilidade de viabilidade comercial superior a outras formas de expressão artística (como museus ou artes plásticas, por exemplo), o abatimento do investidor em seu imposto de renda a pagar seria apenas parcial. No entanto, diferentemente do incentivo a projetos culturais, não ficou estabelecido no próprio corpo da lei qual seria o percentual de dedução, gerando uma indefinição que dificultou sua regulamentação.

Esses fundos seriam disciplinados pela Comissão de Valores Mobiliários (CVM), que estipularia as regras de constituição, o funcionamento e a administração dos Ficart. No entanto, estes acabaram não sendo implementados na prática, não sendo constituído nenhum fundo de investimento apto a receber recursos, apesar de permanecer previsto na Lei Rouanet mesmo em sua versão atual. Ainda assim, a experiência dos Ficart foi utilizada para a elaboração das regras de criação dos Funcines, que estão em operação com a Medida Provisória nº 2.228-1/01.

## *Incentivo a projetos culturais*

O terceiro e o mais difundido dos mecanismos da Lei Rouanet é conhecido como "mecenato privado". Ele se baseia no valor aportado por pessoas físicas ou jurídicas, que escolhem projetos pré-aprovados pelo Ministério da Cultura para receber recursos, e abatem parcial ou integralmente esses valores do seu imposto de renda a pagar em cada exercício fiscal. Com isso, apesar de, em última instância, os recursos serem públicos, pela renúncia fiscal do Estado, a decisão de quais projetos são realizados é de iniciativa desses incentivadores, distintos da administração pública direta.

O aporte de recursos pode ser realizado de duas formas: por doações ou por patrocínios. Nas doações, os recursos são repassados ao projeto, de modo que o doador não receba nenhum tipo de benefício indireto com o seu aporte, além do abatimento no imposto a pagar. Dessa forma, o doador não pode vincular promocionalmente sua marca quando da exploração comercial da obra. Além disso, a transferência dos recursos deve ser de modo definitivo e permitida apenas para pessoas físicas ou empresas sem fins lucrativos.

Já o patrocinador obtém benefícios indiretos ao aporte dos recursos, que vão além do mero abatimento no imposto a pagar, seja com a exposição de sua marca tanto nos créditos da obra quanto no material de divulgação (pôsteres, cartazes, *banners* etc., no caso de uma obra audiovisual), seja com a associação de sua marca a determinado produto audiovisual.

Existem duas formas de incentivo na modalidade "Incentivo a Projetos Culturais", previstas em dois diferentes artigos da lei: o art. 18 e o art. 25.

A principal diferença entre os artigos 18 e 25 reside no enquadramento, ou seja, no tipo de projeto que pode ser aprovado para captação em um ou outro mecanismo. Os projetos passíveis de enquadramento pelo art. 18 (no segmento audiovisual: produção de curta e média-metragem; projetos de preservação ou restauração de obras audiovisuais; difusão do acervo audiovisual; construção de salas de cinema em municípios de menos de 100 mil habitantes) têm menor viabilidade comercial. Por isso, a dedução fiscal no imposto de renda a pagar por parte dos incentivadores é integral. Já os projetos enquadrados pelo art. 25 (vídeos e filmes documentais) têm mais possibilidade de retorno comercial, havendo, dessa forma, uma dedução fiscal apenas parcial.

Essa diferenciação entre os dois artigos, estabelecida apenas a partir de 1999, com a Lei nº 9.874/99, torna ainda mais clara a participação do Estado como complementar à iniciativa privada: a dedução fiscal deve ser maior quando as possibilidades de retorno do aporte de recursos por parte do incentivador são menores. Ou seja, o Estado deve ser mais presente quando o estímulo à participação da iniciativa privada é menor.

Da mesma forma, o Estado prevê maior dedução fiscal para as doações em relação aos patrocínios, já que estes trazem um retorno de marketing, e para as pessoas jurídicas em relação às pessoas físicas, já que aquelas incorporam o incentivo à sua marca institucional.

Assim, enquanto o percentual de dedução fiscal para os projetos passíveis de enquadramento pelo art. 18 é de 100% do valor aportado (dedução integral), para os projetos enquadrados no art. 25 varia entre 30% a 80%, dependendo da natureza jurídica do incentivador (pessoa física ou pessoa jurídica) e do tipo do incentivo (doação ou patrocínio), permitindo, ainda, que os valores aportados sejam incluídos no balanço das empresas como "despesa operacional", tornando, desse modo, a dedução fiscal ligeiramente superior aos percentuais descritos, mas ainda inferior a 100%.

Portanto, por meio dessas gradações fiscais, o Estado reconhece que sua participação financeira deve ser menor quanto maiores forem as possibilidades de o incentivador ter um retorno, ainda que indireto, em decorrência de seu aporte de recursos, inserindo uma lógica de compartilhamento de responsabilidades entre o Estado e o mercado na produção das obras culturais.

| Natureza jurídica do incentivador | Tipo de incentivo ||
|---|---|---|
|  | Doação | Patrocínio |
| Pessoa física | 80% | 60% |
| Pessoa jurídica | 40% | 30% |

Tabela 1 – Percentual de dedução fiscal (art. 25 da Lei Rouanet)

## A Lei Rouanet: entre a teoria e a prática

É importante perceber que, ao contrário de outros autores, como Olivieri (2004), procurei mostrar que só é possível dizer que a política cultural do início dos anos 1990 é neoliberal se considerarmos estritamente os primeiros atos do governo Collor, os quais, por um decreto presidencial de março de 1990, extinguiram grande parte dos órgãos culturais brasileiros e transformaram o Ministério da Cultura numa simples secretaria de governo.

Mas, ainda no governo Collor, houve um recuo em relação à postura francamente neoliberal do início do mandato, com a saída de Ipojuca Pontes e a posse de Rouanet na Secretaria de Cultura, representando uma reaproximação do Estado com o setor da cultura. Depois, foi criada a Lei Rouanet, que estabelece uma forma programática de apoio do Estado à produção cultural. Desse modo, procurei mostrar que a Lei Rouanet não se resume à política de mecenato privado, baseada em renúncia fiscal, que consistiu em um aprofundamento dos princípios definidos pela Lei Sarney, mas apenas a um dos mecanismos de apoio da Lei Rouanet, apesar de ser a mais difundida. Seguimos ainda com Bresser Pereira (1996), o qual afirma que, em termos estritos, mesmo o apoio por meio de renúncia fiscal não configura política neoliberal, já que não existe uma supressão do papel do Estado na promoção das atividades culturais, convertido em um "Estado mínimo". Ainda que o apoio seja indireto, já que a efetiva seleção dos projetos culturais que serão realizados é de responsabilidade do mercado, o Estado faz-se presente na promoção das políticas culturais, seja na prévia aprovação dos projetos incentivados, ainda que não haja uma avaliação de mérito, seja no financiamento em si das atividades culturais, já que a maior parte do valor efetivamente aportado é de origem estatal, fruto da renúncia fiscal.

Por outro lado, procurei mostrar como a Lei Rouanet funciona com três mecanismos complementares de apoio: o Fundo Nacional da Cultura, os Ficart e o incentivo a projetos culturais ("mecenato privado"). Os três atuam mediante gradações no efetivo aporte de recursos estatais, segundo as perspectivas comerciais do projeto, de modo que, quanto maiores as perspectivas comerciais da obra, menor o percentual de dedução fiscal por parte do patrocinador ou doador. Os Ficart funcionariam como um fundo de investimentos que estimularia a participação do mercado por meio da aquisição de quotas representativas de direitos, com a participação da Comissão de Valores Mobiliários, para projetos com fins essencialmente comerciais, típicos das indústrias culturais. O incentivo a projetos culturais englobaria a maior parte dos projetos apresentados, estipulando diferentes percentuais de dedução fiscal, dependendo da natureza jurídica do agente e do tipo de aporte (doação ou patrocínio) e, ainda, das perspectivas de visibilidade do segmento cultural apoiado (a diferença entre os art. 18 e 25). Por outro lado, o Fundo Nacional da Cultura preveria a diversidade regional, a produção comunitária e a pluralidade cultural, com apoio do próprio Ministério da Cultura – que exerceria diretamente uma política cultural, sem participação privada no aporte de recursos.

Dessa forma, entendo que o FNC exerce uma ação complementar ao mecenato privado, podendo servir como amortecedor de possíveis distorções do mecanismo, contribuindo para o equilíbrio das ações culturais, permitindo o direcionamento das ações estatais às quais o setor privado não atende (projetos de pouca visibilidade comercial, projetos de regionalização ou no interior do país etc.). Quando se pensa em uma política cultural para o país, fica nítido esse caráter complementar da ação do FNC, que aponta para as lacunas das ações do mecenato privado, ao lermos um texto do próprio secretário do Audiovisual da época, José Álvaro Moisés (1998, p. 445-6):

> [...] além de divulgar as vantagens do mecenato fora do Sudeste e, assim, atrair a atenção de empresas privadas e públicas, cujas matrizes, mesmo que localizadas em São Paulo e no Rio, têm de articular-se com os mercados consumidores dessas regiões, é preciso fazer algo mais. Uma das políticas que terá cada vez mais importância, a exemplo de esforços já iniciados para criar equidade na distribuição de recursos do Fundo Nacional da Cultura entre as diferentes regiões do país, e da implementação de projetos de patrimônio e recuperação urbana, no Norte e no Nordeste pelo Ministério da Cultura, será indispensável aumentar os gastos a fundo perdido do governo federal como forma de compensar o desequilíbrio gerado pelo mecenato privado. Nos últimos anos, esses recursos cresceram cerca de 140%, mas precisam crescer mais ainda.

No entanto, se a Lei Rouanet permite uma ação integrada entre os três mecanismos de apoio, sendo o Fundo Nacional da Cultura uma possibilidade para atenuar algumas das distorções oferecidas pelo mecenato privado, na prática não houve o equilíbrio vislumbrado pela lei. O mecenato privado acabou se tornando a principal forma de apoio pela Lei Rouanet, em contraposição ao raquitismo do Fundo Nacional da Cultura e à não implementação dos Ficart. Portanto, na maior parte das vezes ela acabou sendo vista simplesmente como sinônimo do mecanismo do mecenato, uma modalidade de apoio a projetos audiovisuais com isenção fiscal. A falta de critérios para apresentação de projetos para o FNC, assim como a pouca transparência sobre o aporte de recursos, dificulta a avaliação de sua efetividade.

Ou seja, apesar de a Lei Rouanet constituir um sistema programático de apoio do Estado às atividades culturais como um todo, com complementaridade entre três modalidades – o FNC, os Ficart e o mecenato –, na prática, seu modo de funcionamento, em especial para as atividades cinematográficas do período, acabou privilegiando a atuação do mecenato privado em detrimento das demais modalidades previstas.

## O art. 1º da Lei do Audiovisual

Após a Lei Rouanet, foi criada, em 1993, a segunda lei de incentivo à atividade audiovisual. De fato, enquanto a Lei Rouanet era comum a todos os segmentos culturais, a Lei nº 8.685/93 é específica da atividade audiovisual. Por isso, ficou conhecida como "Lei do Audiovisual". Desse fato se comprova a influência política do audiovisual em relação aos demais ramos da cultura, pois se trata do único segmento que tem uma lei de incentivo específica. Ou seja, as demais categorias artísticas, como o teatro, a dança e as artes plásticas, podem captar recursos federais pela renúncia fiscal apenas por meio da Lei Rouanet.

Na verdade, a Lei do Audiovisual representou um "plano de urgência" para a recuperação do cinema brasileiro, em intensa crise no início dos anos 1990, com participação de mercado inferior a 1%, como vimos. Como um longa-metragem cinematográfico necessita de mais investimentos e sua realização se estende por um período mais longo, a Lei Rouanet produziu resultados pouco perceptíveis nos anos imediatamente posteriores à sua regulamentação. Dessa forma, buscou-se a aprovação de uma lei específica, que oferecesse a possibilidade de um rápido ingresso de recursos na atividade, de forma a interromper uma espiral crescente de definhamento.

Os valores investidos por meio desse mecanismo podem ser abatidos integralmente no imposto de renda devido (dedução fiscal de 100%), nos moldes do art. 18 da Lei Rouanet. No entanto, o art. 1º oferece uma vantagem fiscal adicional em relação a este último mecanismo: além do abatimento de 100%, o investidor pode incluir os valores aportados como despesa operacional, nos mesmos moldes do art. 25 da Lei Rouanet. É como se o art. 1º da Lei do Audiovisual conjugasse os dois tipos de dedução fiscal da Lei Rouanet, beneficiando-se do abatimento integral, como no art. 18, e possibilitando o lançamento desses valores como despesa operacional, como no art. 25. Esse fato torna o percentual de abatimento real no imposto de renda a pagar superior a 100%. Ou seja, o abatimento no imposto de renda a pagar decorrente de investimento pelo mecanismo é superior à quantia de fato investida.

Além desses dois tipos de benefício fiscal, o investidor pode vincular sua marca ao material promocional da obra, e também nos créditos, como na tradicional operação de patrocínio.

E o aporte de recursos pela Lei do Audiovisual tem ainda um benefício específico para o investidor: ele garante, como retorno do seu investimento, a aquisição de um percentual dos direitos de comercialização da obra. Dessa forma, diferentemente da Lei Rouanet, em que o patrocínio ou a doação não pode se reverter em vantagem financeira para o incentivador, no caso do art. 1º da Lei do Audiovisual o retorno financeiro existe obrigatoriamente, por previsão legal.

Portanto, as vantagens para o investidor são:
- abatimento integral (100%) do valor investido no imposto de renda a pagar, limitado a 3% do imposto devido;
- inclusão do valor investido como despesa operacional, reduzindo seu lucro líquido e, por conseguinte, seu imposto de renda a pagar;
- vinculação da marca institucional aos créditos e material promocional da obra, como típica operação de patrocínio;
- participação nos resultados financeiros da obra, por um percentual sobre os direitos de comercialização.

O art. 1º da Lei do Audiovisual funciona com o lançamento de quotas de comercialização no mercado de ações. O investidor aporta recursos em determinado projeto audiovisual por meio do mecanismo ao adquirir um número de quotas que lhe dará direito a determinado percentual dos direitos de comercialização da obra.

O procedimento operacional é o seguinte: a empresa produtora contrata uma corretora legalmente constituída e registrada na Comissão de Valores Mobiliários. A corretora irá formular o prospecto com a CVM para o lançamento das cotas por meio de um boletim de subscrição. O investidor, ao comprar um certificado de investimento que lhe dá direito a certo número de cotas, tem direito a um percentual dos direitos de comercialização da obra nas condições dispostas nesse certificado (quanto aos territórios, segmentos de mercado, prazo de duração dos direitos, percentual dos direitos etc.).

É importante ressaltar que, ao comprar o certificado de investimento, o investidor adquire parte dos direitos de comercialização da obra, mas não se torna coprodutor dela. Em outras palavras, o art. 1º transfere ao investidor apenas direitos comerciais e não os patrimoniais, que continuam em posse da empresa produtora e dos demais coprodutores do trabalho, se for o caso.

A principal diferença entre a Lei Rouanet e o art. 1º da Lei do Audiovisual reside no fato de que os valores aportados por meio deste último não são apenas patrocínio ou doação, como era o caso na primeira, mas agora passam a ser contabilizados como investimento. Dessa forma, o agente que aporta recursos não é meramente um "incentivador", como na Lei Rouanet, e sim um "investidor".

Com isso, buscava-se uma lógica de aplicação de recursos visando ao desenvolvimento do mercado cinematográfico, numa perspectiva industrialista. O investidor teria como interesse primeiro o retorno financeiro da aplicação, diferentemente da lógica de patrocínio, em que o incentivador aportava recursos tendo em vista suas implicações em termos de uma ação de "marketing cultural" com retornos apenas indiretos. Como o mercado cinematográfico estava ainda num estágio incipiente, o Estado buscava estimular a aproximação entre investidores e empresas produtoras nacionais por meio da concessão de um benefício fiscal em caráter provisório, como típica aplicação dos benefícios fiscais em indústrias nascentes. Considerava-se que, num período de dez anos (entre 1993 e 2003), a vigência do mecanismo seria suficiente para a consolidação do mercado, de forma que, após 2003, os incentivos fiscais não seriam mais necessários.

Dessa maneira, verifica-se que o agente com interesse em aportar recursos na atividade audiovisual terá como preferência a Lei do Audiovisual em vez da Lei Rouanet. Esta servirá, portanto, como complemento ao investimento daquela caso o montante investido ultrapasse 3% do imposto de renda a pagar do agente. Nesse caso, o aporte pela Lei Rouanet será de até 1% do imposto de renda a pagar no caso das pessoas jurídicas, já que, segundo o disposto no art. 6º, II, da Lei nº 9.532/97, o valor global que pode ser deduzido na atividade cultural, independentemente dos mecanismos de incentivo utilizados, está limitado a 4% do imposto de renda a pagar. Já para as pessoas físicas, o limite passa a ser de 6%.

É possível ainda verificar que a edição da Lei do Audiovisual provocou uma distorção na promoção do Estado às atividades culturais. Contrariando o pressuposto programático da Lei Rouanet de percentuais regressivos de dedução fiscal segundo as possibilidades comerciais do produto cultural, a Lei do Audiovisual dá ao filme de longa-metragem de ficção, obra cultural com expressivas possibilidades comerciais, uma dedução fiscal superior a todos os demais ramos da produção cultural.

A princípio, essa distorção serviria como solução de emergência, dada a ínfima participação da produção nacional no início dos anos 1990. Dessa forma, a Lei do Audiovisual foi criada para vigorar apenas até o exercício fiscal de 2003. No entanto, essa solução acabou se tornando permanente, já que, após sucessivas prorrogações, o mecanismo continua vigente, mais de 15 anos após sua primeira regulamentação.

Surgia, então, o primeiro grave paradoxo na promoção de uma política industrialista que aos poucos buscava menores níveis de participação estatal. Criada para aproximar as empresas produtoras dos investidores privados, sua lógica perversa de dedução fiscal, superior a 100%, acabou, ao contrário, aprofundando a dependência do setor cinematográfico em relação ao Estado, pois não promoveu a busca de recursos sem esses incentivos para a realização das obras audiovisuais.

## Da euforia à repolitização: a segunda metade da década de 1990

**Os primeiros filmes com recursos** captados pelas leis de incentivo fiscal foram lançados comercialmente em 1995, já no governo Fernando Henrique Cardoso, que deu continuidade às políticas culturais empreendidas nos governos anteriores. As primeiras reações foram de entusiasmo, sobretudo da imprensa, dado o cenário devastador dos primeiros anos da década de 1990. O inesperado sucesso de público de *Carlota Joaquina*, que, mesmo sem uma distribuidora, atingiu a impressionante marca de mais de 1,5 milhão de espectadores, e a indicação ao Oscar de Melhor Filme Estrangeiro de *O quatrilho* contribuíram decisivamente para a recuperação da autoestima do cinema nacional. O período logo foi rotulado de "a retomada do cinema brasileiro", embora a expressão contenha inúmeras indefinições quanto ao período considerado e à sua abrangência. O número de filmes nacionais lançados comercialmente e sua *performance* nas salas de exibição tiveram tímido mas progressivo incremento.

Ainda em 1996, em meio a esse momento de euforia, foi promulgada a Medida Provisória nº 1.515/96, elevando o limite de dedução das empresas que investiam pelo art. 1º da Lei do Audiovisual de 1% para 3% do imposto de renda a pagar, além de dobrar o limite de captação por projeto incentivado de R$ 1,5 milhão para R$ 3 milhões. Este último foi um dos fatores que explicam a captação recorde de 1997: cerca de R$ 74 milhões apenas pelo art. 1º da Lei do Audiovisual. No entanto, aquele ano foi uma exceção, resultado da participação do então ministro Sérgio Motta, que incentivou o investimento das estatais de telecomunicações e energia elétrica em projetos cinematográficos. Outro fator foi a participação do Banespa, que destinou apenas naquele ano R$ 17 milhões ao setor audiovisual.

Se em 1997 a captação pelo art. 1º da Lei do Audiovisual atingiu um patamar recorde, o sistema também começava a dar sinais de certo esgotamento, revertendo a tendência de euforia despertada pelos resultados dos primeiros anos. De um lado, os filmes brasileiros que entraram em cartaz não alcançaram o resultado esperado, sobretudo filmes de grande orçamento como *Tieta do Agreste* e *Guerra de Canudos*, que não atingiram o patamar de 1 milhão de espectadores. De outro, em 1998, o país enfrentou os efeitos de uma recessão mundial, provocada pela crise do sistema financeiro dos Tigres Asiáticos e pela moratória russa, despertando uma série de incertezas em relação à estabilidade inflacionária brasileira. Por sua vez, as empresas naturalmente se tornaram mais conservadoras, retraindo seus investimentos.

Estava comprovada uma das mais claras limitações do investimento baseado no mecanismo de incentivo fiscal: sendo proporcional ao imposto de renda pago pelas empresas, era extremamente vulnerável a quaisquer flutuações na economia, sofrendo um impacto imediato num período de recessão. E, com a morte do ministro Sérgio Motta e a privatização de grande parte das empresas estatais, empresas do setor de telecomunicações e energia, frequentes investidores pela Lei do Audiovisual, reduziram de forma drástica o nível desses investimentos.

Além disso, antigos fantasmas que rondavam a atividade cinematográfica desde os tempos da Embrafilme, ligados à corrupção e ao superfaturamento, ressurgiram quando dois produtores foram acusados de mau uso dos recursos incentivados. O primeiro caso é o da cineasta Norma Bengell, cuja prestação de contas do filme *O guarani* não foi aprovada pelo Ministério da Cultura. A imprensa deu amplo destaque ao caso, provocando a retração de investidores, que passaram a não querer associar a imagem de suas empresas ao cinema brasileiro. O segundo caso foi ainda mais polêmico, envolvendo a realização do filme *Chatô – O rei do Brasil*, pelo ator Guilherme Fontes. O projeto, que havia captado pouco mais de R$ 8,6 milhões, não conseguia ser concluído. Houve críticas ao fato de um produtor iniciante poder viabilizar uma produção de elevado orçamento sem ter uma experiência prévia na gerência de um projeto cinematográfico.

Essas acusações ganharam mais destaque em junho de 1999, com uma matéria sensacionalista da revista *Veja* assinada pelo jornalista Celso Masson e intitulada "Caros, ruins e você paga". Ela criticava a forma de financiamento de produções cinematográficas brasileiras, dado seu elevado custo de produção e seu insuficiente retorno financeiro, apontando exemplos extremados – como *For all – O trampolim da vitória*, de Luiz Carlos Lacerda, que teria custado R$ 5,2 milhões e sido visto por apenas 62 mil espectadores. De todo modo, as denúncias de malversação de dinheiro público arranharam a imagem do novo cinema brasileiro, expondo algumas das fragilidades do modelo de incentivo fiscal no acompanhamento da evolução física e financeira dos projetos aportados.

A Secretaria do Audiovisual, já na gestão de José Álvaro Moisés, no segundo mandato do presidente Fernando Henrique Cardoso, implementou um conjunto de medidas como resposta às acusações de um acompanhamento frouxo por parte do Ministério da Cultura quanto ao controle dos orçamentos nas produções cinematográficas. A principal medida foi a edição da Carta Circular nº 230/1999, definindo tetos de captação segundo o currículo prévio das empresas produtoras e a obrigatoriedade da contratação de empresas de auditoria para certificar a correta aplicação dos recursos captados. No entanto, estava comprovada a necessidade de reformas mais amplas, destinadas a promover o desenvolvimento da atividade cinematográfica brasileira.

Na iminência de uma crise institucional, e diante dos gargalos enfrentados pelos mecanismos de incentivo, a classe cinematográfica reuniu-se no III Congresso Brasileiro de Cinema (CBC), realizado em Porto Alegre, entre 29 de junho e 1º de julho de 2000. Sua importância estava em reunir diferentes entidades e associações representativas de um amplo escopo de origens, sejam produtores ligados ao cinema industrial e ao cinema cultural, sejam distribuidores e exibidores. Dessa forma, o congresso assegurava sua legitimidade como instância de proposição articulada da classe cinematográfica, composta de suas mais diversas facetas, englobando inúmeros agentes em torno da cadeia produtiva dessa indústria.

Além disso, ao reunir a classe cinematográfica para a proposição de políticas integradas ao desenvolvimento do cinema brasileiro, o evento retomava a necessidade da articulação política para o enfrentamento desses gargalos, fortalecendo a posição institucional do setor. O discurso de abertura do III CBC, proferido por seu presidente, o cineasta Gustavo Dahl, que já ocupara cargos de destaque em antigos órgãos estatais, como superintendente de comercialização da Embrafilme e presidente do Concine, foi intitulado "A repolitização do cinema brasileiro".

É muito sintomática a organização desse terceiro congresso naquele momento, quase meia década após a realização dos dois primeiros, em 1952 e 1953.

O II CBC, realizado em 1953, também foi marcado por um momento de crise do cinema nacional na ocupação de seu mercado interno, com a iminente falência do modelo de estúdios paulistas (Vera Cruz, Maristela, Multifilmes). Em linhas gerais, sua principal constatação foi a necessidade da participação do Estado para promover o desenvolvimento das atividades cinematográficas. Estava formada a semente para a implantação dos órgãos governamentais de apoio ao setor: primeiro, por meio do Geicine, um grupo executivo, mas com pouco poder decisório; e, depois, pelo Instituto Nacional do Cinema (INC), com poderes de fomento e fiscalização do mercado cinematográfico. Curiosamente, concluía-se que o desenvolvimento de um mercado para o cinema brasileiro só poderia ser assegurado diante de uma participação mais ativa do Estado, mediante um órgão central.

Quase 50 anos depois, de forma análoga, o relatório final do III CBC, um documento que listava 69 ações para o desenvolvimento da atividade cinematográfica no país, recomendava, em seu item 4:

> 4. Criar, no âmbito governamental, um órgão gestor da atividade cinematográfica no Brasil, com participação efetiva do setor e com finalidades amplas de ação como agente formulador de políticas e de informação, agente regulador e fiscalizador de toda a atividade e agente financeiro. Esse ÓRGÃO GESTOR deverá se posicionar, dentro do governo, ligado à Presidência da República e dele deverão participar representações do Ministério da Cultura, Ministério das Comunicações, Ministério do Desenvolvimento, Indústria e Comércio Exterior e Ministério das Relações Exteriores.

Nesse contexto, ainda no mesmo ano de realização do III CBC, em dezembro de 2000, foi formado o Grupo Executivo para o Desenvolvimento da Indústria Cinematográfica (Gedic). Sua composição mista espelha a recomendação do CBC: presidido pelo ministro da Casa Civil, Pedro Parente, era também composto pelos ministros da Fazenda (Pedro Malan), do Desenvolvimento, Indústria e Comércio (Alcides Tápias), das Comunicações (Pimenta da Veiga) e da Cultura (Francisco Weffort), além do secretário-geral da Presidência (Aloysio Nunes Ferreira). Por outro lado, era também composto por representantes da classe cinematográfica, como Luiz Carlos Barreto (produção), Cacá Diegues (direção), Gustavo Dahl (pesquisa), Rodrigo Saturnino Braga (distribuição), Luiz Severiano Ribeiro Neto (exibição) e Evandro Guimarães (televisão).

Primeiro, é preciso destacar a formação do grupo executivo com representantes tanto do governo quanto da atividade cinematográfica, em um conselho paritário, com seis representantes do Estado e seis do setor cinematográfico. Segundo, na própria composição dos representantes da atividade, estão presentes membros ligados não apenas à produção cinematográfica, mas oriundos dos demais elos da cadeia produtiva (distribuição e exibição). Além desses, uma possível articulação entre cinema e TV pode ser identificada pela participação de Evandro Guimarães, funcionário da Globo.

Ainda, como registrado no próprio nome de formação do Grupo Executivo e como expresso em sua própria composição, o projeto era de fortalecimento de uma base industrial para o desenvolvimento do cinema brasileiro, em busca de uma ocupação mais efetiva de seu mercado interno. Nesse contexto, o III CBC e, mais tarde, o Gedic não atuaram no sentido de propor uma crítica sistêmica ao modelo indireto de participação do Estado no apoio às produções cinematográficas. Ao contrário, não tão longe das sombras do cenário de "terra arrasada" do início dos anos 1990, a classe cinematográfica se mobilizava não para substituir uma forma de apoio, reavaliando os rumos da política de incentivos fiscais implementada até aquele momento, mas simplesmente clamava por um aprofundamento da ação do Estado.

De fato, no relatório final do III CBC, eram visíveis as mensagens de apoio à política de incentivos fiscais. Como afirma em sua introdução:

> Medidas como a Lei do Audiovisual, antiga reivindicação da classe, mostram como a ação governamental justa, feita em consonância com a opinião do setor, gera resultados extremamente positivos como foi o chamado renascimento do cinema brasileiro, saudado em todo o mundo.

Em relação às leis de incentivo consolidadas, o relatório final do III CBC propôs alterações apenas marginais, em geral voltadas somente ao aumento do percentual de dedução fiscal e à prorrogação de seu funcionamento, sem propor, portanto, um questionamento mais aprofundado sobre sua *performance*, mas, ao contrário, defendendo sua consolidação.

> ALTERAÇÕES NA LEI DO AUDIOVISUAL
> 15. Manter, prorrogar e ampliar os recursos provenientes do artigo primeiro da Lei do Audiovisual para garantir a produção independente e autoral.
> 16. Modificar a redação do atual artigo 3º, de maneira que os recursos possam ser incorporados ao Fundo Setorial.

17. Criar fundos de investimento para utilização de recursos provenientes de pessoas físicas na compra de certificados audiovisuais.

18. Possibilitar a captação pela Lei do Audiovisual para carteiras de projetos.

ALTERAÇÕES NA LEI ROUANET

19. Conceder 100% de incentivo para curtas e médias-metragens, documentários e outros formatos diferenciados, bem como aos festivais e mostras audiovisuais.

20. Prever a captação de recursos especificamente para as atividades de preservação, com possibilidade de abatimento de 100% do imposto de renda.

21. Estabelecer que as empresas que apliquem recursos da Lei Rouanet em fundações próprias devam investir 50% dos recursos incentivados em projetos culturais independentes sem vínculo com estas fundações.

Quase meia década depois, o III CBC acabou por seguir os rumos do congresso anterior: num momento de crise de um projeto industrialista, a solução encontrada foi fortalecer a posição do Estado, compondo um órgão institucional central. Assim como o Geicine propunha a concepção do INC, uma das principais proposições do Gedic foi "a criação de um órgão gestor, para normatizar, fiscalizar e controlar o cumprimento da legislação do cinema, tendo como meta principal a autossustentabilidade da indústria".

A novidade era que esse órgão gestor precisava ser adaptado às contingências do governo Fernando Henrique, num contexto de reforma do papel do Estado. No início do novo século, dada a visão desse papel pelo governo FHC, não mais era possível a existência de um órgão diretamente interventor na atividade cinematográfica, aos moldes da Embrafilme. Dessa forma, o modelo encontrado para esse órgão gestor era o de uma agência reguladora. Abria-se caminho para a formação da Ancine.

# 2. A consolidação do modelo estatal no início dos anos 2000: o "tripé institucional"

## Edição da MP nº 2.228-1/01: a formação do "tripé institucional"

**Como vimos no capítulo anterior,** no início dos anos 2000, o cinema brasileiro não havia conquistado níveis significativos de participação no mercado interno, mantendo-se abaixo de 10%. O modelo de leis de incentivo mostrava suas limitações, não sendo suficiente para a implementação de uma efetiva política industrialista. Em reação a isso, o relatório do III Congresso Brasileiro de Cinema concluía que era preciso um fortalecimento das ações do Estado, apontando um conjunto de recomendações. A principal delas, expressa no item 4, era a formação de um órgão gestor que visasse ao desenvolvimento sistêmico do setor audiovisual. Estava aberto o caminho para a criação da Agência Nacional do Cinema.

Esse novo arcabouço legal foi estabelecido com a edição da Medida Provisória nº 2.228-1/01. Apesar de ser comumente conhecida apenas como a lei de criação da Ancine, na verdade esse marco legal estabeleceu um novo paradigma de apoio do Estado à atividade cinematográfica. Ou seja, essa medida provisória não se limita a estabelecer as características de atuação da Ancine, mas apresenta um escopo ainda mais amplo, pela formação de um tripé institucional com uma complementaridade entre três órgãos estatais.

É possível afirmar que, com a edição da MP nº 2.228-1/01, a política pública cinematográfica assume uma nova configuração, preocupando-se com o desenvolvimento das atividades cinematográficas de forma mais sistêmica. Antes de sua edição, o audiovisual se integrava às demais atividades culturais, sendo financiado pelas três modalidades de incentivo da Lei Rouanet e gerido exclusivamente pela Secretaria do Audiovisual. Como vimos, a Lei do Audiovisual buscou, num regime de urgência, avançar em uma das modalidades da Lei Rouanet – o mecenato privado –, mas seus percentuais de dedução, superiores a 100%, contribuíram para uma distorção da ideia de deduções regressivas quanto maiores as possibilidades comerciais da obra cultural.

Como procuramos defender no capítulo anterior, a Lei Rouanet também era uma forma programática de apoio do Estado, já que previa a complementaridade de suas três modalidades. No entanto, a fragilidade dessa estrutura acabou por se tornar evidente, não apenas pela atrofia da implementação das outras duas modalidades de apoio além do mecenato privado, em especial o Fundo Nacional da Cultura, mas sobretudo pela dificuldade do Estado de promover condições sistêmicas para promover interações entre os três elos da cadeia produtiva: produção, distribuição e exibição.

A MP nº 2.228-1/01 buscou avançar nas carências do binômio Lei Rouanet--Lei do Audiovisual estabelecendo uma nova estrutura de apoio do Estado às atividades cinematográficas – complementaridade entre três órgãos governamentais e uma visão mais sistêmica do seu funcionamento. Enquanto a Lei Rouanet-Lei do Audiovisual era em essência uma política de fomento, cuja principal preocupação era a retomada da produção de obras audiovisuais, a MP nº 2.228-1/01 buscava o desenvolvimento da atividade audiovisual no país na direção da autossustentabilidade, sendo claramente uma política de cunho industrialista.

Desse modo, a MP nº 2.228-1/01 promove não apenas a criação da Ancine, mas configura um novo marco institucional para o audiovisual brasileiro, baseado num tripé. Seu primeiro vértice é o Conselho Superior de Cinema (CSC), responsável pela formulação das políticas do setor. Originalmente composto por 12 membros, o CSC tem uma estrutura dual: de um lado, representantes do governo oriundos de vários ministérios, e, de outro, representantes do setor cinematográfico e da sociedade civil.

O segundo vértice é a Ancine, cuja função é de regular, fiscalizar e fomentar a atividade cinematográfica brasileira, no sentido de estimular o desenvolvimento da indústria cinematográfica e promover a autossustentabilidade do setor.

O terceiro vértice é a Secretaria do Audiovisual (SAv), responsável pela produção de curtas e médias-metragens, formação de mão de obra, difusão de filmes por meio de festivais de cinema no país e preservação e restauração do acervo cinematográfico brasileiro. Ou seja, enquanto a Ancine passava a ser responsável pelos aspectos industriais do setor cinematográfico, com vistas a uma ocupação do mercado, a SAv complementaria suas ações no que tange aos aspectos culturais.

Assim, o novo modelo institucional para o apoio ao cinema brasileiro era calcado numa complementaridade entre três órgãos: um órgão de formulação, composto de representantes do governo e da classe cinematográfica; e dois órgãos de execução das políticas formuladas pelo CSC. Essa complementaridade é reforçada pelo fato de os três órgãos estarem vinculados a ministérios diferentes: o CSC, por sua instância interministerial, à Casa Civil da Presidência da República; a Ancine, por seu aspecto industrial, ao Ministério do Desenvolvimento, Indústria e Comércio Exterior (MDIC); e a SAv, vinculada ao Ministério da Cultura (MinC).

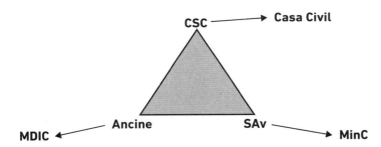

## Conselho Superior de Cinema (CSC)

O capítulo III da MP nº 2.228-1/01 apresenta a estrutura e as características do Conselho Superior do Cinema (CSC).

O art. 3º marca sua criação e suas competências:

art. 3º. Fica criado o Conselho Superior do Cinema, órgão colegiado integrante da estrutura da Casa Civil da Presidência da República, a que compete:

I – definir a política nacional do cinema;

II – aprovar políticas e diretrizes gerais para o desenvolvimento da indústria cinematográfica nacional, com vistas a promover sua autossustentabilidade;

III – estimular a presença do conteúdo brasileiro nos diversos segmentos de mercado;

IV – acompanhar a execução das políticas referidas nos incisos I, II e III;

V – estabelecer a distribuição da Contribuição para o Desenvolvimento da Indústria Cinematográfica – Condecine para cada destinação prevista em lei.

Dessa forma, é possível entender o CSC como um órgão formulador de políticas e diretrizes gerais para o desenvolvimento da atividade cinematográfica, que serão executadas pela Ancine e pela SAv. Assim, compete ao CSC o papel de definição das diretrizes gerais e o de acompanhamento da execução das ações definidas pelo Conselho. Ou seja, o Conselho não é um órgão de execução, mas de formulação de políticas e monitoramento da execução dessas mesmas ações.

Em seu inciso I, o mesmo artigo estabelece a política nacional do cinema. Esta já estava definida no artigo antecedente:

art. 2º. A política nacional do cinema terá por base os seguintes princípios gerais:

I – promoção da cultura nacional e da língua portuguesa mediante o estímulo ao desenvolvimento da indústria cinematográfica e audiovisual nacional;

II – garantia da presença de obras cinematográficas e videofonográficas nacionais nos diversos segmentos de mercado;

III – programação e distribuição de obras audiovisuais de qualquer origem nos meios eletrônicos de comunicação de massa sob obrigatória e exclusiva responsabilidade, inclusive editorial, de empresas brasileiras, qualificadas na forma do § 1º do art. 1º da Medida Provisória nº 2.228--1, de 6 de setembro de 2001, com a redação dada por esta Lei;

IV – respeito ao direito autoral sobre obras audiovisuais nacionais e estrangeiras.

Da associação entre o art. 2º e o 3º da MP nº 2.228-1/01, é possível verificar a ênfase em alguns termos que inclusive chegam a se repetir na redação de ambos. O primeiro deles é "desenvolvimento da indústria cinematográfica e audiovisual nacional", mostrando que o foco das políticas é nitidamente industrialista, visando ao desenvolvimento do setor por bases industriais. O segundo é o estímulo à presença do conteúdo nacional "nos diversos segmentos de mercado", evidenciando a preocupação de promover políticas não apenas visando ao setor cinematográfico ou ao mercado de salas de exibição, mas à presença de obras brasileiras nos demais segmentos, sobretudo nas televisões, a ponto de o inciso III do art. 2º citar de modo explícito a

TV por assinatura como segmento estratégico de ocupação de mercado. Ou seja, a leitura desses dois artigos, que apresentam como principal competência do Conselho Superior do Cinema a formulação da política nacional do cinema, evidencia o perfil de atuação desse tripé institucional no apoio a uma política nitidamente desenvolvimentista, atuante não apenas no cinema, mas em todos os segmentos de mercado.

Em seguida, o art. 4º apresenta a composição do Conselho. Sua formação inicial, conforme previsto na MP nº 2.228-1/01, era de 12 membros, sendo sete representantes de ministérios e cinco do setor cinematográfico. No entanto, em outubro de 2003, já no governo Lula, houve uma alteração na estrutura do CSC com a edição do Decreto nº 4.858/03, aumentando o número de integrantes do Conselho de 12 para 18 membros, com um acréscimo tanto no número de representantes dos ministérios (de sete para nove) quanto do de representantes não governamentais (de cinco para nove). Dessa forma, o Conselho passaria a ser paritário, isto é, a composição de representantes governamentais e não governamentais se tornava equilibrada, com o mesmo número de membros (nove para cada lado).

Houve ainda uma pequena mudança na composição dos representantes não governamentais. Em vez de "representantes da indústria cinematográfica e videofonográfica nacional, que gozem de elevado conceito no seu campo de especialidade", como dispunha o texto original da MP nº 2.228-1/01, a partir do Decreto nº 4.858/03, eles seriam divididos em dois grupos:

- **seis** especialistas em atividades cinematográficas e audiovisuais, representantes dos diversos setores da indústria cinematográfica e videofonográfica nacional, que gozem de elevado conceito no seu campo de especialidade, tenham destacada atuação no setor e interesse manifesto pelo desenvolvimento do cinema e audiovisual brasileiros (art. 2º, II, do Decreto nº 4.858/03); e
- **três** representantes da sociedade civil, com destacada atuação em seu setor e interesse manifesto pelo desenvolvimento do cinema e do audiovisual brasileiros (art. 2º, III, do Decreto nº 4.858/03).

Ou seja, a redação abre a possibilidade de que parte dos membros não governamentais não seja composta de representantes diretos dos interesses setoriais da classe cinematográfica, mas de interessados em questões cinematográficas, não necessariamente representantes de classe.

Quanto aos representantes ministeriais, houve a inclusão de mais dois ministérios: o da Educação e o da Secretaria de Comunicação de Governo e Gestão Estratégica da Presidência da República, que, a partir de 2007, passou a se chamar simplesmente Secretaria de Comunicação Social da Presidência da República (Secom).

Dessa forma, a representação do CSC passou a ser mais múltipla, abrangendo um maior número de representantes ministeriais, cobrindo um maior leque de pastas, assim como de representantes não governamentais, e permitindo a participação de membros da sociedade civil ainda que não diretamente impactados pelas medidas do CSC como os representantes setoriais.

|  | MP nº 2.228-1/01 | Decreto nº 4.858/03 |
|---|---|---|
| **Representantes governamentais** | **7** | **9** |
| Justiça | 1 | 1 |
| Relações Exteriores | 1 | 1 |
| Fazenda | 1 | 1 |
| Cultura | 1 | 1 |
| Desenvolvimento, Indústria e Comércio Exterior | 1 | 1 |
| Comunicações | 1 | 1 |
| Chefe da Casa Civil | 1 | 1 |
| Educação | 0 | 1 |
| Secom | 0 | 1 |
| **Representantes não governamentais** | **5** | **9** |
| Representantes do setor audiovisual | 5 | 6 |
| Representantes da sociedade civil | 0 | 3 |
| **TOTAL DE REPRESENTANTES** | **12** | **18** |

Tabela 2 – Composição do Conselho Superior de Cinema – MP nº 2.228-1/01 e Decreto nº 4.858/03

## Agência Nacional do Cinema (Ancine)

Criada com a MP nº 2.228-1/01, a Agência Nacional do Cinema (Ancine) torna-se o principal órgão executor da política nacional do setor. Dessa forma, ela é estruturada não como órgão formulador de políticas, cujo papel, como vimos, é do Conselho Superior do Cinema, e sim como executor das políticas formuladas pelo Conselho.

Criada no final do governo Fernando Henrique, a estrutura encontrada para o órgão foi o de autarquia especial, como uma agência reguladora, aos moldes dos setores de infraestrutura privatizados pelo governo. O Capítulo 3 detalhará as repercussões dessa opção de criar o órgão como agência reguladora.

O art. 5º da MP nº 2.228-1/01 estabelece que a Ancine é um "órgão de fomento, regulação e fiscalização da indústria cinematográfica e videofonográfica", desenhando três esferas de atuação para a agência: o fomento, a regulação e a fiscalização.

Os arts. 6º e 7º apresentam os objetivos e competências da Ancine. Entre seus principais incisos, destacam-se os seguintes:

> III – aumentar a competitividade da indústria cinematográfica e videofonográfica nacional por meio do fomento à produção, à distribuição e à exibição nos diversos segmentos de mercado;
> IV – promover a autossustentabilidade da indústria cinematográfica nacional visando o aumento da produção e da exibição das obras cinematográficas brasileiras;
> V – promover a articulação dos vários elos da cadeia produtiva da indústria cinematográfica nacional;

Dessa forma, é possível verificar o foco industrialista e desenvolvimentista dessa política, com termos como "aumento da competitividade", "indústria cinematográfica" e "autossustentabilidade". Existe também um foco no apoio da indústria audiovisual como um todo, de forma sistêmica, seja nos elos da cadeia produtiva (produção, distribuição e exibição), seja nos diversos segmentos de mercado. Esses termos em muito se assemelham aos princípios já estabelecidos pela política nacional do cinema, como vimos no capítulo anterior.

Além das funções de fomento, a Ancine também passou a responder pela outorga de certificados, recebimento de informações do mercado e outras obrigações legais, como forma de exercer uma regulação no mercado, ainda que incipiente. Vejamos as principais:

*Atividades de regulação (outorga e questões normativas)*
- **Outorga de certificados**: as empresas do setor de produção, distribuição e exibição precisam obrigatoriamente ter registro na Ancine (art. 22). De forma análoga, todas as obras audiovisuais produzidas no país, publicitárias e não publicitárias, precisam ser registradas na Ancine, com a emissão do Certificado de Produto Brasileiro (CPB) (art. 28).
- **Monitoramento de informações do mercado**: o art. 16 cria o "Sistema de Informações e Monitoramento da Indústria Cinematográfica e Videofonográfica". As empresas do setor de exibição e as distribuidoras e locadoras do segmento de vídeo doméstico (*homevideo*) devem enviar regularmente à Ancine dados sobre as obras exibidas em seus segmentos de mercado e a renda auferida na exploração destas (arts. 18 e 19). O recebimento de informações é parte essencial para a atividade de regulação da agência, baseada em informações consistentes que possam diagnosticar as falhas de mercado, justificando sua ação.
- Outras obrigações legais, como:
    - "Cota de Tela": a Ancine assume a responsabilidade de aferir o cumprimento da Cota de Tela, número mínimo de dias em que as salas de cinema devem exibir longas-metragens brasileiros;
    - autorização para filmagem estrangeira no país (art. 23);
    - arrecadação da Condecine (Contribuição para o Desenvolvimento da Indústria Cinematográfica Nacional), uma contribuição que incide sobre a veiculação, a produção, o licenciamento e a distribuição de obras cinematográficas e videofonográficas com fins comerciais, publicitárias e não publicitárias, por segmento de mercado a que forem destinadas (art. 32);
    - obrigatoriedade de elaboração de cópia no país, para filmes lançados com mais de seis cópias (art. 24);

*Atividades de fomento*
A MP nº 2.228-1/01 criou novos meios de fomento indireto, baseados em renúncia fiscal, sem prejuízo dos mecanismos em vigor. O primeiro são os Fundos de Financiamento da Indústria Cinematográfica Nacional (Funcines), uma espécie de aperfeiçoamento dos Ficart, possibilitando a formação de uma carteira de projetos, conjugando produção, distribuição, exibição, infraestrutura e inclusive com-

pra de ações de empresas relativas ao audiovisual, administrada por um agente financeiro. O segundo, previsto no art. 39, X, prevê uma isenção do pagamento da Condecine caso as programadoras estrangeiras de TV por assinatura invistam na coprodução de obras audiovisuais brasileiras.[3]

Além desses dois mecanismos de incentivo fiscal, foi permitido à Ancine formar programas e editais para fomento direto, por meio do art. 47 da MP, que cria o Programa de Apoio ao Desenvolvimento do Cinema Nacional (Prodecine), o qual, após as modificações da Lei nº 11.437/06, foi complementado por mais dois programas: o Programa de Apoio ao Desenvolvimento do Audiovisual Brasileiro (Prodav) e o Programa de Apoio ao Desenvolvimento da Infraestrutura do Cinema e do Audiovisual (Pró-Infra).[4]

## Atividades de fiscalização

A Ancine recebeu função de fiscalização, não apenas nas atribuições de monitoramento das condutas dos agentes regulados, mas sobretudo na possibilidade de exercer seu poder sancionatório, podendo aplicar penalidades, como a aplicação de multas, conforme definido no capítulo IX da MP nº 2.228-1/01.

## Secretaria do Audiovisual (SAv)

É possível ver as funções da SAv de forma complementar às da Ancine. O Decreto nº 4.456/02 definiu as competências entre SAv e Ancine na aprovação e no acompanhamento de projetos autorizados para captação de recursos incentivados pela Lei Rouanet e pela Lei do Audiovisual. Essa divisão de competências acabou servindo como parâmetro para a divisão do conjunto das atribuições de cada órgão.

Desse modo, passaram a ser de competência exclusiva da Secretaria do Audiovisual os projetos de:

---

3. Esse mecanismo foi o início de uma tentativa de parceria entre cinema e televisão, possível apenas na TV por assinatura, já que na TV aberta a reação dos radiodifusores impediu uma aproximação maior. O art. 39, X, tem diversas semelhanças com o art. 3º da Lei do Audiovisual. Por meio desse mecanismo foram realizadas obras brasileiras de destaque na programação dos canais por assinatura (na grande maioria, séries e minisséries), como *Mandrake, Filhos do Carnaval* e *Alice* (HBO), *9 mm* (Fox) e *Peixonauta* (Discovery), entre outras.
4. Os recursos do Fundo Setorial do Audiovisual (FSA) são empregados nesses três programas, ilustrando como as ações de fomento direto da Ancine se articulam com a existência desses programas.

- produção de curta e de média-metragem;
- formação de mão de obra;
- difusão de acervos de obras cinematográficas e audiovisuais, incluindo mostras e festivais nacionais;
- preservação do acervo cinematográfico.

Essa divisão de atribuições entre SAv e Ancine pode ser entendida como resquício de uma organização institucional herdada dos quadros da Embrafilme, em que as atividades culturais eram reservadas a um único setor, a Diretoria de Operações Não Comerciais (Donac), em contraposição às poderosas Superintendência Comercial (Sucom) e Superintendência de Produção (Suprod).[5]

Por sua vez, essa mesma separação esteve na essência do desmembramento da Embrafilme em meados dos anos 1980, que resultou na formação da Fundação do Cinema Brasileiro (FCB). Grosso modo, é como se a Ancine assumisse parte das funções da Embrafilme (o fomento às atividades cinematográficas) e do Concine (a fiscalização do setor e a produção de dados estatísticos), enquanto a SAv se tornaria essencialmente uma nova FCB.

Dessa divisão de órgãos, está implícita uma separação entre um suposto "cinema industrial" e um "cinema cultural", ou ainda as atividades cinematográficas que visam à ocupação de um mercado interno e sua estruturação como produtos industriais e as atividades cinematográficas cuja função última é servir sobretudo como manifestação artística e cultural, sem finalidades precipuamente comerciais. Ou seja, essa divisão de órgãos pressupõe uma necessidade de divisão entre dois tipos de obra, ou ainda uma dificuldade de convivência. Não seria uma questão de grau, em que uma obra audiovisual é ao mesmo tempo produto e cultura, de modo que toda a produção de bens culturais, não importando sua natureza, inevitavelmente circula por um mercado que confere valor a essa obra, movimentando uma economia – ainda que em parte informal – e resultando na geração de emprego e renda. Ao contrário, a divisão de atribuições entre SAv e Ancine pressupõe uma divisão de natureza entre os produtos culturais, entre atividades eminentemente com fins comerciais, sob a responsabilidade da Ancine, e aquelas com fins de ex-

---

5. Para as atribuições das superintendências da Embrafilme, veja Amancio (2000).

pressão cultural, sob a responsabilidade da SAv/MinC, cuja finalidade última não seria a produção de valor comercial. Essa divisão, além de seu caráter bastante conservador, gerou uma série de tensões entre os órgãos por criar áreas de sombra entre a efetiva ação dos dois órgãos.

## O Estado como regulador: os paradoxos da formação da Ancine

**Esta seção buscará refletir por** que esse novo órgão central responsável pelo desenvolvimento das atividades audiovisuais – a Ancine – foi criado como agência reguladora, e não como qualquer outro tipo de órgão governamental. Não foi criado, por exemplo, como secretaria de governo nem como agência de desenvolvimento (aos moldes da Finep ou do BNDES). Para entender o motivo de ele ter sido criado como um tipo específico de autarquia especial – uma agência reguladora –, é preciso levar em conta um conjunto de motivos que extrapolam meramente as características econômicas do setor regulado, tornando a Ancine, da forma como foi criada, um órgão atípico, deslocado, no bojo de diversos paradoxos.

Esse novo órgão central foi criado como agência reguladora tendo por base um modelo de participação do Estado deveras coerente com o de financiamento às produções cinematográficas em vigor, baseado em fomento indireto, mediante leis de incentivo fiscal. Assim como se pressupunha uma participação apenas indireta do Estado, de modo que o mercado, por meio dos investidores ou incentivadores, passava a deter a decisão de aporte de recursos nos projetos audiovisuais, o órgão central a gerir as atividades audiovisuais não poderia ser um órgão interventor, como a Embrafilme o fora nos anos 1970, mas um órgão regulador, para apenas intermediar pressões e corrigir distorções seja do governo ou do mercado, considerando o audiovisual uma atividade sobretudo econômica.

Antes, é preciso, portanto, compreender melhor as características desse tipo de órgão governamental *sui generis*, criado no governo Fernando Henrique Cardoso, e seu papel no que tange ao prosseguimento das reformas do Estado brasileiro ao longo da década de 1990.

## As agências reguladoras: características gerais

Se o governo Collor, apenas em sua primeira semana de governo, extinguiu 11 empresas estatais diretamente por decreto presidencial, as empresas públicas mais importantes foram privatizadas apenas na era Fernando Henrique Cardoso. As empresas privatizadas nos governos Collor e Itamar foram basicamente do setor siderúrgico e petroquímico e, como bem assinalou Mantega (2001), há uma grande diferença entre a privatização de empresas fornecedoras de mercadorias e de empresas de serviços de utilidade pública. As primeiras, estruturadas em bases locais ou regionais, produzem mercadorias que podem ser importadas a preços menores, ou substituídas por outros produtos, quando utilizadas como insumos no processo produtivo de outras empresas maiores. Já as empresas de serviços de utilidade pública, como telecomunicações e energia elétrica, constituem monopólios naturais verticalmente integrados, com uma complexa rede de infraestrutura, fornecendo serviços básicos universais que atendem a todos os segmentos da população, vitais para empresas e famílias.

Apenas no governo FHC houve as condições políticas para a privatização desse último tipo de empresas, que não poderia ser realizada por mero decreto presidencial, como nos governos anteriores. Isso porque existiam cláusulas na Constituição Federal que previam que a exploração de grande parte dos serviços de utilidade pública só poderia ser delegada a empresas sob o controle acionário estatal. Dessa forma, antes da edição da lei que estabeleceria as diretrizes gerais do programa de privatização – a Lei nº 9.491/97, que substituiu a Lei nº 8.031/90, editada no governo Collor –, tornava-se necessária a edição de um conjunto de emendas constitucionais, responsáveis pela chamada "flexibilização dos monopólios estatais". Desse modo, as Emendas Constitucionais nº 5, 8 e 9, editadas entre agosto e novembro de 2005, permitiram que empresas privadas pudessem explorar os serviços de distribuição de gás canalizado (EC 5/05), de telecomunicações (EC 8/05) e algumas atividades relacionadas ao petróleo e ao gás natural (EC 9/05).

De um lado, esse segundo movimento de privatizações, mais estrutural, pode ser visto como prolongamento, ou ainda como aprofundamento, do programa de desestatizações da era Collor, entendido não apenas como estratégia de curto prazo para a recuperação da crescente dívida fiscal do governo brasileiro, mas sobretudo como movimento de resposta à crise do Estado empresário e de ressurgimento do ideário liberal de meados dos anos 1990. De outro lado, havia uma clara diferença em relação ao governo Collor: enquanto este assumia uma postura tipicamente neoliberal, em que a participação do Estado deveria se restringir a suas funções primordiais, como um "Estado mínimo", no governo Fernando Henrique, o Estado deveria assumir novo papel, nem como agente direto da exploração das atividades econômicas nem se ausentando das atividades econômicas, totalmente entregues à ação do mercado. O Estado brasileiro passaria a assumir um papel intermediário: o papel da regulação.

Dessa maneira, seria preciso criar um novo tipo de órgão estatal – as agências reguladoras – para exercer uma função de mediação, que envolve a busca de equilíbrio sistêmico nas relações que se estabelecem entre os vários agentes envolvidos direta ou indiretamente na exploração desse ramo de atividade essencial: de um lado, o poder concedente (o governo); de outro, o concessionário (as empresas privadas); e, por fim, o usuário (os consumidores do serviço).

Para entender melhor essa relação de equilíbrio, é preciso compreender os conceitos de "falhas de governo" e "falhas de mercado". O processo de privatizações, que permite que a iniciativa privada possa explorar serviços de utilidade pública, surge do reconhecimento das falhas do governo na execução dos serviços. Como vimos no capítulo anterior, o Estado empresário não conseguiu prover a execução dos serviços com eficiência, provocando o inchaço da máquina pública e acusações de corrupção e clientelismo.

Essas falhas evidenciam a diferença entre *política de Estado* e *política de governo*. As políticas de Estado defenderiam o interesse público, com ações que visem ao bem-estar da sociedade, enquanto as políticas de governo refletiriam os objetivos implementados por determinado governante eleito. Desse modo, interesses circunstanciais podem fazer que uma política de governo não necessariamente coincida com uma política de Estado, pois, visando à perpetuação de um grupo político ou partidário no poder, uma ação governamental pode se afastar do interesse público.[6] Além disso, a corrupção e o apadrinhamento (nepotismo, favores políticos etc.) podem afastar a ação do governo dos princípios de merca-

---

6. Sobre a terminologia das falhas de mercado e de governo, além de suas repercussões para uma teoria da regulação, um bom compêndio pode ser visto em Campos (2008).

do, reduzindo a eficiência econômica de uma empresa. Desse modo, a teoria da regulação defende a importância de existirem mecanismos que coíbam as falhas de governo, em defesa de uma política de Estado em vez de meramente uma política governamental.

Mas, se de um lado existem falhas de governo, também existem falhas de mercado. Como o objetivo principal das empresas privadas é a maximização dos seus níveis de lucratividade, muitas vezes suas ações não coincidem com a otimização da produção dos serviços ou do atendimento das demandas dos consumidores. Por exemplo, uma empresa privada poderia não disponibilizar um serviço essencial para determinada região longínqua, uma vez que o custo para a oferta do serviço tornaria seu preço de oferta inviável para a realidade econômica da maioria dos moradores da região. Essa situação se agrava pelo fato de os serviços de utilidade pública serem em geral monopólios naturais, isto é, bens fornecidos em geral por uma única empresa, visto que os investimentos em infraestrutura são de tal envergadura que inviabilizam a existência de um competidor para a exploração do mesmo serviço no local ofertado.[7] Nesse caso, sem a tutela do Estado, a única empresa exploradora poderia estipular um preço de oferta extremamente alto, visto que não existem competidores, e dado que o serviço ofertado, de caráter essencial, não tem substitutos próximos (por exemplo, gás, energia e serviços de telecomunicações não podem ser importados). Dessa forma, a teoria da regulação defende que, ainda que o Estado não participe diretamente da exploração econômica do serviço, ele ainda assim deve se fazer presente, refreando uma ação nociva ao interesse público, coibindo excessos das empresas exploradoras desses serviços, seja quanto aos preços ou à qualidade dos produtos oferecidos.

Assim, a ação das agências reguladoras buscaria um equilíbrio entre governo, empresas privadas e consumidores. De um lado, atuariam na prevenção de possíveis falhas de governo, em defesa de uma política de Estado. Estas poderiam ser vistas, por exemplo, caso determinado governante proibisse um aumento de

---

[7]. Na economia, a definição clássica de monopólio natural é quando dois produtores incorrem num custo médio maior para produzir determinada quantidade do que se houvesse um único produtor, a ponto de inviabilizar a presença de mais de um ofertante no mercado, pois, nesse caso, as duas empresas "quebrariam". Para mais detalhes de como a teoria do monopólio natural assume um papel central na regulação econômica, justificando o papel do Estado, veja Benjo (1999).

tarifas, ainda que previsto no contrato de concessão, num período próximo de uma sucessão eleitoral, visto que essa medida poderia prejudicar sua popularidade. No entanto, essa medida comprometeria o equilíbrio financeiro das empresas reguladas, prejudicando a manutenção dos serviços e a expansão dos atendimentos. De outro lado, as agências reguladoras defenderiam o interesse público, atuando contra as falhas de mercado, defendendo os direitos dos usuários e evitando a formação de cartel e a elevação arbitrária dos preços de oferta dos serviços.

Como afirma Marques Neto (2003, p. 13), no novo modelo de agências reguladoras,

> [...] a ação estatal passa a depender do equilíbrio entre os interesses privados (competição, respeito aos direitos dos usuários, admissão da exploração lucrativa de atividade econômica) com as metas e objetivos de interesse público (universalização, redução de desigualdades, modicidade de preços e tarifas, maiores investimentos etc.).

No caso das empresas privatizadas em meados dos anos 1990, como as de telecomunicações e de energia elétrica, para evitar as falhas de mercado, houve uma série de condições estabelecidas no plano de concessão acordado entre o órgão regulador e a empresa concessionária, relativas à universalização dos serviços, estabelecimento de metas de produtividade, garantia dos direitos dos usuários, com canais constantes de reclamações, e estabelecimento de reajuste periódico de tarifas, com fórmula de cálculo preestabelecida e regras estáveis.

De outro lado, para evitar as falhas de governo, as agências reguladoras foram criadas como órgãos de Estado com diversas características específicas. Entre elas, as principais são[8]:

- **Autarquias especiais:** as agências reguladoras são estruturadas como autarquias especiais, que podem ser criadas ou extintas unicamente por lei, que estabelece seus objetivos específicos e suas formas de atuação. Dessa maneira, não podem ser extintas ou ter suas atribuições modificadas por simples ato discricionário de um governante, assegurando sua continuidade por um horizonte mais estável.

---

8. Esta seção foi compilada de Souto (1999), Moraes, A. (2002) e Marques Neto (2003).

- **Independência administrativa e financeira:** uma das características mais discutidas das agências reguladoras é a sua independência, seja administrativa ou financeira. Esse aspecto, também apontado por alguns autores como autonomia, está intimamente relacionado com a característica da neutralidade, ou ainda do equilíbrio. De fato, para que a agência possa se posicionar de forma neutra em relação aos interesses dos três tipos de agentes em torno dos quais sua atividade gravita, é preciso que o órgão tenha características específicas, para que possa exercer de fato sua independência.

Desse modo, existe uma relação institucional entre as agências reguladoras e os respectivos ministérios que não é de simples subordinação, mas de vinculação. Pois, caso houvesse uma subordinação – por exemplo, a necessidade de os atos administrativos da agência serem ratificados pelo ministério –, haveria uma relação hierárquica que poderia gerar um obstáculo à plena autonomia de atuação da agência. Portanto, uma decisão de uma agência reguladora não pode ser contestada ou sofrer provimento de recurso para sua revisão por parte do ministério.

Um dos instrumentos legais das agências reguladoras para assegurar sua independência é a estabilidade de seus dirigentes, por meio de um mandato fixo. Ou seja, a não ser em situações excepcionais, como um ato de improbidade apurado em processo administrativo ou judicial, transitado em julgado, o dirigente não pode ser exonerado pelo Poder Executivo, mesmo pelo próprio presidente da República, como no caso dos ministros de Estado. Ou, ainda, os diretores das agências reguladoras não podem ser exonerados *ad nutum*, por mero ato de vontade do chefe do Executivo, mas apenas de forma voluntária, por renúncia, ou por destituição, segundo os termos da lei.

As agências reguladoras são administradas por um regime de colegiado, em que os diretores – quatro ou cinco, dependendo da lei de formação da agência – são indicados pelo presidente da República, mas precisam ser aprovados em plenária pelo Senado Federal, além de serem submetidos a uma sabatina que comprove a sua especialização no ramo de atividade, evitando que os diretores sejam meramente políticos sem conhecimento técnico do setor regulado. Com um mandato fixo, os diretores das agências têm, portanto, autonomia para tomar suas decisões, mesmo que estejam em dissonância com o desejado pelo governo. Ainda, os mandatos dos diretores são não coincidentes, para que não haja descontinuidade no comando da agência reguladora, com a possibilidade de troca simultânea de diversos membros do colegiado.

Outro instrumento fundamental é a autonomia financeira, isto é, a garantia de que os recursos financeiros necessários à atividade da agência não dependerão de mero ato de vontade do poder central. De fato, a autonomia administrativa das agências de nada serviria caso a execução financeira do órgão dependesse de ato do Poder Executivo, já que, nesse caso, uma ação da agência poderia ser obliterada por uma restrição orçamentária. Por isso, o princípio da autonomia financeira é decisivo para que a agência consiga, na prática, exercer a sua autonomia, executando os atos de sua atribuição.

Por isso, na lei de criação de cada agência existe uma previsão de receita própria, independentemente dos recursos diretamente repassados pelo Tesouro, em geral oriundo de cobrança de multas e arrecadação de contribuições específicas, proporcionais às receitas dos entes regulados.

Por fim, para garantir a defesa pelos direitos dos cidadãos, as agências reguladoras devem ser permeáveis à sociedade, prevendo sua participação nas decisões da agência. Um exemplo seria a obrigatoriedade das ouvidorias, que teriam a função de receber as reclamações da sociedade como um todo. Outro exemplo está na edição de consultas públicas prévias a qualquer norma editada pela agência, em que a sociedade pode se pronunciar sobre determinado item a ser regulado.

Desse modo, as agências reguladoras seriam órgãos de Estado, com uma independência administrativa e financeira em relação aos demais órgãos de governo, mas com instrumentos normativos e sancionatórios que possam coibir as falhas de mercado, defendendo o interesse público. Para tanto, elas são órgãos sobretudo técnicos, com especialização no setor de atuação, com uma posição de neutralidade e de equidistância entre poder concedente, setor regulado e usuários do serviço.

As privatizações de setores essenciais em meados da década de 1990, então, foram realizadas pela necessidade de vultosos investimentos em infraestrutura que não poderiam ser realizados pelo Estado, dado seu alto grau de endividamento – reflexo da crise da governança do Estado empresário, que se via incapaz de explorar esses serviços de modo direto. Em contrapartida, era preciso oferecer um ambiente de estabilidade regulatória para as empresas privadas – em especial estrangeiras – que passariam a explorar os serviços, de maneira a impedir que uma ação discricionária de um governante eleito pudesse prejudicar a perspectiva de recuperação dos grandes investimentos realizados, cuja perspectiva era necessariamente de longo prazo. Esse horizonte de estabilidade em longo prazo tornava-se possível por intermédio de um órgão de Estado, independente, neutro e técnico, que garantisse a perpetuação das regras preestabelecidas nos contratos de concessão quando dos processos de privatização dessas empresas estatais.

## A teoria da regulação e as particularidades do setor cinematográfico

Nesse contexto de transformações do papel do Estado, o órgão central para gerir a atividade audiovisual foi formado, no final do governo Fernando Henrique, como agência reguladora e não como secretaria de governo ou agência de desenvolvimento. No entanto, é preciso entender que a Ancine foi um órgão atípico, dadas as características clássicas do modelo das agências reguladoras, estabelecendo um conjunto de paradoxos que praticamente impediu o cumprimento de seus objetivos. Por outro lado, esse desenho institucional pode ser entendido como um prolongamento natural de um movimento mais amplo, que caracteriza o papel do Estado no apoio às produções cinematográficas desde o início dos anos 1990, baseado no modelo das leis de incentivo fiscais.

O setor audiovisual tem características que o afastam de uma área tipicamente regulada por uma autarquia especial. Primeiro, o audiovisual não se estrutura como monopólio natural. Ao contrário, ele é deveras fragmentado, apresentando uma estrutura competitiva. Segundo, não se trata, diretamente, de um bem essencial, como energia elétrica ou telecomunicações, que funciona seja como insumo básico utilizado na produção de todos os demais setores da economia, seja para o cotidiano das famílias. Por fim, não constitui um setor privatizado, cujo funcionamento, antes realizado diretamente pelo Estado, passa a sê-lo também por empresas privadas.

Mas, ainda que não se trate de monopólio natural ou bem essencial, a existência de uma agência reguladora como protetora da produção de obras audiovisuais, sobretudo as cinematográficas, parte das características específicas do produto audiovisual. Por um lado, baseia-se em princípios como o da Convenção sobre a Proteção e Promoção da Diversidade das Expressões Culturais da Unesco, que defende o direito soberano das nações de realizarem medidas de proteção de suas indústrias culturais no sentido de garantir que as diferentes expressões culturais possam sobreviver num cenário de convergência tecnológica em que algumas poucas megacorporações podem dominar por completo a difusão de bens culturais. Isso parte da ideia de que os bens culturais, diferentemente de uma *commodity* pura, não são simplesmente substituíveis por equivalentes estrangeiros, já que os produtos culturais nacionais devem ser preservados por exprimir valores intrínsecos de um povo. Além disso, os bens culturais têm características de bem público, embora os economistas divirjam entre considerá-los bem público de fato ou, de forma mais cautelosa, bem meritório (Tolila, 2007). De qualquer modo, em um ou outro caso, é possível afirmar que as obras culturais carregam inequívocas características de bens públicos, como a não exclusão e a não rivalidade no consumo. Assim, pelas suas características singulares, provocam externalidades positivas, trazendo repercussões que não são completamente recuperáveis pelos agentes econômicos que a produziram. Quando, por exemplo, um filme como *Tropa de elite* ganha o principal prêmio no Festival de Berlim e gera uma ampla discussão social sobre o aparato das forças policiais e o financiamento do tráfico de drogas, ele produz ganhos para a sociedade que extrapolam sua exploração econômica, por sua empresa produtora ou mesmo pelo setor cinematográfico. Como bem público, a produção audiovisual deve ser estimulada pelo Estado, pois produz impactos positivos que não exclusivos de seu respectivo setor produtivo de origem ou de seus consumidores, mas que repercutem, de forma indireta, em toda a sociedade.[9]

Por fim, apesar de o setor de produção apresentar uma estrutura competitiva, o setor audiovisual, e em especial o cinematográfico, é extremamente fechado, dominado por um oligopólio global que concentra seu domínio na atividade de distribuição. No Brasil, assim como na maioria dos países do mundo – mesmo em países europeus com alto nível de desenvolvimento de seus setores industriais,

---

9. Esta é uma ampla discussão provocada pela economia da cultura sobre as características dos bens culturais como bens públicos, que justificariam a ação do Estado, já que o interesse da população sobrepujaria a mera vontade individual das empresas produtoras desses bens. Não conseguirei abordar com mais detalhes essa discussão, que pode ser mais bem compreendida pela leitura de autores como Vogel (2001), Benhamou (2007) e o já citado Tolila (2007), entre outros.

como a Alemanha, a Itália e a Espanha, entre diversos outros –, o produto cinematográfico nacional ocupa uma participação de mercado bastante inferior aos estrangeiros[10], distribuídos pelas *majors* (Fox, Disney, Sony, Paramount, Universal, Warner) – um oligopólio global que corresponde aos filmes hollywoodianos, originalmente produzidos pelos estúdios, mas cuja produção atual se tornou mais complexa e dinâmica, conforme os rumos do capitalismo contemporâneo, num processo de mundialização dos fluxos financeiros e da formação de grandes conglomerados universais.[11] Desse modo, o setor se estrutura com elevadas barreiras à entrada, seja pelas economias de escala relativas à exploração dos mercados em nível global (com alta possibilidade de *dumping*, dado que os custos de replicação são insignificantes em relação ao custo originário do protótipo) ou pelos vultosos investimentos de marketing, que estruturam tais produtos como marcas de sólida reputação, dificultando o ingresso de entrantes.[12]

Se há um entendimento de que a produção de obras cinematográficas é um bem público, sendo de interesse de todos o desenvolvimento do setor, para além do mero interesse no crescimento de um ramo produtivo pela geração de emprego e renda, parece ser elucidativo o fato de que, entre os diversos campos do setor cultural, justamente a atividade cinematográfica seja estruturada com base em um modelo específico, em razão de sua evidente vocação industrial, de consumo de massa, e com características muito próximas às das indústrias de bem de capital intensivas em tecnologia de ponta, com altos investimentos não recuperáveis em pesquisa e desenvolvimento, com a elaboração de bens prototípicos.

Os produtos audiovisuais têm óbvias características industriais, necessitando de investimentos elevados em mão de obra qualificada e de tecnologia de ponta, como um setor deveras competitivo. Ao mesmo tempo, não são simples *commodities*, produtos imediatamente substituíveis por similares estrangeiros, pois têm características de bens públicos, como bens culturais.

---

10. A participação desses países não atinge a casa dos 20%. Veja Focus (2009).
11. Diversos autores examinaram em mais detalhes a formação dos grandes conglomerados midiáticos como reflexo de um processo de globalização, entre eles, Kunz (2007) e, no Brasil, Moraes, D. (2002). Uma abordagem mais geral pode ser vista em Ikeda e Santos (2010).
12. Mais detalhes sobre os tipos de barreiras à entrada na economia do audiovisual podem ser vistos em Brittos e Kalioske (2009).

## A Ancine como agência reguladora atípica

A Ancine forma-se como agência reguladora atípica, sem as marcas tradicionais definidas pela teoria da regulação que justifiquem a formação de um órgão com tais características singulares. Dois aspectos específicos agravam essa sensação de deslocamento da Ancine em relação ao universo provável no âmbito de uma agência reguladora, conforme o desenho típico da teoria da regulação.

O primeiro é sua formação: o órgão tem ao mesmo tempo funções de regulação e de fomento da atividade cinematográfica, o que é considerado um paradoxo. Com funções de fomento, a agência estrutura ações com vistas ao desenvolvimento do mercado cinematográfico, em consonância com uma política de desenvolvimento que expressa um atendimento de metas governamentais, condicionando diretamente as condutas dos agentes de mercado para que sejam elegíveis aos financiamentos. Dessa forma, o desenho clássico das políticas industriais é que estas partam dos ministérios, e não das agências reguladoras. Ou seja, as agências reguladoras não foram criadas para ser essencialmente agências de desenvolvimento, e sim órgãos que impeçam que as ações dos agentes de mercado ou do governo entrem em choque com o interesse público.

O segundo refere-se ao âmbito de ação da própria agência. Sua formação como agência reguladora poderia ser justificada – excluindo as ações de fomento, que ficariam, segundo esse desenho hipotético, sob o comando da Secretaria do Audiovisual, ou ainda de outro órgão governamental diretamente subordinado (e não vinculado) a um ministério – caso o escopo de atuação da agência se ampliasse da produção cinematográfica para o setor audiovisual como um todo, englobando uma lógica da determinante influência do audiovisual no campo da comunicação pública. Nesse caso, leva-se em conta um cenário de convergência tecnológica em que grandes conglomerados globais de fornecimento de serviços de infraestrutura se fundem a empresas de produção de conteúdo, com impactos significativos no acesso à informação como instrumento de cidadania.

Ou seja, no atual cenário de convergência, as empresas de telecomunicações tornam-se também empresas de produção de conteúdo, afetando de maneira nevrálgica a posição dos agentes já estabelecidos no mercado. Telefonia fixa, móvel, banda larga, TV por assinatura: a disputa pelas redes também se revela uma luta pela detenção dos direitos de conteúdos audiovisuais exclusivos. Seguindo a tendência de instituições estatais estrangeiras, como o Ofcom da Inglaterra, uma agência reguladora para o setor audiovisual dificilmente poderia se justificar com as atribuições atuais da Ancine, mas como uma agência reguladora que representasse a fusão entre as atuais competências da Ancine e da Anatel. Essa nova agência reguladora teria muito mais proximidade com o Cade (em relação à defesa da concorrência) do que com a Secretaria do Audiovisual, como vemos atualmente. Esse novo órgão poderia, entre outras atribuições, atentar para a liberdade de acesso das informações ao público, estipulando limites para a propriedade cruzada, como faz, por exemplo, o Federal Communications Comission (FCC), mesmo num país de orientação liberal como os Estados Unidos.

No entanto, esse cenário esteve fora de cogitação no início dos anos 2000, quando da criação da Ancine, como vimos, por sugestão do Grupo Executivo da Indústria Cinematográfica (Gedic), em decorrência do III Congresso Brasileiro de Cinema – ou seja, essencialmente por sugestão da própria classe cinematográfica, e não como reflexo de uma política estratégica de governo e de longo prazo. Foi criado, então, muito mais por uma lógica assistencialista.

Para além de questões inerentes à teoria da regulação, a fim de entender os motivos de base que levaram à criação desse novo órgão central como agência reguladora, e não como qualquer outro órgão de governo, é preciso levar em conta não propriamente as características específicas do setor audiovisual como atividade econômica, mas sobretudo as transformações do papel do Estado na economia no período em questão. Em especial, nas feridas – ainda não totalmente cicatrizadas – relacionadas seja à conturbada relação entre Estado e cinema ao longo dos anos 1970 e 1980, quando a Embrafilme foi bombardeada por setores da imprensa brasileira com acusações de favorecimento a grupos organizados, seja ao trauma recente do cinema brasileiro, ameaçado em sua possibilidade de sobrevivência, minguando a ínfimo 1% do mercado interno.

Nessa perspectiva, o desenho de um órgão central como agência reguladora parece-me manifestar uma clara intenção de evitar as "falhas de governo", funcionando como uma espécie de colchão de amortecimento de possíveis pressões que acusassem as políticas recém-implementadas de conluios ou favorecimentos. O Estado, assim, permaneceria apenas indiretamente relacionado ao audiovisual, ausente da seleção em si dos projetos a ser realizados e das questões de mérito.

De novo, assim como na época da criação da Lei Rouanet, constatava-se a necessidade da presença do Estado, mas não do Estado interventor, como na época da Embrafilme. O Estado deveria cumprir o papel de apenas intermediar um processo de desenvolvimento induzido pelas empresas privadas. No contexto das transformações do próprio Estado brasileiro no início do século XXI, uma agência reguladora parecia ser o órgão que melhor poderia cumprir esse papel.

Por isso, esse modelo institucional se estabelece como a consolidação do próprio modelo de financiamento das atividades cinematográficas proposto com base nas leis de incentivo, em que o aporte de recursos para a produção não é mais promovido diretamente pelo Estado, mas por investidores privados ou estatais, buscando um estímulo à competitividade. Assim como o fomento à atividade tem participação indireta do Estado, o modelo de gestão também é indireto: o Estado não mais participa diretamente da produção nem da gestão da política setorial, mas apenas de forma indireta, promovendo um equilíbrio sistêmico entre a vontade do governo (protegendo o setor de ameaças de corrupção e de clientelismo), as demandas do setor regulado (estimulando a competitividade das empresas brasileiras num mercado concentrado, dominado pelo produto estrangeiro) e as necessidades dos consumidores (já que o acesso a obras audiovisuais nacionais é de interesse público).

É como se o modelo das agências reguladoras fosse adaptado para as necessidades específicas do setor cinematográfico brasileiro no início deste século, em consonância com um novo modelo de participação do Estado e a percepção de que se trata de um ramo de atividade tipicamente industrial, que deve ser estimulado com uma base desenvolvimentista. Aos aspectos econômicos que poderiam justificar essa opção por certo desenho institucional (as características de bens públicos e de bens prototípicos) devem ser acrescentados os aspectos políticos, relativos à transformação do Estado brasileiro e às próprias cicatrizes das experiências anteriores da política estatal para o setor cinematográfico.

## Limitações à plena atuação da Ancine

**A Ancine, criada como agência** reguladora no final do governo Fernando Henrique Cardoso, estruturou-se no bojo de um nítido paradoxo. De um lado, surge como órgão de intermediação, evitando as falhas de governo, como consolidação institucional do modelo de fomento indireto por leis de incentivo fiscal. De outro, tem funções de fomento, como indutor do desenvolvimento setorial, expresso por meio de objetivos ambiciosos, como promover a autossustentabilidade de um setor dominado pelo produto hegemônico estrangeiro, num processo crescente e comum à maioria dos países em todo o mundo, inclusive os europeus. A Ancine foi criada tendo, entre suas atribuições, a de articular as funções de regulação de um mercado cinematográfico concentrado, dominado por um oligopólio global, e as de fomento, visando ao desenvolvimento da produção independente, num cenário de empresas produtoras atomizadas, em sua maioria com uma estrutura familiar, pouco afeita à busca da inovação ou da competitividade.

Todavia, a redação da medida provisória que criou a Ancine ofereceu poucas possibilidades para sua atuação efetiva como agente de desenvolvimento do setor cinematográfico brasileiro, já que, como agência reguladora, sua função era mais de mediação de conflitos e de equilíbrio sistêmico. Ademais, em contraposição às demais agências reguladoras, ela tinha restrições quanto à aplicação dos instrumentos de regulação do mercado cinematográfico.

Com isso, a Ancine tornou-se basicamente uma gestora dos mecanismos de incentivo fiscal já existentes, aperfeiçoando os procedimentos de apresentação e acompanhamento dos projetos com recursos incentivados, além de arrecadar a Condecine, sua principal fonte de recursos. Mas não conseguiu implementar um novo padrão de atuação do Estado na busca do desenvolvimento integrado visando à autossustentabilidade da indústria cinematográfica, como era a expectativa do setor, e segundo os próprios objetivos da agência, como descritos na MP nº 2.228-1/01.

Apesar de serem órgãos bem diferentes, criados em momentos distintos, havia inevitavelmente uma expectativa do setor cinematográfico de que a Ancine resgatasse o ciclo de desenvolvimento da época áurea da Embrafilme, ou melhor, que até o superasse, rompendo o tenebroso cenário de crise do final dos anos 1990, com a retração da captação de recursos incentivados. No entanto, na prática, a agência viu limitadas suas possibilidades de intervir no mercado cinematográfico de forma decisiva, tornando-se meramente uma gestora de mecanismos indiretos cujas limitações eram cada vez mais visíveis.

Instalada apenas em 2002, no último ano do governo Fernando Henrique Cardoso, a Ancine ainda viveu, com a chegada do governo Lula, uma forte crise institucional. Ainda no período inicial de sua implantação, antes que fosse definitivamente instalada em suas necessidades básicas, com estrutura física e funcionários permanentes, ela conviveu com a iminente ameaça de descontinuidade. O governo Lula trazia consigo não apenas um novo projeto para o desenvolvimento do setor audiovisual, mas, sobretudo, uma reavaliação da própria importância da cultura no país. Além disso, reforçou o papel dos ministérios como agentes de formulação das políticas setoriais, questionando o funcionamento das agências reguladoras. A Ancine sofreu as consequências desses embates sobre o papel do Estado no âmbito setorial, o que dificultou ainda mais a sua já fragilizada esfera de atuação nos primeiros anos de sua criação.

Os itens a seguir ilustrarão alguns exemplos sintomáticos que evidenciam os limites de atuação da agência no sentido de propor medidas de regulação do mercado audiovisual. Conforme suas atribuições definidas pela MP nº 2.228-1/01, a Ancine não dispõs da autonomia necessária para, apenas com seus instrumentos normativos, disciplinar a conduta dos agentes regulados.

## Definição da Cota de Tela

Um dos instrumentos de regulação mais conhecidos do setor audiovisual é a chamada "Cota de Tela", mecanismo previsto no art. 55 da MP nº 2.228-1/01, que estipula que as salas de exibição comerciais brasileiras devem cumprir um número mínimo de dias de exibição de obras cinematográficas de longa-metragem brasileiras. Na verdade, a Cota de Tela é uma reserva de mercado para o produto nacional estabelecida desde o governo Vargas, tendo passado por diversas transformações na sua metodologia de aferição.

Na MP nº 2.228-1/01, escreve-se:

> art. 55. Por um prazo de vinte anos, contados a partir de 5 de setembro de 2001, as empresas proprietárias, locatárias ou arrendatárias de salas, espaços ou locais de exibição pública comercial exibirão obras cinematográficas brasileiras de longa-metragem, por um número de dias fixado, anualmente, por decreto, ouvidas as entidades representativas dos produtores, distribuidores e exibidores.

Como vemos, a demarcação da obrigatoriedade, estipulando o número mínimo de dias, não é realizada nem pela Ancine nem pelo Conselho Superior de Cinema, e sim por um Decreto Presidencial. A função da Ancine na Cota de Tela, portanto, se resume à aferição dos dias exibidos pelas empresas (ou seja, se o complexo exibidor cumpriu a obrigatoriedade) e à penalidade das empresas que porventura não a tenham cumprido.

Dessa forma, a Cota de Tela como instrumento de regulação de mercado acaba enfraquecida pela possibilidade da influência de critérios políticos que contaminem o efetivo impacto da obrigatoriedade: por um lado, o governo pode querer elevar a cota para um número de dias superior ao equilíbrio das empresas exibidoras, buscando estimular filmes promovidos por seu programa de fomento; por outro, pode reduzi-la, dadas as pressões dos grandes grupos exibidores.

A obrigatoriedade de exibição, no entanto, abrange apenas os segmentos de salas de exibição e de vídeo doméstico. Para as televisões – seja a TV por assinatura ou a aberta –, a MP nº 2.228-1/01 apresenta a possibilidade de existência dessa cota, a ser estabelecida apenas por lei. Conforme o art. 57 da MP nº 2.228--1/01 (grifo meu):

> art. 57. Poderá ser estabelecido, **por lei**, a obrigatoriedade de veiculação de obras cinematográficas e videofonográficas brasileiras de produção independente em outros segmentos de mercado além daqueles indicados nos arts. 55 e 56.

Os arts. 55 e 56 apresentam a definição da cota nos segmentos de mercado de salas de exibição e vídeo doméstico, respectivamente, sendo dispostos anualmente por decreto. Já para os demais segmentos de mercado, conforme disposto no *caput* do art. 57 da referida MP, a exigência é ainda maior: o decreto não é suficiente, havendo a necessidade de dispositivo legal específico. Dessa forma, a possibilidade de a Ancine editar uma medida regulatória para esses segmentos de mercado torna-se muito mais dificultada, sobretudo porque, na prática, parte expressiva dos parlamentares tem interesse no setor de radiodifusão, sendo detentores diretos ou indiretos de concessões de afiliadas, retransmissoras ou repetidoras, querendo, portanto, preservar a perpetuação do atual modelo de radiodifusão brasileiro, baseado na produção própria.

## Obrigatoriedade do fornecimento periódico de informações pelo setor regulado

De forma análoga aos limites da Ancine apontados no estabelecimento da Cota de Tela, a agência tem restrições no acesso a informações ou dados sobre as próprias atividades econômicas do setor regulado. De fato, o acesso a informações é insumo fundamental para a elaboração de medidas regulatórias: sem o embasado conhecimento formal da estrutura de negócios do setor regulado, a agência reguladora não dispõe de uma fundamentação técnica consistente para propor medidas que venham a coibir excessos ou distorções provocados por condutas anticompetitivas.

No entanto, a própria MP nº 2.228-1/01 estabeleceu limites para a agência na solicitação de informações diversas a certos segmentos do setor regulado. Sem a obrigatoriedade do fornecimento de informações, está implícita a impotência técnica da agência para efetivamente regular o mercado. Esse fato é mais um dos indícios que sustentam a tese de que a criação da Ancine como agência reguladora esteve muito mais preocupada em prevenir as "falhas de governo" do que as "falhas de mercado".

A MP nº 2.228-1/01 estipulou o acesso a informações de mercado pela Ancine por meio dos arts. 18 a 20:

> art. 18. As empresas de exibição deverão emitir relatório enumerando as obras cinematográficas brasileiras e estrangeiras exibidas no período pelos cinemas de sua rede de exibição, número de dias de exibição, número de espectadores e renda de bilheteria, conforme definido em regulamento, devendo estas informações ser remetidas à Ancine.
>
> art. 19. As empresas distribuidoras e locadoras de obras cinematográficas para vídeo, doméstico ou para venda direta ao consumidor, em qualquer suporte, deverão emitir semestralmente relatório enumerando as obras cinematográficas brasileiras distribuídas no período, número de obras estrangeiras e sua relação, número de cópias distribuídas por título, conforme definido em regulamento, devendo estas informações serem remetidas à Ancine.
>
> art. 20. Poderá ser estabelecida, por lei, a obrigatoriedade de fornecimento periódico de informações sobre veiculação ou difusão de obras cinematográficas e videofonográficas para empresas operantes em outros segmentos de mercado além daqueles indicados nos arts. 18 e 19.

Dessa forma, o próprio corpo da lei estipula que a obrigatoriedade do fornecimento periódico de informações só é devido empresas dos segmentos de salas de exibição e de vídeo doméstico. Para os demais segmentos – isto é, TV fechada, aberta e outros mercados –, a obrigatoriedade pode ser estabelecida apenas **por lei**, ficando o poder regulatório da Ancine seriamente comprometido.

No entanto, a Lei nº 11.437/06 ampliou os poderes regulatórios da agência, ao alterar o art. 18 da MP nº 2.228-1/01.

> art. 18. As empresas distribuidoras, as programadoras de obras audiovisuais para o segmento de mercado de serviços de comunicação eletrônica de massas por assinatura, as programadoras de obras audiovisuais para outros mercados, conforme assinalado na alínea e do Anexo I desta Medida Provisória, assim como as locadoras de vídeo doméstico e as empresas de exibição, devem fornecer relatórios periódicos sobre a oferta e o consumo de obras audiovisuais e as receitas auferidas pela exploração delas no período, conforme normas expedidas pela Ancine.

Portanto, com a atual redação do presente artigo, além das empresas que operam nos segmentos de salas de exibição e de vídeo doméstico, já abrangidos pela versão anterior da legislação, a Ancine passou a poder solicitar também informações às programadoras de TV por assinatura e às de obras audiovisuais para outros mercados.

O único segmento que não tem a obrigatoriedade de fornecer informações à Ancine é o de TV aberta, marcando nitidamente uma fronteira a partir da qual ela não deve exercer sua atividade regulatória.

## Vulnerabilidade da autonomia financeira da Ancine: alteração na destinação da Condecine

Como vimos, um dos principais instrumentos de autonomia das agências reguladoras em relação ao governo é a sua autonomia financeira, garantida pelas possibilidades de receita própria das agências.

As receitas da Ancine estão estipuladas no art. 11 da MP nº 2.228-1/01. Apesar de o artigo listar 13 tipos de receitas, grande parte delas é meramente residual, como doações, venda de bens imóveis de sua propriedade, venda de publicações,

multas, entre outras. As três principais fontes de receita seriam, portanto, as seguintes:
- parte da arrecadação da Condecine (inciso I);
- até 3% de parte dos recursos do Fistel (inciso II);
- dotações da União (inciso VI).

A Condecine (Contribuição para o Desenvolvimento da Indústria Cinematográfica Nacional), conforme disposto no art. 32 da referida MP, tem como fato gerador "a veiculação, a produção, o licenciamento e a distribuição de obras cinematográficas e videofonográficas com fins comerciais, por segmento de mercado a que forem destinadas". Ou seja, é um tributo que incide diretamente sobre a exploração econômica da própria atividade audiovisual. Funciona, portanto, como mecanismo de retroalimentação, de forma que o próprio desenvolvimento da atividade econômica geraria uma perspectiva de receita crescente para a agência, que exercerá esforço de fiscalização proporcional ao tamanho do mercado. De forma análoga, o Fistel é uma contribuição que incide sobre o conjunto das atividades do setor de telecomunicações, preparando a agência para um possível cenário de convergência, sendo hoje arrecadado pela Anatel.

Essas duas fontes de receita citadas são fundamentais para caracterizar a autonomia financeira da Ancine, já que independem de verba orçamentária diretamente repassada pelo governo. Trata-se, dessa forma, de contribuições que têm origem na própria atividade econômica do setor regulado, direta (no caso da Condecine) ou indiretamente (no caso do Fistel).

No entanto, esse cenário sofreu importante alteração com a edição da Lei nº 11.437/06. Esta, entre outras medidas, criou uma nova fonte de financiamento para a atividade audiovisual: o Fundo Setorial do Audiovisual (FSA). Como veremos em detalhe no Capítulo 5, o FSA difere dos mecanismos de incentivo anteriormente estabelecidos por ser um instrumento de fomento direto, por linhas de ação predefinidas, reforçando a ação do Estado na proposição de políticas públicas, além de prever que os recursos sejam em sua maioria reembolsáveis e não integralmente a fundo perdido, como as leis de incentivo. Por isso, foi recebido com grande expectativa pela opinião pública e pela classe cinematográfica.

O art. 2º da Lei nº 11.437/07 define as receitas do recém-criado FSA, listando dez fontes de receitas distintas, entre as quais quatro se destacam:
- a Condecine (inciso I);
- dotações da União (inciso II);
- retorno dos investimentos ou dos empréstimos realizados pelo FSA, bem como aplicações financeiras, multas e juros decorrentes (incisos V e VI);
- 5% de parte dos recursos do Fistel (inciso VII).

Além disso, no seu art. 20, a Lei nº 11.437/07 revoga parte do art. 11 da MP nº 2.228-1/01 (os incisos I, II, IV e XIII), exatamente os que dispõem sobre as receitas da Ancine advindas do Fistel e da Condecine.

De fato, o próprio art. 1º da Lei nº 11.437/07 dispõe o seguinte:

art. 1º. O total dos recursos da Contribuição para o Desenvolvimento da Indústria Cinematográfica Nacional – Condecine, criada pela Medida Provisória nº 2.228-1, de 6 de setembro de 2001, será destinado ao Fundo Nacional da Cultura – FNC, criado pela Lei nº 7.505, de 2 de julho de 1986, restabelecido pela Lei nº 8.313, de 23 de dezembro de 1991, o qual será alocado em categoria de programação específica, denominada Fundo Setorial do Audiovisual, e utilizado no financiamento de programas e projetos voltados para o desenvolvimento das atividades audiovisuais.

Com essas alterações, a principal receita orçamentária da Ancine passou a ser as dotações do Orçamento Geral da União, perdendo para o FSA as receitas dos tributos que incidiam – direta ou indiretamente – sobre a atividade audiovisual, as quais retornavam, ainda que de modo parcial, para a agência.

Dessa forma, se a alteração da Lei nº 11.437/07, por um lado, pode ser vista como positiva, no sentido de criar um novo mecanismo de fomento para a atividade audiovisual, impulsionando o seu desenvolvimento, criando políticas de promoção da competitividade do produto nacional, por outro lado, pode ser entendida como um enfraquecimento do modelo das agências reguladoras, reduzindo a autonomia financeira da agência, que passa a ficar extremamente vulnerável às ações de contingenciamento do Poder Executivo.

Nesse caso, aumentam as possibilidades da chamada "captura" da agência pelo poder público, já que, por uma ação intempestiva do governo, sua execução orçamentária pode ser comprometida, o que reduziria sua capacidade de ação ou mesmo de fiscalização do setor.

## A tímida atuação do CSC

Criado no último ano do governo Fernando Henrique Cardoso, o Conselho Superior de Cinema não conseguiu se estabelecer de fato como órgão formulador da política nacional do cinema. O fato de o CSC ser majoritariamente composto por ministros dificultou o trabalho, já que a maior parte das pastas (Justiça, Fazenda, Relações Exteriores) tinha um interesse apenas indireto no setor cinematográfico. É possível dizer que se ao cinema interessa que os representantes dessas pastas contribuam na formulação das políticas públicas do setor, a recíproca não necessariamente é verdadeira.

A edição do Decreto nº 4.858/03 apontava para uma possibilidade de mudança no perfil do Conselho, tornando-o mais ativo, mas o que se verificou na prática foi a continuidade do esvaziamento do seu papel como órgão formulador de políticas, papel que coube, no período, muito mais à própria Secretaria do Audiovisual. Durante o governo Lula, houve certo desconforto com o modelo das agências reguladoras e sua autonomia em relação aos ministérios. Existia uma vontade do governo de que as políticas setoriais fossem elaboradas pelos próprios ministérios, tornando as agências um instrumento ativo na implementação ágil dessas políticas, rompendo, portanto, com o modelo de autonomia das agências em relação ao ministério supervisor. Ou seja, o equilíbrio do tripé institucional se rompeu, fortalecendo um de seus órgãos – a Secretaria do Audiovisual – em detrimento dos demais.

Em geral, a convocação do Conselho contribuía para a corroboração institucional de alguma medida proposta pelo próprio Ministério, como foi o caso das pressões diante do anteprojeto de lei que previa a criação da Ancinav ou do PL 29, que previa, entre outras medidas, a criação de cotas de programação nacional nos canais e pacotes da TV por assinatura. O Conselho passava a se tornar muito mais uma instância de aprovação das políticas propostas pelo Ministério da Cultura do que um agente formulador de políticas, como era o seu papel original, conforme o desenho estabelecido pelo tripé institucional e as próprias atribuições do Conselho definidas pela MP nº 2.228-1/01.

Dessa forma, o Conselho Superior de Cinema não foi consolidado no período do governo Lula, reunindo-se esporadicamente, e sua ação na formulação da política nacional do cinema não foi efetiva. A falta de uma periodicidade de suas reuniões reduziu seu poder, tornando-o, de fato, mais um conselho consultivo do que efetivamente uma instância programática de formulação de políticas.

Sua inoperância dificultou a consolidação institucional da Ancine, que se via sem parâmetros para a execução de suas atribuições, conforme a política nacional do cinema, a ser estipulada pelo Conselho.

## A Ancine como agência regulamentadora

**A atuação da Ancine no** período, portanto, se concentraria em publicar instruções normativas, disciplinando aspectos previstos na lei de formação da agência. Essas normas, no entanto, não incidem diretamente na proposição de uma nova relação sistêmica, necessária para a alavancagem das produções audiovisuais brasileiras. Dessa forma, a agência se limitou a publicar normas que aperfeiçoaram os procedimentos operacionais de aprovação e acompanhamento dos projetos inscritos para a captação de recursos incentivados, mas sem propor uma reavaliação mais profunda desses próprios procedimentos no sentido de uma maior eficácia na utilização dos recursos. Ou seja, tornou-se mera gestora das leis de incentivos fiscais, cujas limitações estavam cada vez mais evidentes, em vez de propor mecanismos alternativos que reduzissem suas distorções. De fato, antes de se tornar uma agência de desenvolvimento, ou ainda, conforme sua vocação, uma agência reguladora, a Ancine revelou-se na prática uma agência meramente regulamentadora.

A Tabela 3 apresenta um resumo das 91 instruções normativas (INs) editadas pela Ancine entre março de 2002 e dezembro de 2010. O grande número de instruções pode surpreender, mas uma análise mais atenta nos leva a perceber que boa parte das normas editadas ou complementam normas preexistentes ou simplesmente as revogam, substituindo-as. Ou seja, grande parte das instruções normativas é constituída de aperfeiçoamentos de normas anteriores. Por isso, 33 instruções normativas entre as 91 editadas não estão mais em vigor, tendo sido revogadas por dispositivos posteriores.

| Assunto | INs publicadas |
|---|---|
| Fomento | 30 |
| Registro | 16 |
| Recolhimento | 11 |
| Cota de Tela | 10 |
| Regulação | 8 |
| Mecanismos automáticos | 8 |
| Outros | 5 |
| Fiscalização | 3 |

FONTE: WWW.ANCINE.GOV.BR. DADOS COMPILADOS PELO AUTOR.

Tabela 3 – Instruções normativas publicadas pela Ancine entre 2002 e 2010

Entre as 91 INs publicadas no período, 41 foram exclusivamente dedicadas à normatização dos mecanismos de incentivo fiscal, desde o recolhimento referente ao art. 3º da Lei do Audiovisual e ao art. 39, X, da MP nº 2.228-1/01 (11 INs), passando pelos demais mecanismos de fomento, como a apresentação e o acompanhamento de projetos incentivados, até a prestação de contas dos recursos incentivados (outras 30 INs). Outras 16 instruções normativas foram relativas à concessão de outorgas, tanto em relação ao registro de empresas quanto de títulos de obras publicitárias ou não publicitárias. Entre elas, constam as normas para o pagamento da Condecine.

Dessa forma, a ação da Ancine concentra-se basicamente em regulamentar, por meio de instruções normativas, os principais dispositivos legais previstos na MP nº 2.228-1/01, sobretudo os relativos à gestão dos projetos com captação de recursos pelas leis de incentivo fiscal e ao registro, com fins de arrecadação da Condecine. Assim, essas normas mais disciplinam a gestão dos recursos preexistentes do que apontam caminhos de política pública na direção do desenvolvimento sistêmico da indústria cinematográfica brasileira.

Foram poucas as medidas da Ancine que de fato apontaram caminhos de intervenção no mercado cinematográfico. Entre elas, destacam-se:

- **Cota de Tela:** regulamenta a apresentação dos relatórios e critérios utilizados no cumprimento da obrigatoriedade. O elevado número de normas (dez) justifica-se pela opção da Ancine de apresentar uma nova IN a cada novo decreto que estabelece a obrigatoriedade.

- **Mecanismos de fomento automático:** a partir de novembro de 2005, pela IN 44, a Ancine regulamentou o Prêmio Adicional de Renda, mecanismo de fomento automático previsto no art. 20 da MP nº 2.228-1/01. Em setembro de 2006, com a IN 56, houve a criação do Prêmio de Incentivo à Qualidade do Cinema Brasileiro (PAQ).
- **Programa de universalização do acesso:** a IN 77, de outubro de 2008, estabeleceu as normas para a execução do programa de fomento à universalização do acesso às obras audiovisuais cinematográficas brasileiras de longa-metragem no mercado de salas de exibição. A iniciativa, inspirada no "vale-cinema" do governo de São Paulo, consistia no subsídio ao preço do ingresso durante uma semana cinematográfica. A Ancine complementava o valor do ingresso ao exibidor para uma cartela de filmes brasileiros que tinham o ingresso a preços promocionais. Tratou-se de uma rara iniciativa da agência para estimular a demanda de filmes nacionais, e não exclusivamente pela ótica da oferta. No entanto, a ação se resumiu a uma única semana, e a Ancine não divulgou os dados consolidados sobre o aumento do número de ingressos vendidos em consequência a esse estímulo.
- **Promoção de longas brasileiros no exterior:** normatiza o apoio a filmes brasileiros selecionados para a mostra competitiva de festivais internacionais, fornecendo passagens aéreas a um membro da equipe (preferencialmente o diretor ou o produtor) e cópias legendadas da obra selecionada. Os festivais internacionais são divididos em níveis (A, B e C) segundo a sua relevância, e o apoio da Ancine é proporcional à classificação de cada festival. Ou seja, essa instrução normativa não é uma iniciativa programática que visa ao incremento da participação do produto brasileiro no mercado externo, mas meramente garante a presença do realizador e do filme em alguns festivais internacionais.
- **Envio de dados – salas de exibição e vídeo doméstico:** as INs disciplinam o envio de informações sobre receita no mercado de salas de exibição e vídeo doméstico, conforme as mudanças na regulamentação previstas pela Lei nº 11.437/06, descritas na seção anterior. Quanto ao mercado de salas, as INs preveem o envio das informações tanto por parte dos exibidores como pelos distribuidores. No entanto, a Ancine divulga os dados sobre receita e número de ingressos vendidos

no mercado de salas apenas pela ótica dos distribuidores, por meio do Observatório do Cinema e do Audiovisual (www.ancine.gov.br/oca). Os dados por grupo exibidor e os relativos ao *homevideo* ainda não foram disponibilizados.

É possível concluir que, à exceção das normas relativas à Cota de Tela – velho dispositivo conhecido do cinema brasileiro desde a era Vargas, diretamente previsto no art. 55 da MP nº 2.228-1/01, que tem a simpatia dos cineastas brasileiros, já que estabelece uma reserva de mercado para a obra cinematográfica brasileira –, não houve a edição de instrumentos de regulação propriamente ditos do mercado cinematográfico. De forma indireta, poderíamos considerar a regulamentação do envio de dados sobre dois segmentos de mercado: as salas de exibição e o vídeo doméstico. No entanto, o recebimento de dados, mais do que um instrumento em si de regulação, é um meio para que, com base na compilação e análise dos dados recebidos, a Ancine possa identificar distorções ou gargalos que justifiquem, num momento seguinte, a edição de normas que visem ao enfrentamento desses obstáculos na direção do desenvolvimento da indústria audiovisual brasileira.

As agências reguladoras não são responsáveis pela formulação das políticas setoriais, mas apenas exercem a atividade de regulação, atuando no sentido de corrigir distorções e promover o equilíbrio entre a relação dos agentes. Por outro lado, nos próprios objetivos e competências da Ancine, conforme estabelecidos na MP nº 2.228-1/01, estão metas como o desenvolvimento do setor audiovisual e a busca pela autossustentabilidade. No entanto, a própria lei de formação da agência a instituiu com poderes limitados para regular efetivamente o mercado audiovisual.

No caso das demais agências reguladoras em setores privatizados, os contratos de concessão preveem metas de produtividade para as empresas privadas, de modo que cabe a elas preservar o que já está previsto nos contratos – por exemplo, as metas de universalização do serviço.

Como a Ancine não formula a política setorial e, por outro lado, não existem metas previstas nos contratos de concessão, a agência viu-se impedida de propor medidas que visem ao desenvolvimento do mercado cinematográfico. É como se o poder público se tornasse refém da iniciativa dos próprios agentes estabelecidos nesse mercado, a quem cabem as ações de prospecção para o desenvolvimento setorial.

Diante dos gargalos que o modelo de financiamento à produção baseado nos incentivos fiscais não conseguiu superar, a Ancine se revelou sem autonomia para propor medidas e ações de superação desses gargalos, já que sua esfera de ação é mais reativa, no sentido de corrigir distorções, do que realmente propositiva de novos caminhos.

## A manutenção dos critérios que disciplinam os mecanismos de incentivo

Para além de suas fragilidades institucionais, a Ancine não promoveu de fato uma reavaliação dos critérios que disciplinam os mecanismos de incentivo fiscal sob sua administração. Ela optou por manter a lógica de funcionamento dos mecanismos de incentivo existentes, sem alterações significativas num modelo de financiamento cujas limitações no estímulo ao desenvolvimento do mercado cinematográfico eram bem visíveis.

Apesar da publicação de um conjunto de instruções normativas relativas ao funcionamento desses mecanismos, é possível afirmar, após uma atenta análise das INs publicadas, que as alterações propostas foram pouco significativas, representando mais propriamente meros aperfeiçoamentos de critérios já estabelecidos do que sua reavaliação crítica, ou mesmo sua substituição por novos parâmetros que pudessem promover maior eficiência na utilização dos recursos incentivados. Ou seja, se de um lado a MP nº 2.228-1/01 não proveu a Ancine de instrumentos suficientes para exercer uma efetiva ação regulatória no mercado audiovisual, cabendo à agência um papel secundário de mera gestora dos mecanismos de incentivo fiscal existentes, de outro lado, mesmo nessa atribuição, na publicação de normas infralegais de plena autonomia da agência, sua atuação revelou-se bastante conservadora, mantendo a lógica de funcionamento desses mecanismos de incentivo em vigor.

## Um exemplo: as normas de classificação de empresas produtoras

Nesta seção daremos um exemplo da atuação da Ancine como agência regulamentadora, meramente gestora dos mecanismos de incentivos fiscais, cuja função essencial foi a de aprimorar as normas preexistentes, mas sem promover uma alteração substancial num modelo de financiamento cujas limitações eram mais que visíveis. Analisaremos, dessa forma, as transformações das normas relativas à classificação de empresas produtoras entre 1999 e 2006 (ano da última alteração da norma, em vigor desde então).[13]

O enquadramento de empresas produtoras em níveis, estabelecendo limites de captação de recursos incentivados por projeto e por empresa, começou apenas em 1999. O Ministério da Cultura divulgou a Carta Circular nº 230, de 11 de agosto de 1999 (CC230/99), que apresentou tetos de captação e de número de projetos autorizados para a captação de recursos mediante incentivos fiscais federais controlados pela secretaria. Como vimos, sua publicação foi uma resposta do MinC a acusações de falta de controle na captação de recursos. A ampla repercussão do projeto *Chatô*, produzido e dirigido pelo ator Guilherme Fontes, em que uma empresa proponente com um currículo pouco expressivo, mesmo com a captação de um elevado montante de recursos, não conseguiu executar integralmente o projeto apresentado, foi o estopim desse processo.

A resposta encontrada para as acusações foi limitar a captação de recursos a empresas estreantes. Dessa forma, essa carta circular consagrou um critério que até hoje vem sendo mantido para definir os tetos de captação: a qualificação técnica e empresarial da proponente é medida apenas por seu currículo, ou seja, pelo número de obras que ela já realizou, independentemente de seu desempenho comercial.

A carta circular dividia as empresas em quatro níveis: I, II, III e IV. Previa, ainda, uma categoria especial, criando uma possibilidade, em casos excepcionais, de se ultrapassar os tetos considerados.

Além disso, o Anexo da CC 230/99 definiu tetos de captação de recursos por projeto audiovisual segundo a categoria do projeto (longa, telefilme, série, especial de 52 min, programas semanais e curta-metragem), o gênero e os suportes de captação e de finalização da obra. Para as séries e os programas semanais, ele estipulava tetos de captação por capítulo.

A CC 230/99 propunha, assim, três tipos de teto de captação: um por empresa proponente, outro relativo ao número de projetos apresentados por empresa e, por fim, um por tipo de projeto audiovisual, independentemente do currículo da proponente.

---

13. Houve pequenas alterações na IN54 após 2010, com a edição das INs 93 e 104, mas elas não mudam as conclusões desta seção.

Após a criação da Ancine, a primeira norma que regulava a classificação das empresas proponentes para captação de recursos surgiu apenas no início de 2004, pela Instrução Normativa nº 23, de 28 de janeiro de 2004.

Embora a Carta Circular nº 230 tenha sido criada numa situação de emergência, como resposta a um fato específico, no sentido estrito de impedir uma volumosa captação de recursos por uma empresa estreante e sem a pretensão de disciplinar de forma efetiva os limites de captação por proponente, a IN 23 apenas atualizou a CC 230/99, propondo pequenas alterações. Sua principal mudança foi a de também considerar parte do currículo da empresa as obras videofonográficas feitas para televisão, em especial os telefilmes e as séries. Na classificação proposta pela IN 23, as empresas passaram a ser classificadas pela duração conjunta de suas obras, independentemente do suporte final em que elas foram finalizadas. Além disso, o art. 5º, § único, estipulou que os telefilmes e as séries cuja duração total fosse superior a 70 minutos seriam considerados, para fins de classificação, obras superiores a 70 minutos (longas-metragens).

A IN 23 estipulou apenas um teto global de captação para a proponente, independentemente do número de projetos apresentados. Além disso, os níveis eram cinco, então numerados em algarismos arábicos, em ordem crescente de valores de captação: 1, 2, 3, 4 e 5.

Houve, ainda, uma mudança mais significativa: a supressão dos limites de captação por projeto, conforme dispostos no Anexo da CC 230. Dessa forma, se o orçamento apresentado for aprovado e a legislação não prever um teto de captação para o mecanismo de incentivo, não há teto para captação de recursos por um tipo de projeto específico.

Desse modo, mudam-se os parâmetros, atualizam-se valores, cria-se mais um nível, altera-se a forma de numeração. No entanto, o critério de base permanece o mesmo: o patamar de captação de recursos é determinado pelo número de filmes previamente realizados pela empresa produtora, desconsiderando tanto o retorno financeiro das obras anteriores quanto uma análise de negócios sobre a perspectiva de retorno do projeto apresentado.

A IN 23 durou pouco tempo: menos de um ano depois, foi publicada nova instrução normativa relativa à classificação de empresa produtora: a Instrução Normativa Ancine nº 36, de 14 de dezembro de 2004. Dessa vez, as proponentes são classificadas em cinco níveis, ordenados por letras (A, B, C, D e E). De forma curiosa, a empresa com melhor currículo é classificada como nível E, enquanto as proponentes estreantes são de nível A.

A IN 36 apresenta dois tipos de limites, tanto por empresa proponente quanto por projeto. No entanto, os limites por projeto são vinculados à empresa proponente e não segundo o tipo de projeto.

Quanto ao formato de captação, a IN 36 apresenta um retrocesso em relação à IN 23, ao não considerar as obras feitas para televisão, como os telefilmes e séries, para efeito de pontuação. A partir do nível C, a exigência passa a ser a realização de longas-metragens em 35 mm, evidenciando que o currículo da empresa deve ser sobretudo de longas-metragens cinematográficos e não de obras audiovisuais.

Por fim, em 2 de maio de 2006 foi publicada uma nova instrução normativa. A IN 54 estabelece um sistema de pontuação segundo o tipo de obra previamente realizada pela proponente. Nessa pontuação são contemplados não apenas curtas, médias e longas-metragens, mas também telefilmes, minisséries, séries e, inclusive, programas de TV.

Em seguida, de acordo com o número de pontos somados pela empresa, são definidos os tetos de captação, segundo sete níveis, ordenados por algarismos arábicos (de 1 a 7, em ordem crescente para os valores de captação). No entanto, além da pontuação, há um critério complementar: um número mínimo de obras produzidas pela empresa proponente.

Se, de um lado, há uma sofisticação no critério de pontuação das proponentes, de outro, continuam mantidos os mesmos critérios:

- A classificação é apenas para empresas produtoras, com base na produção de obras audiovisuais, não considerando outros tipos de projeto, como os de infraestrutura, de distribuição, festivais etc.
- Abrange o currículo prévio da empresa e não o desempenho comercial dos filmes realizados. Ou seja, a preocupação do Estado é apenas se a empresa consegue administrar o montante de recursos públicos, sem nenhuma preocupação com a *performance*.
- Considera apenas o passado da empresa, e não a expectativa de viabilidade comercial do projeto em questão.

- Não leva em conta outros fatores, como em uma típica análise de crédito: faturamento da empresa, grau de endividamento, número de funcionários empregados etc.

Ou seja, os critérios de classificação de empresa proponente, apesar de modificados ao longo de três instruções normativas, não alteraram de fato os critérios de avaliação. A Ancine apenas aperfeiçoou os critérios estabelecidos pelo MinC na Carta Circular nº 230, sem promover sua reavaliação de fato para classificação de empresa.

Além disso, ficam óbvias as contradições do modelo de leis de incentivo como um projeto essencialmente industrialista. Para definir o limite de captação de recursos por parte de uma empresa proponente, não há uma relação com a *performance* dos filmes já realizados pela empresa nem uma análise da expectativa de retorno comercial com a obra a ser produzida; verifica-se apenas se a empresa é capaz de gerir adequadamente os valores recebidos e finalizar o filme com recursos captados sem gerar nenhum escândalo. Os critérios, portanto, são muito mais uma resposta às acusações de malversação de recursos públicos após o escândalo de *Chatô* do que de fato um ideário programático de eficiência no acesso aos recursos públicos.

De maneira análoga, poderíamos analisar a publicação de outras instruções normativas da Ancine, disciplinando, por exemplo, a aprovação e o acompanhamento de projetos nas leis de incentivo fiscal, a movimentação de recursos incentivados ou mesmo a prestação de contas desses recursos. A comparação entre a Portaria nº 46, de 13 de março de 1998, complementada pela nº 180, de 4 de junho de 1998, ambas publicadas pelo Ministério da Cultura, com a Instrução Normativa nº 22, publicada pela Ancine em 2003, complementada por suas diversas alterações e vigente até os dias de hoje, permite uma conclusão bastante próxima à feita em relação à classificação de empresa proponente: as normas publicadas pela Ancine representaram, de fato, um aperfeiçoamento, mas mantiveram os critérios de base estabelecidos pela SAv/MinC antes da criação da agência. Ou seja, ainda que os mecanismos de incentivo fiscal tenham demonstrado visíveis limitações, não houve uma postura ativa da Ancine, mesmo na publicação de normas relativas ao disciplinamento da utilização desses mecanismos, no sentido de corrigir algumas de suas distorções, buscando estimular uma posição competitiva das empresas proponentes ou a utilização mais eficaz dos recursos captados.

## A equação industrialista e o *boom* de 2003: o art. 3º da Lei do Audiovisual e a Globo Filmes

### A falsa euforia de 2003

Um ano após a instalação da Ancine, o cinema brasileiro atingiu uma participação de mercado recorde, chegando a 21,4%. Ainda que em níveis inferiores aos da época áurea da Embrafilme, quando, em meados dos anos 1970, a participação de mercado do filme brasileiro atingiu 30%, o ano de 2003 foi interpretado por muitos como o início de um novo período de desenvolvimento da indústria cinematográfica brasileira.

Os expressivos resultados de 2003 geraram euforia, provocando a impressão de que a criação da agência fosse um passo decisivo na instalação de uma escalada sustentada de ocupação dos filmes nacionais no mercado interno. No entanto, esse expressivo aumento na participação de mercado na verdade não foi consequência da implementação das políticas previstas pela Ancine na regulação do mercado audiovisual. Recém-criada, com pouca autonomia para promover de fato uma política desenvolvimentista, ela simplesmente administrava as leis de incentivo, mais no sentido de coibir distorções do que de implementar uma política setorial definida.

Os níveis recordes de 2003 justificam-se por dois fatores básicos, que serão descritos a seguir: a) as mudanças implementadas pela MP nº 2.228-1/01 em um dos mecanismos de incentivo, o art. 3º da Lei do Audiovisual; e b) a atuação da Globo Filmes, possibilitando uma intensiva ação de *marketing* para os *blockbusters* brasileiros.

De fato, após a euforia de 2003, os anos seguintes mostraram que se tratava de uma exceção e não de uma tendência constante de aumento de participação de mercado. Apesar dos avanços obtidos com a articulação desses dois fatores, faltava uma política de ocupação do mercado interno, com a articulação dos elos da cadeia produtiva e de incentivo à ocupação dos diversos segmentos de mercado.

## O art. 3º da Lei do Audiovisual

O art. 3º da Lei do Audiovisual esteve em vigor desde a criação da Lei nº 8.685/93. No entanto, a captação de recursos por esse mecanismo permaneceu em níveis muito inferiores aos do art. 1º da Lei do Audiovisual ou da Lei Rouanet. Foi justamente a partir de 2002, após as modificações da MP nº 2.228-1/01, que o mecanismo se tornou um dos principais fatores de ocupação do mercado interno, como veremos a seguir.

O art. 3º da Lei do Audiovisual incide sobre os créditos e as remessas para o exterior em decorrência da exploração comercial de obras audiovisuais no território brasileiro. Ao realizar a remessa (ou o crédito) para o exterior, os detentores dos direitos de comercialização da(s) obra(s) pagam imposto de renda sobre os valores, segundo a legislação vigente. Caso o contribuinte faça a opção pelo art. 3º da Lei do Audiovisual, há o abatimento de 70% do valor do imposto de renda a pagar para o investimento na coprodução de obras audiovisuais brasileiras de produção independente. Os 30% restantes continuam sendo recolhidos para a Receita Federal. Caso não realize a opção, a empresa recolhe 100% do imposto para a Receita.

Na verdade, o art. 3º da Lei do Audiovisual nada mais é do que a versão atualizada de um mecanismo implementado pelo Instituto Nacional de Cinema (INC) por meio da Lei nº 4.131/62, que foi responsável pela realização de filmes como *Macunaíma* (Condor Filmes) e *As amorosas* (Columbia Pictures), entre outros (Johnson, 1987). De forma análoga, as distribuidoras estrangeiras no país poderiam se beneficiar de um abatimento no imposto de renda caso coproduzissem obras brasileiras. Esse mecanismo foi revogado na criação da Embrafilme, quando esses recursos se tornaram parte das receitas da empresa estatal, que passou a investir diretamente nas obras brasileiras.

A operacionalização do mecanismo é a seguinte: no ato da remessa, ao realizar o contrato de câmbio, caso a empresa faça a opção pelo mecanismo, há o recolhimento de 70% do valor do imposto de renda mediante um boleto bancário específico. Esses valores são depositados numa "conta de recolhimento" de titularidade da empresa contribuinte. Como uma empresa estrangeira não pode ter conta-corrente no país, em geral, a conta de recolhimento é de titularidade de um representante legal da empresa contribuinte estrangeira, mediante procuração específica, apresentada à Ancine.

Em seguida, a empresa contribuinte tem o prazo legal de 180 dias para aplicar os recursos em projetos audiovisuais, estipulado pela lei para evitar que a empresa fizesse a opção pelo mecanismo, mas postergasse tal aplicação ou nem viesse a fazê-lo. Isso deu mais agilidade ao processo de produção das obras audiovisuais beneficiárias do mecanismo, pois, caso expire o prazo de 180 dias após o depósito dos valores recolhidos sem que a empresa contribuinte escolha um projeto audiovisual, ela perde os direitos sobre esses valores, que são transferidos para o Fundo Setorial do Audiovisual (FSA).

Para que a empresa possa transferir os recursos depositados nas contas de recolhimento para a conta de captação de um projeto audiovisual, são necessários alguns requisitos:

a. que a data de transferência dos recursos esteja dentro do prazo de 180 dias;
b. que o projeto para o qual os recursos serão destinados esteja previamente autorizado pela Ancine para captação de recursos pelo mecanismo;
c. que seja apresentado um contrato de coprodução entre a empresa contribuinte e a produtora.

O ponto mais delicado é o contrato de coprodução, que deve ser apresentado à Ancine como requisito para aprovação da primeira transferência dos recursos para a conta do projeto. Dessa forma, a empresa contribuinte estrangeira se torna coprodutora da obra, detendo parte de seus direitos patrimoniais. No entanto, a majoritariedade dos direitos patrimoniais deve permanecer sob a titularidade da empresa produtora brasileira.

As principais empresas contribuintes do mecanismo são as *majors*, já que controlam a maior parte das receitas do mercado cinematográfico brasileiro. Contudo, mesmo as distribuidoras independentes também podem se beneficiar do incentivo, ainda que em menor escala. Isso porque essas empresas também distribuem filmes estrangeiros no Brasil e, por conseguinte, efetuam remessas de lucros em decorrência da exploração dessas obras, seja para agentes de vendas no exterior ou para as próprias empresas produtoras estrangeiras. A distribuidora nacional, ao reunir recursos advindos de um conjunto de obras estrangeiras, muitas vezes de agentes de venda distintos, consegue um montante suficiente de recursos para a realização de uma coprodução, ainda que num patamar inferior ao das *majors*.

Dessa forma, as vantagens para o investidor pelo art. 3º são:
- abatimento de 100% do valor investido (no montante de 70% do imposto de renda a pagar sobre as remessas ou os créditos para o exterior);
- garantia implícita de distribuição da obra;
- torna-se coprodutor da obra, detendo direitos patrimoniais minoritários.

## Mudanças com a Condecine Remessa

Mesmo com as vantagens aqui descritas, o art. 3º, desde a sua criação, apresentou um volume pequeno de investimento. As *majors* não se interessaram em fazer a opção pelo mecanismo, preferindo recolher para a Receita Federal a totalidade do imposto de renda a pagar.

Esse desinteresse tem um motivo claro: a legislação de imposto de renda norte-americano, em especial os benefícios concedidos pelo *tax credit*. Segundo a legislação norte-americana, os valores incorridos como imposto de renda por empresas em países estrangeiros em um conjunto de atividades comerciais – entre elas, a exploração de obras audiovisuais – podem ser deduzidos no imposto de renda a pagar dessas empresas nas suas matrizes nos Estados Unidos (Guimarães, 2007). Dessa forma, essas empresas não faziam a opção pelo art. 3º, pois prefeririam usufruir do benefício fiscal em seus países de origem.

A única *major* a lançar sistematicamente filmes brasileiros no período do início da retomada foi a Columbia. Ela se destaca por ser uma distribuidora estrangeira cuja política mundial tem incentivado a associação com a produção local como estratégia de negócios. Além disso, no período considerado, a empresa vinha sofrendo uma série de prejuízos acumulados, fazendo que não pudesse utilizar os benefícios do *tax credit*. Entre 1995 e 1998, foi a única *major* a distribuir filmes brasileiros, em geral utilizando-se do benefício fiscal previsto no art. 3º da Lei do Audiovisual. O primeiro longa-metragem brasileiro lançado por uma *major* no período da retomada foi *Tieta do Agreste*, de Cacá Diegues. O filme recebeu um aporte de R$ 1 milhão pela Columbia por meio do artigo. O relativo sucesso do filme (com 511.954 espectadores) estimulou o prosseguimento da utilização dos recursos. No ano seguinte, em 1997, a Columbia aportou recursos em mais três filmes brasileiros: *Buena sorte*, *Guerra de Canudos* e *O que é isso, companheiro?* (Ikeda, 2010a).

A pequena participação das *majors* na distribuição de filmes nacionais acabou se revertendo com a edição da MP nº 2.228-1/01. O parágrafo único do art. 32 criou a chamada Condecine Remessa, com uma sobretaxa de 11% sobre a remessa para o exterior. No entanto, a lei prevê uma isenção dessa taxa caso haja a opção pelo art. 3º da Lei do Audiovisual. Ou seja, além do imposto de renda a pagar, as empresas agora passavam a sofrer uma sobretaxa de 11%, mas que incide apenas no caso de as empresas não fazerem a opção pelo art. 3º. Com isso, passou a ser mais vantajoso para as *majors* a opção pelo mecanismo, já que os valores pagos em decorrência da Condecine Remessa não poderiam ser deduzidos como *tax credit* nos seus países de origem.

Não por acaso, as *majors* ingressaram judicialmente contra o mecanismo, chamando-o grosseiramente de "chantagem fiscal"[14], mas ao final as decisões judiciais ratificaram a constitucionalidade da cobrança da contribuição.

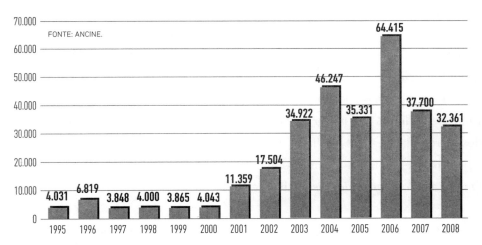

Gráfico 1 – Valores investidos em projetos – art. 3º da Lei do Audiovisual
(em milhares de reais)

Dessa forma, a partir de 2002, houve um expressivo aumento nos valores captados pelo art. 3º da Lei do Audiovisual, conforme se verifica no gráfico anterior. Se, no período que antecedeu 2002, apenas a Columbia investia sistematicamente por meio do mecanismo, a partir desse ano, com o impacto da Condecine

---

14. A esse respeito, veja entrevista de Gustavo Dahl a Marcus Alvarenga em Alvarenga (2010).

Remessa, todas as *majors* passaram a fazer o mesmo, alavancando a produção de *blockbusters* nacionais.

O impacto do aumento de recursos por meio de art. 3º na produção de filmes brasileiros com maior potencial de mercado foi notado nos filmes lançados em 2003. Naquele ano, três *majors* (Columbia, Fox e Warner) lançaram filmes brasileiros que superaram a marca de 1 milhão de espectadores: pela Fox, *Lisbela e o prisioneiro* (3.174.643 espectadores); pela Warner, *Xuxa abracadabra* (2.214.481). Pela Columbia, a única empresa que vinha sistematicamente investindo na produção nacional, o resultado foi ainda mais expressivo, com nada menos que quatro filmes que superaram a marca de 1 milhão de espectadores (*Maria, mãe do Filho de Deus*, com 2.332.873; *Didi, o cupido trapalhão*, com 1.758.579; *Deus é brasileiro*, com 1.635.212,00; e *Carandiru*, com 4.693.853, tornando-se na ocasião o filme brasileiro mais assistido desde o fim da Embrafilme).

Nos anos posteriores, ainda que sem o resultado marcante de 2003, as principais bilheterias dos filmes brasileiros continuaram sendo daqueles distribuídos pelas *majors*, com a utilização do mecanismo previsto pelo art. 3º da Lei do Audiovisual. Conforme os dados apresentados na Tabela 4, dos 20 filmes brasileiros de maior bilheteria entre 1995 e 2009, 18 foram realizados parcialmente com recursos do mecanismo. Os dois títulos que não utilizaram esses recursos foram produzidos pela Globo Filmes – *Os normais 2* e *O auto da Compadecida*, respectivamente na 18ª e 19ª posições.

## Características da utilização do art. 3º: pontos favoráveis e desfavoráveis

Os principais sucessos de bilheteria brasileiros no período da retomada contaram com recursos oriundos do art. 3º da Lei do Audiovisual. Como vimos, trata-se de um mecanismo de incentivo baseado em renúncia fiscal, que estimula as distribuidoras estrangeiras a investirem num filme nacional, pois, além da garantia implícita de distribuição, tornam-se coprodutoras da obra, sendo remuneradas também com parte da receita líquida do produtor.

| Título | Empresa produtora | UF | Distri-buidora | Ano | Art. 3º | Número de espectadores |
|---|---|---|---|---|---|---|
| Se eu fosse você 2 | Total Entertainment Ltda. | RJ | Fox | 2009 | SIM | 6.112.851 |
| Dois filhos de Francisco | Conspiração Filmes Entretenimento Ltda. | RJ | Columbia | 2005 | SIM | 5.319.677 |
| Se eu fosse você | Total Entertainment Ltda. | RJ | Fox | 2006 | SIM | 3.644.956 |
| Cidade de Deus | O2 Prod. Artísticas e Cinemat. Ltda. | SP | Lumière | 2002 | SIM | 3.370.871 |
| Lisbela e o prisioneiro | Natasha Enterprises Ltda. | RJ | Fox | 2003 | SIM | 3.174.643 |
| Cazuza | Lereby Produções Ltda. | RJ | Columbia | 2004 | SIM | 3.082.522 |
| Olga | Nexus Cinema e Vídeo | SP | Lumière | 2004 | SIM | 3.078.030 |
| Os normais | Missão Impossível Cinco Prod. Artíst. Ltda. | RJ | Lumière | 2003 | SIM | 2.996.467 |
| Xuxa e os duendes | Diler & Associados Ltda. | RJ | Warner | 2001 | SIM | 2.657.091 |
| Tropa de elite | Zazen Produções Audiovisuais Ltda. | RJ | Universal | 2007 | SIM | 2.417.754 |
| Xuxa pop star | Diler & Associados Ltda. | RJ | Warner | 2000 | SIM | 2.394.326 |
| A mulher invisível | Conspiração Filmes Entretenimento Ltda. | RJ | Warner | 2009 | SIM | 2.353.136 |
| Maria, mãe do Filho de Deus | Diler & Associados Ltda. | RJ | Columbia | 2003 | SIM | 2.332.873 |
| Xuxa e os duendes 2 | Diler & Associados Ltda. | RJ | Warner | 2002 | SIM | 2.301.152 |
| Sexo, amor e traição | Total Entertainment Ltda. | RJ | Fox | 2004 | SIM | 2.219.423 |
| Xuxa Abracadabra | Diler & Associados Ltda. | RJ | Warner | 2003 | SIM | 2.214.491 |
| Os normais 2 | Globo Filmes | RJ | Imagem | 2009 | NÃO | 2.202.640 |
| O auto da compadecida | Globo Filmes | RJ | Columbia | 2000 | NÃO | 2.157.166 |
| Meu nome não é Johnny | Atitude Produções e Empreendimentos Ltda. | RJ | Sony/Downtown | 2008 | SIM | 2.009.294 |

FONTE: ANCINE E FILMEB.

Tabela 4 – Vinte filmes brasileiros segundo número de espectadores – 1995-2009

Em outros mecanismos de incentivo, como a Lei Rouanet e o art. 1º da Lei do Audiovisual, os dois principais da retomada, os investidores ou patrocinadores são empresas cujo negócio está na maior parte das vezes totalmente dissociado da atividade audiovisual, como empresas estatais (Petrobras, BNDES) ou mesmo privadas (bancos e empresas de varejo). Dessa forma, por não conhecerem as particularidades do complexo processo de produção de uma obra audiovisual de longa-metragem, têm menor probabilidade de selecionar projetos de fato competitivos, preocupando-se mais com o benefício fiscal em si do que com a possibilidade de retorno comercial da obra. Além disso, as empresas estatais podem ser mais suscetíveis a influências de critérios políticos, e não eminentemente técnicos ou mercadológicos, na seleção de seus projetos. Ao contrário dos demais mecanismos de incentivo, a particularidade do art. 3º da Lei do Audiovisual é que os investidores são empresas distribuidoras, diretamente envolvidas na atividade audiovisual. O mecanismo promove a integração entre produção e distribuição, estimulando uma sinergia positiva entre elos da cadeia produtiva que são complementares. Desse modo, afirma-se como um mecanismo de incentivo com resultados positivos sobre o desempenho comercial das obras produzidas.

Ademais, os recursos investidos pelas distribuidoras por meio do art. 3º da Lei do Audiovisual não podem ser utilizados na comercialização, e sim como aportes na produção da obra. Com isso, adquirem direitos patrimoniais, tornando-se coprodutoras da obra. Em geral, essas empresas naturalmente se interessam em também distribuí-las, não querendo correr o risco de perdê-las para uma empresa distribuidora concorrente. Assim, é possível afirmar que existe uma garantia implícita da distribuição dessa obra, que ocorre em geral com recursos não incentivados.

No entanto, o mecanismo apresenta algumas desvantagens. De um lado, ele aprofunda a dependência do filme brasileiro de grande bilheteria à estratégia de distribuição formulada por uma distribuidora estrangeira, cujo produto principal é, por definição, o filme estrangeiro, oriundo de sua matriz. De outro lado, como as principais beneficiárias do mecanismo são as distribuidoras estrangeiras (*majors*), as distribuidoras brasileiras aumentam suas dificuldades de obter um filme brasileiro de maior potencial comercial, crescendo sua desvantagem competitiva em relação às *majors*. Além disso, como as distribuidoras tornam-se coprodutoras das obras incentivadas, o mecanismo reduz os direitos patrimoniais das empresas produtoras brasileiras, dificultando a capitalização dessas empresas.

## Globo Filmes

O segundo fator que explica o *boom* de 2003 é a ascensão de um novo agente: a Globo Filmes. Criada em 1997 como braço da empresa de radiodifusão, ela possibilitou a tão sonhada aliança entre cinema e TV, num momento em que o cinema brasileiro iniciava o processo de retomada, com o advento das leis de incentivo. De início, a Globo Filmes era uma empresa de coprodução e distribuição, contando, para isso, com a *expertise* de Marco Aurélio Marcondes, ex-superintendente de comercialização da Embrafilme – que, à época, geria o Consórcio Severiano Ribeiro & Marcondes (CSR&M). No entanto, já em 1998, houve uma mudança de rumos e a Globo Filmes optou pela participação apenas no ramo das coproduções, firmando contratos para que as obras fossem lançadas comercialmente por outras distribuidoras. Essa decisão provocou a saída de Marcondes do negócio e a estruturação da atuação da Globo Filmes essencialmente na coprodução (Butcher, 2006).

A entrada da Globo Filmes na coprodução cinematográfica pode ser entendida não apenas como mero desejo da empresa de diversificar seus produtos, com base nas oportunidades da recuperação do cinema nacional, mas também como uma postura política de se aproximar de agentes estratégicos, logo após um intenso momento de crise da emissora. Como diz Butcher (2006):

> A criação da Globo Filmes, portanto, está articulada a um conjunto de ações bastante complexo, de fundo político, em que a produção de longas-metragens torna-se apenas uma peça de uma engrenagem bem mais ampla. Mas o fato é que, por intermédio da Globo Filmes, a TV Globo passaria a atuar diretamente sobre um produto do qual encontrava-se ausente, apesar de já vir exercendo sobre ele influência significativa. Ao mesmo tempo, passou a contar com a capacidade de organização política do cinema brasileiro em seu favor, desmobilizando a indiferença e/ou oposição que, no passado, marcaram as posições do setor em relação à televisão. Essa movimentação, não por acaso, se deu no momento em que a produção nacional saía de mais uma de suas mais graves crises institucionais e produtivas e começava a marcar pre-

sença, novamente, em seu próprio mercado, predominantemente ocupado pelo cinema norte-americano. A partir dessa situação, a TV Globo arregimentou setores da produção e passou a interferir com firmeza no sentido de tornar alguns filmes brasileiros produtos competitivos em relação ao produto americano, o que seria uma oportuna demonstração de força em um campo dominado pelo produto estrangeiro.

O primeiro filme produzido com a participação da Globo Filmes foi *Simão, o fantasma trapalhão*, lançado em dezembro de 1998. Como bem assinala Butcher (2006), esse primeiro lançamento tinha duas vantagens. A primeira era que o próprio público já estava familiarizado com lançamentos cinematográficos de Renato Aragão, desde a época de Os Trapalhões, com filmes campeões de bilheteria nos anos 1980. A segunda era destacar uma estrela dos próprios quadros da emissora, já que Aragão apresentava um programa semanal na TV Globo. Dessa forma, a obra cinematográfica assumia uma relação de continuidade com o próprio quadro artístico da programação televisiva (Bahia e Amancio, 2010).

*Simão, o fantasma trapalhão* foi distribuído em dezembro de 1998 pela Columbia Pictures, que não se utilizou de recursos incentivados, mesmo os previstos pelo art. 3º da Lei do Audiovisual. Nesse primeiro momento, a Globo Filmes optou por produções em parceria com distribuidores estrangeiros, mas sem utilizar recursos incentivados. O sucesso do filme, lançado com 246 cópias e público de 1,7 milhão de espectadores, estimulou a ampliação da carteira de lançamentos da empresa.

Logo em janeiro de 1999 houve o segundo lançamento: *Zoando na TV*. Produzido diretamente pela Globo Filmes, ele também se utilizava, de forma análoga ao anterior, de uma estrela oriunda dos quadros da emissora – a apresentadora Angélica –, além de contar, em sua equipe técnica, com diversos profissionais da casa, como o roteirista Carlos Lombardi e o diretor José Alvarenga (Simis, 2005). Distribuído pela mesma Columbia, o filme atingiu 911 mil espectadores, com renda bruta de bilheteria pouco inferior a R$ 3,5 milhões.

O primeiro título apoiado pela Globo Filmes a se utilizar do art. 3º da Lei do Audiovisual foi uma continuação da franquia Renato Aragão: *O trapalhão e a luz azul*. Lançado em dezembro de 1999 pela Lumière, independente brasileira que obtinha *status* de "*minimajor*" devido a um acordo de exclusividade para o lançamento no país dos títulos da Miramax[15], o novo filme de Renato Aragão não alcançou o mesmo sucesso do anterior, obtendo 770 mil espectadores.

Aos poucos, a Globo Filmes reforçaria sua carteira de lançamentos, mas seus principais sucessos baseavam-se numa referência prévia aos quadros da emissora. O primeiro grande filme da empresa a bater a marca de 2 milhões de espectadores, *O auto da Compadecida*, que levou 2,16 milhões de pessoas aos cinemas, correspondeu a uma versão da minissérie previamente exibida na grade de programação da emissora. Em 2001 e 2002, novos filmes com a apresentadora Xuxa Meneghel – *Xuxa e os duendes 1 e 2* – atingiram, respectivamente, 2,66 milhões e 2,3 milhões de espectadores.

Em 2002, no entanto, um inesperado sucesso estimulou a empresa a diversificar suas coproduções para além da simples promoção dos quadros da emissora para a tela cinematográfica. Foi o filme *Cidade de Deus*, produzido pela O2 Filmes, que atingiu 3,37 milhões de espectadores. Com os resultados dos anos anteriores, cada vez mais favoráveis e a disponibilidade de recursos adicionais pela mudança no mecanismo da lei após 2002, a Globo Filmes aumentou sua carteira de produtos, coproduzindo dez filmes em 2003 e obtendo um excepcional resultado comercial.

Pela parceria Globo Filmes e art. 3º da Lei do Audiovisual, foram lançados, apenas no ano de 2003, sete filmes brasileiros que ultrapassaram a marca de 1 milhão de espectadores (os mesmos filmes citados na seção anterior).

## Modelo de negócio da Globo Filmes

A Globo Filmes apoia os filmes nacionais segundo duas modalidades: regime de apoio e de coprodução. O que as diferencia é o nível de participação da companhia no lançamento cinematográfico. Como veremos, a modalidade de apoio foi implantada *a posteriori*, reforçando a ideia de que a participação da Globo Filmes se justifica não só pela perspectiva de resultado comercial, mas também por questões políticas.

De qualquer forma, em ambas as modalidades de apoio, a Globo Filmes investe nos projetos selecionados apenas recursos indiretos, isto é, não há o aporte

---

15. Para mais detalhes sobre esse acordo, que possibilitou à Lumière um montante expressivo por meio do art. 3º, veja Ikeda (2010a).

direto de recursos financeiros, e sim a oferta de serviços, ligados à grade de programação da emissora e sua equipe técnica.[16]

Coprodução

Na modalidade de coprodução, já que a empresa torna-se uma das sócias do filme, ainda que minoritária, a participação da Globo Filmes na elaboração da obra torna-se mais intensa.

a. Intervalos comerciais

A TV Globo promove chamadas publicitárias do filme coproduzido nos intervalos comerciais de sua programação. As inserções podem ser de 30" ou de 15", dependendo do horário de programação e da proximidade do lançamento do filme. Ela oferece as inserções apenas nas cinco praças em que possui emissora própria: Rio de Janeiro, São Paulo, Brasília, Belo Horizonte e Recife. Nas demais praças, como opera por meio de afiliadas, segundo a legislação local, existe, na melhor das hipóteses, uma intermediação para a concessão de descontos, já que a responsabilidade pela inserção publicitária é da própria afiliada ou retransmissora. Ao mesmo tempo que a emissora analisa em que programas a inserção publicitária seria mais adequada ao filme – por exemplo, nos programas matutinos, quando se trata de um filme infantil –, muitas vezes ela acaba sendo feita em virtude de uma oportunidade de lacuna nos intervalos comerciais ("calhau").

Promovendo inserções publicitárias nas principais praças do país, a Globo Filmes oferece mídia espontânea para um potencial *blockbuster*, cujo lançamento deve, para otimizar a ação publicitária, ser aberto, ou seja, com o maior número possível de cópias, atingindo todas as regiões do país.

b. *Cross media*

Ainda mais cobiçadas que as inserções publicitárias, cuja negociação do horário de veiculação e do número de inserções é pouco flexível, são as chamadas ações de *cross media*. Trata-se de promoção publicitária do filme coproduzido,

---

16. As informações sobre o modelo de negócio da Globo Filmes foram escritas com base em palestras proferidas por executivos da empresa nos cursos Film&TVBusiness (FGV/RJ) e Especialização em Economia e Regulação do Audiovisual (IE/UFRJ), respectivamente em 2008 e 2010.

mas não nos intervalos comerciais, e sim no interior da própria programação da emissora. Como exemplos dessa ação, podem ser citadas a presença dos astros do filme em entrevistas, a cobertura da pré-estreia nos programas jornalísticos da emissora ou até mesmo recomendações do filme feitas por personagens de uma de suas novelas.

Esse tipo de inserção publicitária, em que a ação de *merchandising* não consegue ser totalmente dissociada do próprio conteúdo da programação, vem se tornando cada vez mais comum nos últimos anos, acompanhando a sofisticação das chamadas ações de *product placement*. Nos intervalos comerciais, o impacto da ação sobre o espectador pode ser pequeno, pois sua atenção é reduzida, além da possibilidade de troca de canal, intensificada pelo crescimento da TV por assinatura e sua oferta de canais também crescente. Desse modo, ao promover uma integração entre o conteúdo da programação e a ação publicitária, o impacto sobre o espectador é bem mais expressivo (Lehu, 2007).

Entre as ações de *cross media* promovidas pela Globo Filmes, além dos exemplos já citados acima, há também outros mais sofisticados. Na semana do lançamento de *Cidade de Deus*, o Jornal Nacional levou ao ar uma série de reportagens sobre a violência nas favelas brasileiras. No lançamento de *Dois filhos de Francisco*, a dupla Zezé di Camargo e Luciano apareceu de surpresa num dos cinemas em que o filme estava sendo exibido, para a emoção dos espectadores presentes, que lotavam a sessão. Essa "aparição-surpresa" foi tema de reportagem no Fantástico (Butcher, 2006).

c. Supervisão artística

A Globo Filmes oferece ainda a chamada supervisão artística para os projetos coproduzidos, deixando à disposição a *expertise* de seus profissionais na produção de programas ficcionais com grande apelo de público.

Por um lado, essa supervisão pode ser vista como uma consultoria, no sentido de oferecer ao produtor e diretor do filme outro olhar com o qual ele possa dialogar. Por outro, como intervenção direta do coprodutor no formato final da obra, para que esta se encaixe no "padrão Globo de qualidade", muitas vezes dificultando, na prática, a autonomia do corte final por parte do diretor.

De certo modo, porém, é isso que se espera de um produto da indústria cinematográfica: a primazia pelo retorno financeiro e a adequação do produto visando ao maior número possível de espectadores.

A supervisão artística consiste basicamente na análise do roteiro, suporte para a escolha do elenco e equipe técnica, apoio à produção, orientação na montagem, entre outros. Em geral, é realizada por dois profissionais da empresa, também cineastas: Daniel Filho e Guel Arraes. E preferencialmente acontece já na etapa de desenvolvimento de projeto, como foi o caso de *Sexo, amor e traição*, em que o supervisor Daniel Filho sugeriu desde a mudança do título do filme (que era um *remake* do mexicano *Sexo, pudor e lágrimas*) até a escolha do diretor Jorge Fernando, oriundo dos quadros humorísticos da emissora.

d.  Cessão de atores exclusivos da emissora

    Com a criação da Globo Filmes, a empresa procurou implementar regras mais rígidas para a cessão de seu elenco para atuação em filmes. Como parte seleta do elenco da TV Globo assina um contrato de exclusividade, os projetos coproduzidos pela Globo Filmes abrem a possibilidade da presença dos principais astros da emissora.

    Assim como o elenco, a TV Globo pode eventualmente ceder parte de sua equipe técnica ao filme – por exemplo, diretores (como Jayme Monjardim, Jorge Fernando) e roteiristas (Denise Bandeira, Euclydes Marinho).

e.  Em troca

    Em contrapartida à cessão de inserções publicitárias (seja nos intervalos comerciais ou como *cross media*), supervisão artística e cessão do elenco e quadro técnico da emissora, a Globo Filmes assegura para si parte dos direitos da obra. Isso pode acontecer de três formas:
    - Percentual do direito de comercialização: como fornece inserções publicitárias, que em geral seriam computadas como despesas de comercialização da obra (P&A), a Globo Filmes negocia com a distribuidora uma parcela dos direitos de comercialização, retirando sua comissão como se fosse uma espécie de codistribuidora da obra.

A vantagem desse tipo de receita é que, segundo a lógica da repartição das receitas auferidas por uma obra cinematográfica, o percentual dos distribuidores é retirado primeiro que o dos coprodutores. Ou seja, ainda que os custos de comercialização sejam inferiores à renda auferida (isto é, o lançamento comercial não recupere o P&A investido), a Globo Filmes, nesse caso, receberia parte da comissão de distribuição da obra.

- Percentual dos direitos de produção: a Globo Filmes torna-se coprodutora da obra, obtendo parte dos direitos patrimoniais. Em geral, dados os limites da legislação local, que impede a captação de recursos de uma empresa produtora ligada a uma emissora de TV, seja aberta ou fechada, a Globo Filmes se torna coprodutora minoritária, para que o projeto não seja impedido de captar recursos pelos mecanismos de incentivo fiscal.
- Aquisição de direito de exclusividade à primeira exibição na grade de programação da emissora: além das participações nos percentuais de distribuição e de coprodução da obra, a Globo Filmes assegura o direito de exclusividade à primeira exibição, para realizá-la na grade de programação da TV Globo. Como a grande parte dos filmes coproduzidos pela emissora atinge um expressivo número de espectadores, eles alcançam grandes índices de audiência, alimentando sua grade de programação.

Apoio

À medida que a repercussão dos filmes coproduzidos pela Globo Filmes foi aumentando, houve um desconforto de setores da classe cinematográfica, que reclamavam que a participação da produtora era concentrada em algumas poucas produtoras. Em meados de 2004, a Globo Filmes criou uma modalidade de apoio, destinada a produções médias, para filmes já finalizados, com distribuidora definida e data de lançamento planejado.

Na verdade, a criação dessa nova modalidade, cujas perspectivas comerciais claramente eram inferiores aos filmes coproduzidos pela empresa, ratificam a postura política de criação da Globo Filmes, buscando o apoio político do influente grupo de produtores e cineastas.

Nessa modalidade de apoio, a Globo Filmes cede chamadas publicitárias em intervalos comerciais espalhados na programação, mas não a oportunidade do *cross media*, que é um enorme diferencial de *merchandising*, como vimos. Em troca, recebe parte dos direitos patrimoniais da obra.

Em 2004, os primeiros títulos lançados por essa modalidade foram *Cabra cega*, de Toni Venturi; *Jogo subterrâneo*, de Roberto Gervitz; *Filhas do vento*, de Joel Zito Araújo; *Doutores da alegria*, de Mara Mourão; *Gaijin – Ama-me como sou*, de Tizuka Yamasaki; e *Cinema, aspirinas e urubus*, de Marcelo Gomes. Apresentados como "filmes médios", na verdade, essas obras não atingiram 100 mil espectadores em seu lançamento comercial.

O "fracasso programado" da modalidade de apoio mostrava então que, na verdade, a operação da Globo Filmes era bem-sucedida em filmes com larga escala de lançamento, que poderiam se beneficiar de uma intensiva ação de *marketing*, possibilitada por uma mídia nacional que cobria todas as regiões do país. De outro lado, comprovou que a simples inserção publicitária era apenas parte das ações de *merchandising* dos principais projetos da Globo Filmes, cuja ação integrada era responsável pelo sucesso da operação.

## Uma fórmula de sucessos comerciais

Pode-se entender a participação da Globo Filmes, seja na coprodução ou simplesmente no apoio às produções cinematográficas, desta forma: a empresa não aplica diretamente recursos financeiros na obra, mas contribui na campanha de divulgação em escala nacional do filme, além de oferecer uma supervisão artística ao projeto. Nesse modelo de negócio, a Globo Filmes se torna parceira do filme, compartilhando o risco do projeto: caso ele fracasse, a Globo sofre prejuízo, pois cede ao produtor espaço publicitário que poderia ter sido vendido por seu departamento de vendas, mas, ao mesmo tempo, o produtor do filme não precisa reembolsar a Globo pela quantia despendida.

Dessa forma, surgiu uma equação para a formação de *blockbusters*, como comprovado no excepcional ano de 2003: de um lado, uma *major*, uma distribuidora capaz de lançar o filme com elevado número de cópias e uma agressiva estratégia de lançamento, impulsionando recursos na produção por meio do art. 3º da Lei do Audiovisual. De outro, a Globo Filmes, alavancando a campanha de lançamento da obra em larga escala, além de oferecer supervisão técnica adequada a um padrão comercial. Essa conjunção de fatores, que explica o sucesso do ano de 2003, comprova que a baixa ocupação de mercado do filme brasileiro não se justificava apenas pela ótica da produção. As *majors* e a Globo Filmes produziam uma campanha de lançamento robusta o bastante para que o filme nacional pudesse competir com os *blockbusters* estrangeiros. E mais: nesse modelo, tanto a distribuidora quanto a Globo Filmes tornavam-se sócias do projeto, investindo em seu risco e ganhando um percentual dos direitos patrimoniais como coprodutores.

No entanto, esse risco era, em última instância, cômodo, pois o aporte de recursos não era necessariamente financeiro, e sim por incentivo fiscal (o art. 3º) ou pela cessão de espaço publicitário (no caso da Globo Filmes). É possível contra-argumentar, pensando que, por um lado, a TV Globo deixava de vender o espaço publicitário, e, por outro, os recursos advindos do art. 3º não poderiam ser empregados nas despesas de P&A do filme, que partiam da *major*; mas, em última instância, para o impulso inicial da produção, era necessário que a empresa produtora obtivesse recursos, e estes não partiriam diretamente do desembolso financeiro de suas coprodutoras.

Essa receita apontou para a necessidade de articulação entre os elos da cadeia produtiva, formando sinergias que pudessem estimular uma efetiva política de ocupação de mercado. Desse ponto de vista, o art. 3º da Lei do Audiovisual foi o mecanismo que melhor cumpriu as premissas da política de base industrialista, que regeu a lógica da criação das leis de incentivo fiscal, em vistas da ocupação de um mercado interno, associando produção e distribuição para a elaboração de produtos competitivos. Com a promoção de mídia e a *expertise* da Globo Filmes, essa receita gerou duradouros frutos.

Como mostra a Tabela 5, a combinação entre Globo Filmes e o art. 3º da Lei do Audiovisual tem resultados comerciais bem mais expressivos (média de 1,1 milhão de espectadores por filme) do que a coprodução da Globo Filmes sem o art. 3º (média de 449 mil espectadores por filme) ou a captação por este sem a coprodução com a Globo Filmes (média de 177 mil espectadores por filme). Entre os dois fatores, então, é a participação da Globo Filmes que parece ser mais decisiva para a probabilidade de sucesso comercial. Além disso, os filmes diretamente produzidos por ela tiveram um desempenho médio superior às demais combinações, com uma impressionante média de 1,36 milhão de espectadores por filme. No entanto, foram apenas seis títulos entre 1998 e 2009, enquanto sua participação como coprodutora ocorreu em 85 filmes no período.

| Globo Filmes | Art. 3º | Nº de filmes lançados | Nº de espectadores (em milhões) | Renda bruta de bilheteria (R$ milhões) | Valor captado por filme (R$) | Nº de espectadores por filme |
|---|---|---|---|---|---|---|
| Produção | SEM | 6 | 8,1 | 55,2 | 0 | 1.358.237 |
| Coprodução | COM | 74 | 80,9 | 542,5 | 4.401.691,94 | 1.092.709 |
| Coprodução | SEM | 9 | 4,0 | 26,7 | 1.409.410,11 | 449.441 |
| Sem Globo Filmes | COM | 143 | 25,4 | 154,7 | 2.628.199,00 | 177.430 |
| Sem Globo Filmes | SEM | 390 | 15,1 | 78,9 | 685.988,39 | 39.452 |

FONTE: ELABORADO PELO AUTOR COM BASE EM INFORMAÇÕES DOS SITES DA GLOBO FILMES, ANCINE E FILMEB.

Tabela 5 – Dados de mercado sobre a participação da Globo Filmes e os investimentos do art. 3º da Lei do Audiovisual – 1995-2009

Quando se analisam os dados médios de captação de recursos, a participação do art. 3º torna o volume de captação bem mais elevado. Os filmes frutos da parceria entre Globo Filmes e art. 3º captaram em média R$ 4,4 milhões. Já os filmes com a Globo Filmes mas sem o art. 3º obtiveram em média R$ 1,4 milhão, enquanto aqueles com o art. 3º mas sem a participação da Globo Filmes captaram em média R$ 2,6 milhões. Já os títulos diretamente produzidos pela Globo, por impedimento legal, não captaram recursos pelas leis de incentivo fiscais federais.

Dessa forma, é possível afirmar que, em geral, os grandes sucessos de bilheteria, sobretudo a partir do *boom* de 2003, surgiram da combinação entre a participação da Globo Filmes e a captação pelo art. 3º da Lei do Audiovisual. Porém, entre os dois fatores, os dados apontam que a presença da Globo Filmes é mais decisiva. O art. 3º, portanto, permite ao filme um montante de captação bem mais elevado, mas, em geral, não proporciona melhores resultados comerciais se ele não tiver a exposição midiática de massa possibilitada por uma associação com a empresa-líder de audiência na TV aberta.

Mas nem mesmo esse modelo foi capaz de sustentar uma estratégia continuada de ocupação do filme nacional no mercado interno. Ao longo dos anos, 2003 mostrou-se uma notável exceção e não uma tendência.

Em primeiro lugar, a própria Globo Filmes não tinha estrutura interna suficiente para uma efetiva ocupação de mercado continuada. Sua carteira de filmes oscilava entre no máximo seis a oito por ano. Mais do que uma indústria de produção em série, a empresa funcionava como complemento às atividades de produção de sua emissora de televisão.

Além disso, havia uma carência de produtores com *expertise* para a produção de uma carteira de filmes com potencial competitivo. A fragilidade da estrutura de produção, com empresas atomizadas e muitas delas com uma estrutura familiar, pouco capitalizadas, dificultava a agilidade da produção de novos filmes. O longo processo de obtenção de recursos, que caracteriza as leis de incentivo fiscal, postergava ainda mais a maturação de novos projetos, que sofriam pela carência de investimentos na fase de desenvolvimento, etapa crucial na elaboração de obras cinematográficas, devido ao alto risco inerente de seu processo de fabricação.

Por sua vez, as distribuidoras com potencial competitivo de lançar os *blockbusters* nacionais em larga escala ainda eram as estrangeiras – as *majors*. Estas, claro, tinham o produto nacional como complementar ao seu principal: o filme estrangeiro hegemônico, diretamente enviado por suas matrizes no exterior. Além disso, sua perspectiva de investimento era equivalente às quantias disponíveis para coprodução por meio do art. 3º da Lei do Audiovisual. Aumentando a participação de mercado do produto nacional, reduziam-se proporcionalmente as perspectivas de lucro para os produtos de base das distribuidoras estrangeiras e as remessas de lucro que geravam recolhimentos pelo art. 3º da Lei do Audiovisual. Em longo prazo, portanto, era necessário fortalecer as distribuidoras independentes nacionais que considerassem o produto nacional o pilar de suas carteiras de produtos, e não apenas produtos complementares à sua linha primordial de atuação.

Em outra perspectiva, permanecia estruturado um mercado cinematográfico com nítidas limitações de retorno financeiro. Havia um número baixo de salas de cinema, seja por área geográfica, seja *per capita*, e as produções cinematográficas, com orçamento bastante elevado, precisavam de um enorme número de espectadores para recuperar os seus custos. A falta de sinergia entre o mercado de exibição e o dos demais segmentos inviabilizava a formação de um sólido modelo de negócio em larga escala para o produto nacional.

# 3. A reavaliação do modelo estatal: o governo Lula

## Uma nova visão da (política para a) cultura

**Com o governo Lula, houve** uma reavaliação do papel do Estado na condução das políticas culturais. Se a gestão de Francisco Weffort, ministro da Cultura nos dois mandatos do presidente Fernando Henrique Cardoso, foi centrada em apenas administrar a Lei Rouanet, aprovada no governo anterior, efetuando pequenas mudanças, estritamente pontuais, a troca do comando do Ministério da Cultura trouxe visíveis mudanças à pasta.

Vista no início com certa desconfiança, a gestão do ministro Gilberto Gil – auxiliada de tal modo por seu secretário-executivo Juca Ferreira, a ponto de não ser exagero dizermos que se trata de uma gestão Gil-Juca – trouxe consigo a afirmação de uma política cultural vista como estratégica na agenda do novo governo. Como bem afirmou Silva (2007),

> [...] no governo Lula, os conceitos de cultura foram revisados para estabilizar os objetos de intervenção pública recobertos pelo termo. O governo procurou elevar a cultura à mesma categoria de intervenção da educação, da saúde ou das indústrias estratégicas, como a automobilística, de materiais elétricos ou têxtil.

Ou seja, em contraste com o modelo de inspiração liberal, em que o papel do Estado era, no máximo, regulador, deixando a iniciativa das ações para o mercado, na expressão típica do modelo de financiamento indireto das leis de incentivo fiscal, o governo Lula propunha um novo modelo de gestão cultural, em que o Estado passava a ser mais ativo na formulação e execução das políticas culturais.

Como bem salientou Reis (2006), uma das diferenças mais visíveis do novo governo estava em atuar com base em uma nova definição conceitual para a cultura, levando em conta sua dimensão antropológica, isto é, para além meramente das artes e das letras, mas essencialmente incluindo os modos de vida, os direitos humanos, os costumes e as crenças.

Nesse sentido, os programas e as ações desenvolvidos pelo Ministério da Cultura partiram de uma concepção ampliada de cultura, trabalhando o conceito em três dimensões: como produção simbólica (diversidade de expressão e valores), como direitos e cidadania (inclusão social pela cultura) e como economia (geração de renda e empregos, regulação e fortalecimento dos processos produtivos da cultura) (Brasil, 2006).

Um exemplo dessa nova dimensão está na realização do mais bem-sucedido programa da nova gestão do Ministério da Cultura. Os "pontos de cultura" são a ação prioritária do programa Cultura Viva, implementado em 2004, que visa, partindo de uma metodologia de reconhecimento das iniciativas associativistas e comunitárias já existentes, fortalecer o protagonismo cultural de grupos excluídos, ampliando o acesso aos bens culturais e possibilitando meios de produção, fruição e difusão da cultura.

Os pontos de cultura são "unidades de produção, recepção e disseminação culturais em comunidades que se encontram à margem dos circuitos culturais e artísticos convencionais" (Brasil, 2010). Além dos pontos de cultura, outras referências na organização das ações são os **pontões** (pontos especiais encarregados de estabelecer articulações entre diversos pontos) e as **redes** (o poder público municipal ou estadual atua como mediador das transferências federais para os pontos), que são as unidades de ação que configuram as instâncias organizacionais públicas, isto é, aquelas que agem sobre os circuitos culturais e ligam os agentes culturais à administração pública (Silva e Araújo, 2010).

Dessa forma, em vez de um programa que "busca levar as obras culturais até as comunidades excluídas", o Cultura Viva estimula o protagonismo das regiões excluídas, considerando-as potenciais produtoras de conteúdo cultural, expandindo os conceitos tradicionais de cultura. Um aspecto comum aos pontos de cultura é a sua gestão compartilhada entre o poder público e a comunidade. Com isso, eles são estruturados para abranger os aspectos centrais de empoderamento, autonomia e protagonismo social.

Até 2010, foram criados cerca de 2.500 pontos de cultura em todos os estados do país. A seleção, por meio de editais públicos, assegurava a quantia de R$ 60 mil por ano (Brasil, 2010). O Ministério da Cultura fornecia os recursos financeiros, o acompanhamento das ações, o treinamento dos monitores e a articulação institucional para a formação da rede. Esses recursos, diretos e indiretos, funcionam como catalisadores para potencializar as expressões culturais latentes dessas comunidades. Articuladas em rede, as ações dos pontos reverberam para além dos seus locais, estimulando sinergias que se retroalimentam, num processo orgânico de criação e gestão cultural.

A ampla repercussão dos pontos de cultura e seu impacto como produto da diversidade cultural do país e de uma política ativa de descentralização de ações é uma síntese paradigmática dos modos de lidar com as políticas culturais da nova gestão do MinC. De qualquer maneira, o que nos importa aqui salientar é que o MinC assumiu o protagonismo de sua esfera de atuação, retomando o papel do Estado em propor linhas de ação afirmativas.

## O questionamento do papel das agências reguladoras

**Essa mudança de postura do** governo Lula na condução das políticas culturais ou, mais especificamente, cinematográficas, espelhando um Estado mais participativo, retomando o caráter propositivo das políticas públicas, não se consumou apenas no setor cultural. Como vimos tratando desde o primeiro capítulo deste livro, ela não deixa de ser um reflexo, ainda que não necessariamente imediato ou sem particularidades, das próprias transformações na visão de cada governo sobre o papel do Estado na condução das políticas setoriais.

De uma maneira mais ampla, parecia inevitável que o governo Lula propusesse uma alteração na forma como o Estado se relacionava com o desenvolvimento setorial. Uma das perspectivas em que a visão do novo governo se confrontava com a do anterior estava na relação entre as agências reguladoras e os ministérios. Se, no governo Fernando Henrique, o órgão forte era constituído pelas agências reguladoras, aparentemente de caráter neutro e técnico, administrando tensões entre o governo, o mercado e a sociedade, no governo Lula havia o desejo de reforçar o papel dos ministérios na formulação das políticas setoriais.

Logo no início do governo Lula, deu-se início a um conjunto de questionamentos sobre o papel das agências reguladoras. Havia uma crítica generalizada à sua excessiva autonomia, que conduzia ao risco da concentração de poder nos órgãos reguladores, em paralelo a um esvaziamento do papel dos ministérios. Esse clima de desconfiança foi acentuado com a proposta de um projeto de lei pela deputada Telma de Souza, do PT, destinado a "corrigir as distorções do modelo regulatório vigente". Formou-se um grupo de trabalho interministerial disposto a revisar a estrutura jurídica das agências reguladoras, propondo alterações em seu modo de funcionamento.

Um episódio marcante que exemplifica o desgaste das agências reguladoras aconteceu nos processos de revisão tarifária. Logo em fevereiro de 2003, a então ministra das Minas e Energia Dilma Rousseff pressionou a Aneel para o reajuste das tarifas de energia elétrica e a ANP para o combate à distribuição de combustível adulterado. Ou seja, houve maior pressão e intervenção dos ministérios nos processos de revisão de tarifas e de normas de fiscalização, de exclusiva competência das agências reguladoras.

Em junho de 2003, houve uma disputa de grandes proporções entre o Ministério das Comunicações e a Anatel. O ministro Miro Teixeira mostrou-se contrário à aplicação dos índices de reajuste dos serviços telefônicos previstos nos contratos de concessão e tentou assumir a negociação direta com as empresas para obter reajustes inferiores (Pacheco, 2003). Devido à posição firme de seu presidente, Luiz Guilherme Schymura, a agência acabou "vencendo" a disputa com o Minicom, contrária à opinião do governo, que considerava o elevado reajuste, apesar de previsto em contrato, em desacordo com as metas inflacionárias do ano de 2003.

No entanto, logo em janeiro de 2004, com o fim do mandato de um conselheiro da Anatel, houve a aprovação do nome de Pedro Ziller para o Conselho. Ele se tornou o presidente em lugar de Schymura, expondo as tensões entre a gestão da agência e o ministério supervisor.

Em setembro de 2003, o grupo interministerial finalizou seu relatório, propondo novas diretrizes e diversas recomendações quanto às relações entre as agências reguladoras e os ministérios supervisores. Em outubro foram encaminhados pela Casa Civil para consulta pública dois anteprojetos de lei prevendo alterações na estrutura das agências reguladoras, que resultou, em abril de 2004, no envio do Projeto de Lei nº 3.337/04 do Executivo para o Congresso Nacional.

No entanto, a partir do segundo semestre de 2004, houve uma nítida mudança no pensamento do governo em relação às agências reguladoras (Nunes, 2005). Se, no período inicial, houve uma postura bastante crítica ao modelo definido no governo anterior, em seguida houve uma gradual mudança para uma posição mais conciliadora. Os ministros iniciaram um diálogo com os dirigentes das agências e amenizaram as críticas. Havia um receio das lideranças políticas de que o discurso crítico em relação às agências desestimulasse os investimentos estrangeiros no Brasil, comprometendo a perspectiva da estabilidade das regras contratuais estabelecidas. O Projeto de Lei nº 3.337/04, que propunha uma lei geral para as agências reguladoras, acabou não saindo do papel, permanecendo em tramitação até os dias de hoje.

De qualquer forma, por este resumo, é possível conjecturar a posição desconfortável da Ancine no início do novo governo: de um lado quanto à própria natureza das agências reguladoras; de outro, quanto à sua relação com o Ministério da Cultura. O relatório inicial do grupo interministerial havia proposto "submeter ao Conselho Superior do Cinema estudos e propostas de reformulação da Agência Nacional do Cinema – Ancine, com vistas à revisão de suas competências" (Brasil, 2003). Estava aberto o caminho, com o aval da Casa Civil, para a proposição da Ancinav.

## Resistências às mudanças de perfil do Estado

**Se, a partir do governo** Lula, o Estado expressava um desejo de retomar a condução da política audiovisual, em nítido contraste com a política do governo anterior, essa mudança de atitude não ocorreu sem tensões. Houve naturais reações de resistência por parte de segmentos do próprio setor cultural.

Era preciso negociar as mudanças com os setores industrialistas do cinema brasileiro que acompanhavam as tentativas de transformação da política cultural com certo receio e defendiam a manutenção da política cinematográfica, especialmente os mecanismos de incentivo fiscal e o papel da Ancine como gestora deles.

Alguns episódios no primeiro mandato do governo Lula ilustraram à perfeição a posição dos grupos hegemônicos, defendendo a manutenção de um *status quo*, como os casos da mudança de critérios do patrocínio das empresas estatais, proposta pela Secom, e do polêmico projeto de criação da Agência Nacional do Cinema e do Audiovisual (Ancinav).

## A Secom e as acusações de "dirigismo cultural"

O primeiro choque entre o novo governo e o setor cultural ocorreu logo em abril de 2003. A recém-criada Secretaria de Gestão Estratégica e Comunicação (Secom), ligada à Presidência da República, passou a concentrar as decisões sobre a publicidade institucional do governo. Além disso, passou a entender que os patrocínios das empresas estatais também deveriam ser regidos por uma lógica central.

Para o setor cultural, essa mudança de perspectiva poderia trazer grandes consequências, já que o orçamento do Ministério da Cultura para realizar programas de fomento direto era nitidamente mais reduzido que a renúncia fiscal disponível por meio da Lei Rouanet. Como parecia improvável alterar o sistema de financiamento indireto às atividades culturais em vigor, visto com nítida desconfiança pelo novo governo, era pelo menos possível propor regras gerais de aplicação dos recursos para as empresas estatais. A Secom poderia estabelecer novas diretrizes e parâmetros para a aplicação dos patrocínios concedidos pelas empresas controladas pelo governo.

Os setores industrialistas da classe cinematográfica, que defendiam a manutenção do modelo de incentivos fiscais em vigor sem alterações significativas, atentos às possíveis implicações desse precedente, lideraram o processo de reação da classe artística. O estopim veio com uma entrevista ao jornal *O Globo* em que o cineasta Cacá Diegues criticava as novas normas de patrocínio das empresas estatais, acusando o governo de dirigismo cultural.

As críticas eram motivadas pela publicação dos editais de patrocínio da Eletrobras e de Furnas, que exigiam da empresa proponente uma contrapartida social. Em seu edital, a Eletrobras relaciona, entre outros, o objetivo de

> [...] atuar em sintonia com o programa Fome Zero, tendo como diretriz fundamental a exigência de contrapartidas sociais, notadamente geração de emprego e renda para as comunidades carentes, capacitação de jovens para a produção de cultura popular e acesso gratuito ou a preços populares a atividades culturais.

Já para a empresa Furnas,

> [...] as contrapartidas sociais devem ser de âmbito compensatório, como permitir acesso gratuito ou a preços populares para o público-alvo prioritário – jovens de comunidades de baixa renda, portadores de deficiência física, portadores de doenças crônicas graves, idosos, estudantes de escolas públicas.

Cacá Diegues, apoiado por outros cineastas e produtores, como Luiz Carlos Barreto, argumentou que as mudanças nos critérios de seleção das estatais poderia induzir à realização de filmes que fossem meramente publicidade institucional do novo governo e que o fato restringiria a liberdade de criação do artista, que poderia ficar subordinada ao apoio dos programas governamentais. Defendia, portanto, a autonomia do artista, dizendo que a única "contrapartida social possível de uma obra de arte é a realização da própria obra". Em tom alarmista, declarou, ainda, que a tentativa da Secom representava "uma vitória jdanovista no seio de um governo democrático, uma tentativa de fazer renascer a velha ideia de cultura como braço da luta política", ou, ainda, uma medida mais agressiva do que na época da ditadura, já que "a Embrafilme jamais ousou nos dizer que filme deveríamos fazer". Barreto, em entrevista ao *Estado de S. Paulo*, afirmou que "é muito grave a tentativa de formular uma temática. Isso vai resultar numa grande picaretagem cultural: um monte de gente vai começar a fazer projetos sobre reforma agrária e o Fome Zero para conseguir patrocínio". Na mesma entrevista, Zelito Viana complementou: "Parecem normas da Albânia, antes da queda do Muro de Berlim".

É óbvio que as modificações das regras dos editais não tinham como objetivo direcionar tematicamente as obras audiovisuais. Mas, tendo em vista a repercussão negativa não apenas na classe cinematográfica, mas na opinião pública em geral, o governo viu-se obrigado a recuar, alterando os editais das empresas estatais citadas e passando para a esfera do Ministério da Cultura o acompanhamento dos seus patrocínios. No primeiro semestre de seu primeiro mandato, sendo recebido com desconfiança quanto a possíveis mudanças, em especial nos mecanismos de fomento direto, era crucial para o governo Lula manter a adesão da classe artística. O que estava em jogo nesse episódio era o questionamento por parte do governo de sua própria autonomia em lidar com o orçamento público na esfera cultural.

## O polêmico anteprojeto da Ancinav

O segundo conflito com o setor regulado ocorreu pouco mais de um ano depois, com o polêmico projeto da Ancinav, de iniciativa do Ministério da Cultura, que visava transformar a Ancine em Agência Nacional do Cinema e do Audiovisual.

Como vimos, as atribuições da Ancine deixaram-na frágil para regular de fato o mercado audiovisual, tornando-a uma mera gestora dos mecanismos de incentivo fiscal, excluindo do campo de atuação da agência os segmentos de mercado de TV fechada, TV aberta e outros, que nem sequer tinham a obrigatoriedade de enviar informações periódicas à agência.

Dessa forma, o novo governo, consciente do papel estratégico que o audiovisual exerce nas sociedades contemporâneas, além dos novos desafios regulatórios com os processos de convergência tecnológica que estimulam a formação de grandes conglomerados midiáticos, propôs a ampliação das atribuições da agência regulatória existente. A Ancinav englobaria, assim, a regulação não só do cinema e do vídeo doméstico, mas de todo o setor audiovisual.

No entanto, a falta de debate público sobre o anteprojeto da Ancinav abriu espaço para associações, ainda que indevidas, com o autoritarismo. O vazamento de uma minuta do anteprojeto de criação da nova agência regulatória pela revista *Tela Viva*, em 5 de agosto de 2004, despertou uma reação em cadeia de diversos setores. Segundo o MinC, a minuta havia sido elaborada pela Casa Civil e pelo Ministério da Cultura, e seria apresentada para a bancada de representantes do governo do Conselho Superior do Cinema, para que fosse fechada uma versão final do governo sobre a nova agência. Em seguida, a "versão governo" seria apresentada à bancada de representantes da sociedade civil do Conselho, para, só então, ser exposta para a sociedade mediante consulta pública.

De qualquer forma, a pouca circulação do documento – elaborado no gabinete do MinC sem a participação da Ancine – levantou suspeitas de um suposto desejo de intervencionismo do governo no conteúdo audiovisual, com resquícios do episódio anterior da Secom, em que a proposta de mudança dos critérios de patrocínio das estatais não foi levada à consulta do setor cultural. Essas suspeitas foram reforçadas por alguns pontos do anteprojeto de escrita dúbia, sobretudo o art. 43, que afirmava caber à Ancinav "dispor especialmente sobre a responsabilidade editorial e as atividades de seleção e direção da programação das TVs", ou ainda o inciso I do art. 8º, que estabelece que "a liberdade será a regra, constituindo exceções as proibições, restrições e interferências do Poder Público" (Aguiar, 2005).

Assim, da mesma forma que no episódio da Secom, as acusações de intromissão abusiva do poder público, nesse caso promovidas pelas televisões, tentavam desviar o foco para os problemas de fundo levantados com o anteprojeto. De fato, a Ancinav representou a primeira tentativa sistêmica do governo de regulação do conteúdo e promoção da diversidade cultural nas comunicações.

Além disso, em um de seus pontos mais controversos, o anteprojeto estabelecia uma sobretaxação da Condecine, criando uma nova taxa de 4% sobre o faturamento publicitário das televisões para o financiamento da produção independente.

Na verdade, o anteprojeto previa um aumento desigual da Condecine em um conjunto de setores, afetando todos os segmentos de mercado. Por exemplo, no setor de salas de exibição, os valores seriam elevados segundo a faixa de cópias do lançamento comercial. Desse modo, enquanto nos valores vigentes um longa estrangeiro recolhia o montante de R$ 3.000,00 pelo seu lançamento comercial nas salas de cinema do país, segundo os novos valores propostos pelo anteprojeto da Ancinav, caso esse mesmo longa-metragem fosse lançado com mais de 200 cópias, o montante a ser recolhido subiria para R$ 600.000,00, ou seja, um valor 200 vezes superior. Além disso, haveria uma taxação de 10% sobre o preço do ingresso.

Os valores recolhidos em decorrência da Condecine seriam destinados para o então criado Fundo Nacional para o Desenvolvimento do Cinema e do Audiovisual Brasileiros (Funcinav), responsável pelo fomento à produção independente brasileira.

Com uma sobretaxação generalizada, o anteprojeto despertou uma reação negativa de quase todos os setores empresariais, receosos com o aumento de tributos num contexto em que a carga tributária brasileira é notadamente elevada. Receava-se que o aumento da tributação no setor de distribuição e de exibição cinematográfica gerasse dois efeitos perversos para o mercado cinematográfico: de um lado, um aumento no preço dos ingressos, já bastante elevado, comprimindo as margens de lucro de um setor que necessitava de nítida expansão, já que o número de salas de cinema no país era visivelmente inferior ao desejado; de outro, que a sobretaxa de filmes com elevado número de cópias induzisse a uma concentração ainda maior do mercado exibidor, já que os distribuidores prefeririam reduzir os lançamentos, centralizando as cópias nos complexos cinematográficos dos grandes centros urbanos, que oferecem os maiores retornos, dificultando aos pequenos exibidores ou aos cinemas de periferia ou municípios fora das capitais, provocando o fechamento de salas.

Houve uma firme reação contra o projeto também por parte da mídia em geral, sobretudo das televisões, que se referiam a ele como uma ameaça à liberdade de expressão. Como vimos, havia receio de intervenção na programação da TV e de implementação de novas taxas sobre seu faturamento publicitário.

O projeto suscitou reações negativas não apenas do setor regulado, mas também de certas áreas do governo. A ampliação das competências da Ancinav inevitavelmente esbarraria nas atribuições de outros órgãos já estabelecidos, criando uma iminência de conflitos com a Anatel na TV por assinatura e com o Minicom na TV aberta.

Deve-se recordar que, no momento da criação da Anatel, essas tensões não foram resolvidas. Diante do fracasso do então ministro das Comunicações Sérgio Motta em criar a Lei de Comunicação de Massa, a regulamentação do setor optou pela esdrúxula diferenciação entre telecomunicações e radiodifusão. A pressão das TVs abertas fez que a radiodifusão permanecesse regida sob o Código Brasileiro de Telecomunicações (CBT), aprovado quase meia década antes, em 1962 – marco legal que continua vigente até os dias de hoje. A Anatel tornava-se responsável apenas pela regulação do setor de telecomunicações, ou seja, excluindo a radiodifusão, abrangendo a TV por assinatura, mas deixando de fora do espectro da agência questões relativas ao conteúdo da programação, como a regulamentação dos princípios constitucionais relativos à produção independente ou à regionalização da produção.

Apesar de o anteprojeto da Ancinav prever a atuação da nova agência reguladora em todos os segmentos de mercado, a nova agência viria a existir não em substituição, mas em paralelo com a Anatel. Desse modo, a proposta era a da existência de duas agências reguladoras, separando "o *hardware* do *software*", ou seja, a Anatel seria responsável pelas questões relativas à infraestrutura técnica e de redes e a Ancinav, pela regulação do conteúdo. No entanto, como bem salientou Aguiar (2005), diante de um processo de aprofundamento da convergência tecnológica, as barreiras entre um ou outro serviço são cada vez mais tênues. O ideal seria a existência de um único órgão regulando os dois tipos de serviço.

De qualquer forma, a intensa reação negativa ao projeto fez que o governo anunciasse, em janeiro de 2005, a suspensão do projeto da Ancinav. Ou melhor, que o projeto prosseguisse em discussão pelo Conselho Superior do Cinema, mas excluindo todos os itens relativos à regulação, além da manutenção da Ancine como agência reguladora do setor. Dessa forma, o CSC discutiria o projeto no âmbito exclusivo do financiamento e da fiscalização, adiando as discussões sobre o caráter regulador da agência para a futura Lei de Comunicação de Massa (Brittos e Nazário, 2006).

Em retrospecto, pode-se dizer que o fracasso do ambicioso projeto Ancinav resultou da combinação de uma equivocada estratégia política na tramitação do projeto e de erros técnicos que foram explorados de forma sensacionalista por seus opositores (elevada sobretaxação da Condecine e redação que poderia dar margem a ameaças de autoritarismo estatal). O ousado projeto de regulação estatal esbarrava em interesses estabelecidos pelos grupos hegemônicos do setor regulado e entrava em conflito com atribuições de outros órgãos estatais. De qualquer forma, a experiência desse processo foi decisiva para a aprovação da Lei nº 11.437/06, que criou o Fundo Setorial do Audiovisual, e, mais tarde, da Lei nº 12.485/11, que, entre outros itens, aprovou os primeiros pontos relativos à regulação de conteúdo na TV por assinatura, além de finalmente expandir as atribuições da Ancine para esse segmento de mercado.

Por fim, as intensas reações negativas dos setores industrialistas tanto ao episódio da Secom quanto ao da Ancinav fizeram que o governo Lula se tornasse mais cauteloso na proposição de mudanças relativas ao setor audiovisual e ao de comunicações como um todo. Mantida a Ancine como órgão regulador do cinema, restava à equipe do novo governo ocupá-la, aguardando o fim do mandato dos diretores empossados pelo presidente anterior. Foi dessa forma que Manoel Rangel, principal articulador técnico da Ancinav, tornou-se, num primeiro momento, em maio de 2005, diretor da agência e, somente após o término do mandato de Gustavo Dahl, assumiu sua presidência. Sua presença na Ancine como diretor, antes de se tornar presidente, tornou a transição entre as duas gestões mais suave, harmonizando os ânimos para a elaboração da Lei nº 11.437/06, que criou o Fundo Setorial do Audiovisual, cuja aprovação ocorreu no mesmo mês do fim do mandato de Dahl, selando simbolicamente a condução de Rangel à presidência da agência.

## A quebra gradual do "tripé institucional"

**Um dos aspectos mais visíveis** da mudança de ênfase da política audiovisual no governo Lula foi o rompimento do equilíbrio definido pelo tripé institucional estabelecido pela MP nº 2.228-1/01, baseado na complementaridade entre três órgãos – CSC, Ancine e SAv –, vinculados a diferentes ministérios – respectivamente, Casa Civil, MDIC e MinC.

Durante o governo Lula, aos poucos o equilíbrio desse tripé se rompeu. Apesar de os três órgãos permanecerem vigentes, a balança pendeu para a Secretaria do Audiovisual, fortalecida como órgão de governo, agente central na formulação das políticas públicas em direta harmonia com os novos rumos estabelecidos pelo Ministério da Cultura dirigido por Gilberto Gil e Juca Ferreira. O Conselho Superior de Cinema permaneceu esvaziado durante o governo Lula, com reuniões esporádicas, funcionando essencialmente como órgão de ratificação das políticas propostas pelo ministério. E a Ancine viveu um momento de grave instabilidade institucional, sobretudo com a possibilidade de aprovação do anteprojeto da Ancinav, que passaria a substituir a agência. Fracassado esse projeto, uma série de atritos entre SAv e Ancine marcaria o período do primeiro mandato de Lula, numa verdadeira queda de braço entre Orlando Senna (secretário do Audiovisual) e Gustavo Dahl (diretor-presidente da Ancine).

Para além das disputas de bastidores pelo poder institucional, estava em jogo uma visão de política pública: a Secretaria do Audiovisual expressava uma vontade do governo de retomar a condução da política audiovisual, reforçando a posição dos ministérios como agentes de formulação da política setorial, em contraste com o governo anterior, que via nas agências reguladoras o órgão central dessas políticas.

## A vinculação da Ancine

O primeiro capítulo dessa disputa de bastidores ocorreu com a definição da vinculação da Ancine. Segundo a MP nº 2.228-1/01, em seu art. 5º, a agência ficaria vinculada ao MDIC (grifo meu):

> art. 5º. Fica criada a Agência Nacional do Cinema – Ancine, autarquia especial, **vinculada ao Ministério do Desenvolvimento, Indústria e Comércio Exterior**, observado o disposto no art. 62 desta Medida Provisória, órgão de fomento, regulação e fiscalização da indústria cinematográfica e videofonográfica, dotada de autonomia administrativa e financeira.

No entanto, o art. 62 da MP nº 2.228-1/01 faz uma ressalva:

> art. 62. Durante os primeiros doze meses, contados a partir de 5 de setembro de 2001, a Ancine ficará vinculada à Casa Civil da Presidência da República, que responderá pela sua supervisão durante esse período.

Esse artigo, incluído no capítulo de disposições transitórias da MP nº 2.228--1/01, estabelece um período de transição, necessário para a instalação física da Ancine. Como o anteprojeto de criação da agência envolveu esforços empreendidos pela Casa Civil, na época presidida pelo ministro Pedro Parente, julgou-se que um órgão supraministerial teria melhores condições de estabelecê-la fisicamente no início de suas atividades.

No entanto, um ano depois, houve um desconforto em definir a destinação da Ancine na estrutura do MDIC, no apagar das luzes do governo FHC. Dessa forma, jogou-se a transição para o início do novo governo, com a publicação do Decreto nº 4.283, de 25 de junho de 2002, que determinava:

art. 1º. No período de 5 de setembro de 2002 a 31 de dezembro de 2002, a Agência Nacional do Cinema – Ancine ficará vinculada à Casa Civil da Presidência da República, que responderá pela sua supervisão.

Apesar da estrutura de complementaridade definida pelo tripé institucional e pela natural vinculação ao MDIC, dados os pressupostos industrialistas da Ancine, visando à "autossustentabilidade da indústria cinematográfica", havia um receio de que a agência fosse um órgão por demais secundário na estrutura industrial do MDIC, dificultando o andamento de suas demandas com seu ministério supervisor. Por outro lado, a proximidade com o MDIC poderia conceder ao cinema um inédito *status* de setor industrial, em condições de requerer um tratamento de igualdade em relação aos demais setores industriais do país, contribuindo para o reforço da posição política do setor. Ou seja, o que estava em jogo era se a Ancine pretendia ser um órgão pequeno em um ministério grande (no MDIC) ou um órgão grande em um ministério pequeno (o MinC).

No entanto, no governo Lula, houve um interesse expresso do MinC em assumir a vinculação da Ancine e, ao mesmo tempo, certo desinteresse do MDIC. Além disso, ocorreu um impasse, que dividiu os membros da classe cinematográfica e do próprio governo e acabou deixando a agência num vácuo institucional.

A questão só foi decidida em outubro de 2003, por meio do Decreto nº 4.858/03, o mesmo que modificava a estrutura do Conselho Superior de Cinema:

art. 10. Vincula-se ao Ministério da Cultura a Agência Nacional do Cinema – Ancine.

Desse modo, surge um paradoxo que rompe o tripé institucional: o órgão responsável pela indústria cinematográfica fica vinculado ao Ministério da Cultura.

De qualquer forma, uma questão que se coloca é o revestimento do ato legal de alteração dessa vinculação da Ancine, que fora estabelecida por uma medida provisória com força de lei, mas que foi alterada por um simples ato discricionário do presidente da República, por meio de um decreto. Mais adiante, veremos que esse passou a ser um recurso habitual utilizado pelo MinC: editar um decreto presidencial paralelo à medida provisória quando se trata de alteração de estrutura de órgão governamental. Ou seja, não se trata de propor uma lei alterando a MP nº 2.228-1/02, mas de editar um decreto sobreposto à própria MP.

## Mudanças de estrutura do CSC

Vimos que o Conselho Superior do Cinema foi criado pela MP nº 2.228-1/01 como órgão formulador da política nacional do setor, órgão de composição mista entre Estado e mercado, com representantes dos ministérios e de entidades da classe cinematográfica. No último ano do governo Fernando Henrique Cardoso, o Conselho manteve-se praticamente inoperante, reunindo-se uma única vez.

A partir de 2003, um conjunto de decretos foi transformando a composição do Conselho. Já vimos que a edição do Decreto nº 4.858/03 apontava para uma possibilidade de mudança no perfil do Conselho, tornando-o mais ativo, mas o que se verificou na prática foi a continuidade do esvaziamento de seu papel como órgão formulador de políticas – função que coube, no período, muito mais à própria Secretaria do Audiovisual. Ao Conselho cabia, na prática, o papel de ratificação das propostas submetidas pelo ministério, conferindo legitimidade institucional às políticas propostas.

Além disso, como já vimos antes, não houve a modificação ou revogação dos artigos da MP nº 2.228-1/01 relativos ao CSC. Permaneceu a postura de que um decreto presidencial poderia alterar a MP nº 2.228-1/01, ainda que esta tivesse "força de lei".

Houve a mudança no número de membros do CSC, passando de 12 para os atuais 18 membros, como já analisamos anteriormente. Nesta seção nos cabe analisar outra mudança, de importância secundária, mas que revela a perda de influência da Ancine: o Decreto nº 4.858/03 passou a estipular que "a função de Secretário-Executivo do Conselho passa a ser exercida pelo Secretário-Executivo do Ministério da Cultura" (art. 2º, §6º), função que era até então ocupada pelo diretor-presidente da Ancine, conforme o inciso XII do art. 10 da MP nº 2.228-1/01.

O Decreto nº 6.293, de 11 de dezembro de 2007, também promoveu pequenas mudanças. Foram feitas substituições que, no entanto, deixam explícita certa hierarquia, de modo que os servidores do MinC tenham primazia em relação aos da Ancine na ocupação de cargos representativos no Conselho.

§6º. A função de Secretário-Executivo do Conselho será exercida pelo Secretário-Executivo do Ministério da Cultura ou, na sua ausência ou impedimento, pelo Diretor-Presidente da Ancine.

§7º. Na ausência ou impedimento do Ministro de Estado Chefe da Casa Civil da Presidência da República, a presidência do Conselho será exercida pelo Ministro de Estado da Cultura.

Por fim, o Decreto nº 7.000, de 9 de novembro de 2009, representou um golpe final na composição do tripé institucional e na hierarquização entre MinC e Ancine. Ele altera a composição do CSC, estipulando, no *caput* do art. 1º, que o órgão passa a ser vinculado ao MinC e não mais à Casa Civil. Desse modo, a presidência do Conselho será do ministro da Cultura.

Com essa alteração, todos os três órgãos centrais que abrangem a estrutura institucional das políticas públicas federais para o setor cinematográfico passam a ser de responsabilidade do Ministério da Cultura, em vez de três órgãos diferentes (Casa Civil, MDIC e MinC), rompendo o equilíbrio da estrutura de vinculação estabelecida pelo tripé institucional.

Por fim, o decreto estabelece em seu art. 7º que "o apoio administrativo e os meios necessários à execução dos trabalhos do Conselho, dos comitês e dos grupos temáticos serão prestados pelo Ministério da Cultura". Segundo o inciso XVI do mesmo artigo, esse apoio seria prestado pela Ancine.

## Sobreposição de competências entre CSC, SAv e Ancine

Outro aspecto do desequilíbrio do tripé institucional foram os crescentes atritos entre SAv e Ancine no que tange às atribuições de cada órgão. Como vimos, essas tensões decorrem da divisão de tarefas entre "o cinema industrial" e "o cinema cultural" estabelecida pelo próprio tripé, criando possíveis áreas de sombra entre os dois órgãos, já que o cinema é em essência indústria e cultura, de modo que essas atribuições não são perfeitamente decompostas sem que haja um entrelaçamento orgânico entre os dois aspectos.

O primeiro capítulo dessa sobreposição de funções entre os dois órgãos aconteceu ainda no governo Fernando Henrique Cardoso. Com a criação da Ancine, houve uma partilha de responsabilidades entre os dois órgãos na aprovação dos projetos para captar recursos pelos mecanismos de incentivos fiscais, em especial os da Lei do Audiovisual e da Lei Rouanet. O Decreto nº 4.456/02 definiu, regulamentando o disposto no art. 67 da MP nº 2.228-1/01, a divisão de competência entre os dois órgãos.

Os projetos audiovisuais com parte dos recursos solicitados pela Lei do Audiovisual, em conjunto ou não com outras leis (mesmo com a Lei Rouanet), passaram a ser aprovados e acompanhados pela Ancine. No caso dos projetos com recursos solicitados exclusivamente pela Lei Rouanet, a competência de cada órgão é em função do tipo de projeto apresentado: enquanto os projetos de produção de obra de longa-metragem, séries, telefilme e minissérie, além dos projetos de distribuição e comercialização, participação em mercados, festivais internacionais e projetos de exibição e de infraestrutura, devem ser aprovados e acompanhados pela Agência Nacional de Cinema, cabem ao MinC os projetos de produção de curtas e médias-metragens, formação de mão de obra, festivais nacionais, mostras e difusão de acervos e projetos de preservação audiovisual.

Os atritos entre SAv e Ancine foram se intensificando desde o início do governo Lula. O que estava em jogo era a supremacia da SAV sobre a agência na formulação e execução das políticas públicas para o setor cinematográfico.

A publicação do Decreto nº 5.711/06, de 24 de fevereiro de 2006, que aprovava uma nova estrutura regimental dos órgãos que compunham o Ministério da Cultura, acabou por trazer à tona as divergências entre os órgãos. Em seu art. 10, o Decreto apresenta as competências da Secretaria do Audiovisual. Vejamos:

> art. 10. À Secretaria do Audiovisual compete:
>
> I – elaborar e submeter ao Conselho Superior do Cinema a política nacional do cinema e do audiovisual;
>
> II – elaborar e submeter ao Conselho Superior do Cinema as políticas e diretrizes gerais para o desenvolvimento da indústria cinematográfica e audiovisual brasileira;
>
> III – aprovar planos gerais de metas para a implementação de políticas relativas às atividades cinematográficas e audiovisuais e acompanhar a sua execução;
>
> IV – instituir programas de fomento às atividades cinematográficas e audiovisuais brasileiras;
>
> V – planejar, coordenar e executar as atividades relativas à recepção, análise e controle de projetos de coprodução, produção, distribuição, comercialização, exibição e infraestrutura relativas às atividades cinematográficas e audiovisuais;

VI – coordenar e supervisionar as atividades relativas à análise das prestações de contas das ações, programas e projetos financiados com recursos incentivados;

VII – promover a participação de obras cinematográficas e videofonográficas brasileiras em festivais nacionais e internacionais;

VIII – orientar e supervisionar as atividades da Cinemateca Brasileira e do Centro Técnico de Atividades Audiovisuais;

IX – planejar, promover e coordenar as ações necessárias à difusão, à preservação e à renovação das obras cinematográficas e de outros conteúdos audiovisuais brasileiros, bem como à pesquisa, à formação e à qualificação profissional; e

X – representar o Brasil em organismos e eventos internacionais relativos às atividades cinematográficas e audiovisuais.

Com esse abrangente leque de competências, a Secretaria do Audiovisual acabou por avançar nas atribuições definidas por outros órgãos, alterando a composição de equilíbrio prevista no modelo do tripé institucional, pendendo o comando da política setorial para esse órgão do Ministério da Cultura.

Quanto ao Conselho Superior de Cinema, a MP nº 2.228-1/01, e, mais tarde, o próprio Decreto nº 4.858/03, editado já no governo Lula, estipularam que uma das atribuições mais estratégicas do CSC é, como vimos, a de formular a política nacional do cinema, aprovando diretrizes gerais para o desenvolvimento da indústria cinematográfica nacional, com vistas a promover sua autossustentabilidade (incisos I e II do art. 1º do Decreto nº 4.458/03).

O art. 10 do Decreto nº 5.711/06 propõe uma sutil alteração nesse princípio. À SAv cabe o papel de **elaborar** a política nacional do cinema, bem como as políticas e as diretrizes gerais para o desenvolvimento da indústria, e, em seguida, **submeter** ao Conselho Superior do Cinema.

Essa sutil alteração comprova uma quase inversão do papel do Conselho Superior do Cinema, a quem passa a caber a função de ratificação ou de aprovação das medidas encaminhadas pela SAv, e não a de formulação das políticas, conforme expressa na MP nº 2.228-1/01.

Quanto à Ancine, os incisos III, IV, V e VI do Decreto nº 5.711/06 nitidamente se sobrepõem às atribuições da agência, conforme previstas no art. 7º da MP nº 2228-1/01.

art. 7º. A Ancine terá as seguintes competências:

[...]

VIII – gerir programas e mecanismos de fomento à indústria cinematográfica e videofonográfica nacional;

IX – estabelecer critérios para a aplicação de recursos de fomento e financiamento à indústria cinematográfica e videofonográfica nacional;

[...]

XI – aprovar e controlar a execução de projetos de coprodução, produção, distribuição, exibição e infraestrutura técnica a serem realizados com recursos públicos e incentivos fiscais, ressalvadas as competências dos Ministérios da Cultura e das Comunicações;

[...]

Além disso, o Decreto nº 5.711/06 ignora a divisão de competências entre Ancine e SAv em relação aos projetos de produção de obra audiovisual, conforme previsto no Decreto nº 4.456/02.

Mesmo antes da edição do decreto em 2006, a SAv começou a implementar ações e programas que colidiam com as competências da Ancine. Como o Decreto nº 4.456/02 dividia a competência entre os dois órgãos apenas para aprovação e acompanhamento dos projetos com captação de recursos pelos mecanismos de incentivo fiscal, a SAv não considerou essa divisão uma analogia para a realização de seus editais de fomento direto, entrando em nítido conflito com os editais da Ancine.

É preciso observar que a agência chegou a realizar editais de fomento direto, entre 2003 e 2005, como editais de desenvolvimento, de finalização e de produção de projetos de longas-metragens. No entanto, com a criação do Fundo Setorial do Audiovisual, ela interrompeu a realização de aportes por recursos diretos. Ou melhor, os únicos editais com recursos diretos da agência passaram a ser os editais bilaterais de coprodução internacional, como os Brasil-Portugal e Brasil-Galícia, entre outros.

Em paralelo a esses editais, a SAv lançou outros relativos a longas-metragens e a programas de TV, cujas categorias, segundo o Decreto nº 4.456/02, eram de competência da Ancine.

Um exemplo típico é o de editais de longa-metragem de baixo orçamento (editais B.O.). De um lado, há uma lógica em sua realização pela SAv, já que a ação pública que embasa a realização de editais para filmes de baixo orçamento se justifica não como lógica industrialista de ocupação de mercado, mais próxima à ação da Ancine, e sim como estímulo a realizadores estreantes ou a projetos de experimentação de linguagem, cujo papel seria mais ligado à SAv.

No entanto, são nesses casos que as fronteiras entre o "cinema cultural" e o "cinema industrial" começam a se mostrar indefinidas, gerando as tensões entre os órgãos. O próprio Decreto nº 4.456/02 não considerou a natureza dos projetos critério norteador da divisão de competências entre os órgãos, e sim o formato do projeto e o mecanismo de incentivo. Dessa forma, segundo o decreto, o longa-metragem, independentemente de sua linguagem ou de seu público-alvo, seria de competência da Ancine. Ainda é possível considerar que vários dos projetos contemplados pelo edital B.O. não tiveram como objetivo central a experimentação de linguagem, e sim um meio-termo entre a experimentação e suas possibilidades de mercado. Assim pode ser justificada a realização de filmes como *Avassaladoras* (dirigido por Mara Mourão), ou ainda a presença de representantes de exibidores ou distribuidores na comissão de seleção desses editais.

De forma análoga, podem ser considerados os editais para obras seriadas ou minisséries para televisão, que seriam inicialmente atribuição da Ancine, caso seguíssemos a lógica estabelecida pelo Decreto nº 4.456/02. Por outro lado, os editais realizados pela SAv, como o DOCTV, AnimaTV e FicTV, voltaram-se para uma rede de emissoras públicas, cuja lógica de programação não é regida pela audiência nem tem caráter comercial. Assim, poderíamos cogitar que esses programas têm mais relevância cultural do que econômica. A ação pública, portanto, se justificaria mais como estímulo à diversidade de olhares advinda da produção independente do que como lógica de circulação econômica que fortalece as empresas produtoras. De outro lado, mesmo projetos ligados a emissoras comerciais, como o Documenta Brasil, foram realizados pela SAv, e não pela Ancine.

Outro exemplo está no apoio da SAv ao edital de comercialização de obras brasileiras de longa-metragem lançado pela Petrobras. Trata-se de uma ação tipicamente de competência da Ancine, já que o estímulo ao lançamento comercial de longas-metragens no mercado de salas de exibição é uma das principais tarefas da agência. No entanto, o edital foi lançado como "apoio à *difusão* de longas-metragens" (e não à comercialização), ressaltando o fato de que vários deles têm uma dificuldade natural de inserção em um mercado cinematográfico cada vez mais concentrado em poucos grandes lançamentos. Dessa forma, o apoio público ao lançamento desses filmes se justifica não tanto pela ótica econômica, mas como oportunidade de dar mais visibilidade a alguns deles.

O Decreto nº 5.711/06 criou outra zona cinzenta entre SAv e Ancine no que tange à competência de cada órgão em relação à representação internacional. O inciso VII do referido decreto estabelece que a Secretaria do Audiovisual promove a participação de obras cinematográficas e videofonográficas brasileiras em festivais nacionais e internacionais.

Quanto aos festivais internacionais, a definição anterior é que essa atribuição competia à Ancine, por dois motivos. Primeiro, pelo estabelecido no inciso X do art. 7º da MP nº 2.228-1/01, que prevê que cabe à agência "promover a participação de obras cinematográficas e videofonográficas nacionais em festivais internacionais". Segundo, pelo disposto no Decreto nº 4.456/02, que define a competência para aprovação de projetos audiovisuais para captação de recursos, dividindo os de festivais nacionais para a SAv e os de festivais internacionais para a Ancine.

No entanto, o apoio às obras brasileiras em festivais internacionais parece diretamente relacionado à outra questão: a representação institucional do governo brasileiro em eventos relativos ao audiovisual, sobretudo em relação a eventos internacionais.

Sobre isso, o Decreto nº 4.456/02 busca disciplinar a questão:

art. 8º. A participação oficial, o apoio à participação de obras cinematográficas e videofonográficas em festivais nacionais e a participação oficial em eventos organizados por organismos de caráter cultural serão de responsabilidade do Ministério da Cultura.

art. 9º. A participação oficial e o apoio à participação de obras cinematográficas e videofonográficas em festivais internacionais, em feiras comerciais e mercados cinematográficos e videofonográficos, além da participação em eventos organizados por organismos de caráter comercial e industrial, serão de responsabilidade da Ancine.

O decreto busca dividir a representação institucional conforme o próprio espírito de criação dos órgãos: nos eventos ligados ao cinema comercial (feiras, mercados) a representação seria da Ancine, enquanto nos eventos de caráter cultural (mostras, festivais), seria do MinC.

No entanto, as definições expostas nos arts. 8º e 9º do Decreto nº 4.456/02 são confusas e acabam acirrando as divergências entre os órgãos, pois estabelecem a divisão de competência não pela natureza dos eventos, e sim pela natureza dos organismos que os coordenam.

A definição ainda dá margem a dúvidas, já que os eventos são cada vez mais imbricados. Os festivais de cinema internacionais, de caráter cultural, estão quase sempre ligados a mercados ou feiras comerciais.

Por fim, a definição não dá conta da representação institucional oficial brasileira em organismos internacionais, como a Recam, a Caaci ou o Programa Ibermedia.

O inciso X do Decreto nº 5.711/06 estipula como atribuição da SAv "representar o Brasil em organismos e eventos internacionais relativos às atividades cinematográficas e audiovisuais", enquanto o inciso XV da MP nº 2.228-1/01 estabelece como competência da Ancine "articular-se com órgãos e entidades voltados ao fomento da produção, da programação e da distribuição de obras cinematográficas e videofonográficas dos Estados membros do Mercosul e demais membros da comunidade internacional".

Como o Decreto nº 5.711/06 não revoga o Decreto nº 4.456/02 ou mesmo a MP nº 2.228-1/01 (que tem força de lei), há uma indefinição jurídica sobre as atribuições dos dois órgãos, havendo uma sobreposição de competências.

De qualquer forma, esses decretos apontam para um progressivo movimento do MinC, a partir do governo Lula, para a quebra do tripé institucional a favor da SAv, em detrimento da Ancine.

Mais tarde, o art. 14 do Decreto nº 6.835, de 30 de abril de 2009, modificou as competências da SAv, mas com pequenas diferenças, praticamente mantendo as sobreposições acima mencionadas.

Parece óbvio que, para além das questões técnicas das movediças fronteiras entre o cultural e o comercial, as sobreposições de competência entre os dois órgãos na elaboração de programas de fomento à atividade audiovisual revelam uma disputa de bastidores do poder entre a Ancine e a SAv. Apesar de ter uma estrutura física e de recursos humanos bem mais modesta que a da Ancine, a SAv contou com mais agilidade administrativa e poder de interlocução com outros órgãos públicos para liderar o processo de condução da política audiovisual, contribuindo para um enfraquecimento da agência, embora seu desenho institucional nunca tenha sido o da formulação de políticas, que caberia ao Conselho Superior do Cinema, como vimos.

## O fortalecimento da SAv

**Enquanto a principal atividade da** Ancine permanecia sendo a gestão dos mecanismos de incentivos fiscais, a partir de 2003, a Secretaria do Audiovisual começou a desenvolver ações que aos poucos aprofundavam sua primazia em relação à agência no protagonismo das políticas audiovisuais.

Estava desenhado nitidamente o perfil institucional do novo governo em relação à cultura: enquanto a Ancine era um órgão regulador com limitada capacidade interventiva direta no mercado cinematográfico, a Secretaria do Audiovisual começou a implementar ações de fomento específicas, com mais impacto na classe cinematográfica, mesmo com uma estrutura organizacional bem menos robusta que a Agência Nacional de Cinema.

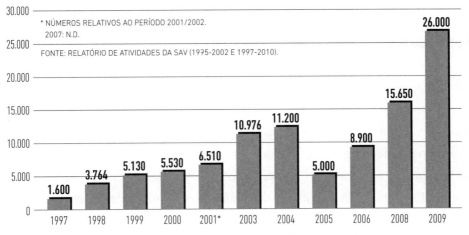

Gráfico 2 – Editais da SAv (em milhares de reais)

Um dos aspectos mais visíveis da crescente importância da SAv está no crescimento do orçamento disponível para a realização de editais. Se é possível constatar que, ao longo do governo anterior, houve um progressivo aumento desse orçamento, passando de R$ 1,6 milhão em 1997 para R$ 6,5 milhões em

2002, logo no primeiro ano do governo Lula esse montante subiu para cerca de R$ 11 milhões. Apesar de uma expressiva queda em 2005, nos anos seguintes houve nítida trajetória de crescimento, até atingir a cifra recorde de R$ 26 milhões em 2009, alavancada pelos novos programas FicTV (R$ 9,8 milhões), AnimaTV (R$ 3,8 milhões) e XPTA.Lab (R$ 3,4 milhões).

Houve o prosseguimento da publicação de editais de produção implementados na gestão anterior: editais de curta-metragem, de desenvolvimento de roteiro e de longas-metragens de baixo orçamento. Houve também a ampliação do escopo desses editais. Por exemplo, o edital de curtas de ficção passou a considerar outros gêneros cinematográficos, tornando-se edital de curtas de ficção, documentário ou experimental. Foram realizados também editais específicos, para curtas de animação ou para curtas de temática infantojuvenil. Da mesma forma, o edital de desenvolvimento de roteiro de longa-metragem de ficção foi complementado com um edital de desenvolvimento de projeto de série de animação para TV.

Além dos editais de produção cinematográfica, foram criados outros abrangendo outros segmentos, não contemplados nos editais das gestões anteriores. É possível dividi-los em quatro categorias:

## Fomento à produção de obras para televisão

A partir de 2003, a SAv iniciou uma aproximação com a produção para TV, estabelecendo programas de fomento a obras seriadas de produção independente.

Deve-se ressaltar que, em 2001, a SAv já havia promovido um concurso público para telefilmes, premiando dez projetos. No entanto, esse edital não foi realizado em parceria com nenhuma emissora de televisão. Desse modo, depois de finalizados, a maioria dos projetos não conseguiu ser veiculada. Acabaram encontrando como saída a exibição no segmento cinematográfico, desvirtuando o objetivo do edital e tornando-se, na prática, um prolongamento do edital de baixo orçamento. Parecia claro que um projeto de fomento para produção independente deveria ser previamente acordado com uma emissora de TV, para que, com um conjunto de obras, houvesse a reserva de um espaço na grade de programação desses canais para a exibição dessas obras em série.

Nesse sentido, entre 2003 e 2008, a SAv/MinC organizou um importante edital de fomento, o chamado DOCTV (Programa de Fomento à Produção e Teledifusão do Documentário Brasileiro), até o momento com quatro edições. Criado em 2003, o DOCTV previa a produção e a veiculação de um média-metragem documental de cerca de uma hora de duração.

Entre as inovações do programa está a realização de editais específicos por estado da federação, de modo que pelo menos uma obra fosse contemplada para cada estado, contribuindo para a descentralização dos recursos do edital, além de possibilitar uma visão mais plural sobre o país, sobretudo por se tratar do gênero documentário.

Desse modo, o programa foi viabilizado por meio de uma logística em rede, comandado pela Secretaria do Audiovisual, mas feito por parcerias com a Fundação Padre Anchieta (TV Cultura), a Associação Brasileira de Emissoras Públicas, Educativas e Culturais (Abepec) e a Associação Brasileira de Documentaristas (ABD). Estabeleceu-se, assim, a descentralização das ações de produção, com uma parceria entre o MinC e as TVs públicas e associações de produtores independentes locais. Ou seja, esse programa alinhava-se aos princípios constitucionais de produção independente e de programação regional. Ademais, com a parceria com as TVs locais, o programa não só visava à produção de obras, mas também garantia a sua veiculação nesses canais.

Além disso, o programa envolveu a participação do projeto selecionado numa oficina de desenvolvimento de projetos, visando aperfeiçoá-lo mediante a discussão e o debate com especialistas, entre pesquisadores, críticos e documentaristas.

Fruto da bem-sucedida experiência brasileira, o DOCTV passou a ter uma versão internacional. Em 2007, com apoio da CAACI, foi realizada a primeira edição do DOCTV Ibero-América (DOCTV IB). Essa edição realizou 15 documentários, um em cada país participante, promovendo a integração das produções dos países da América ibérica, estabelecendo um eixo inicial para a produção e difusão entre os países. De forma análoga, em 2008, os oito países membros da Comunidade de Países de Língua Portuguesa (CPLP), além de Macau, aprovaram a realização do DOCTV CPLP.

Outra tentativa de aproximação entre a produção independente e a TV aberta foi realizada pelo programa Documenta Brasil. Dessa vez, a aproximação era com uma emissora privada comercial, no caso o SBT. Tratava-se de uma parceria entre a Secretaria do Audiovisual do Ministério da Cultura, a Associação Brasileira de Produtoras Independentes de Televisão (ABPI-TV), a Petrobras e o SBT. O programa previa a realização de quatro documentários de média-metragem para veiculação na grade de programação do SBT e posterior lançamento de uma versão longa-metragem no circuito comercial de salas de exibição.[17] Ao contrário do modelo do DOCTV, em que os recursos eram oriundos de fomento direto, os projetos do Documenta Brasil foram patrocinados pela Petrobras, por meio de aportes pela Lei Rouanet. A contrapartida do SBT, além da exibição no canal, era o apoio de mídia durante a exibição do programa e por ocasião do lançamento do longa-metragem nos cinemas, não havendo, portanto, aporte direto de recursos financeiros para a produção das obras. No entanto, a baixa repercussão do programa – o SBT optou por exibir as obras contempladas aos domingos à meia-noite, um horário de pequena visibilidade – fez que o Documenta Brasil tivesse apenas uma edição, veiculada no SBT entre julho e agosto de 2007.

Em 2008, prosseguindo a exitosa experiência do DOCTV com o estímulo à produção independente, a SAv coordenou a realização de dois editais de fomento à produção independente para televisão.

O FicTV, lançado em dezembro de 2008, fomentou a realização de três minisséries compostas de 13 capítulos, "portadoras de uma visão original sobre a juventude brasileira das classes C, D e E, buscando desconstruir estereótipos frequentemente associados a elas e provocar a sociedade a debater estas questões" (Brasil, 2010). Para dar subsídios a esse debate, a SAv organizou o Seminário Juventude e Dramaturgia, reunindo especialistas em desenvolvimento de conteúdos para juventude, profissionais de TV e produtores de teledramaturgia.

O AnimaTV, lançado dois meses antes do FicTV, previu a realização de duas séries de animação voltadas para o público infantojuvenil, nas faixas etárias de 6 a 11 anos e de 12 a 14 anos, tendo sido realizado e desenvolvido em parceria da SAv com a Associação Brasileira de Cinema de Animação (ABCA), a Abepec, a EBC/TV Brasil e a TV Cultura.

A principal novidade dos dois editais está na metodologia do processo de seleção, dividido em duas etapas. Na primeira, há a seleção de projetos para a

---

17. Os contemplados foram *KFZ-1348* (dir. Marcelo Pedroso e Gabriel Mascaro), *Pindorama, a verdadeira história dos Sete Anões* (dir. Roberto Berliner, Lula Queiroga e Leo Crivellare), *Estratégia xavante* (dir. Belisário Franca) e *Rita Cadillac* (dir. Toni Venturi).

realização de episódios-piloto. Por exemplo, no caso do AnimaTV foram selecionados, na primeira etapa, 17 projetos de desenvolvimento, com o valor individual de R$ 110 mil, visando à elaboração de "bíblias" (formatação específica para elaboração de projetos completos de animação) e um programa-piloto, exibido pelas emissoras de TV aberta que integram a rede do programa (TV Brasil, TV Cultura e suas afiliadas e retransmissoras).

Com base em uma pesquisa de público e nos resultados de audiência dos programas-piloto, foram selecionados dois projetos para a elaboração da série completa com 13 episódios, recebendo individualmente R$ 950 mil. Nessa segunda etapa de produção, o desenvolvimento dos roteiros dos capítulos das séries contempladas contou com a orientação de um especialista internacional.

Dessa forma, o MinC estruturou o programa de fomento de modo que sua realização – com a divisão em duas etapas – seja compatível com a estrutura típica de mercado para a produção de obras seriadas, realizando-o em parceria com as emissoras de TV e garantindo previamente sua veiculação. Seleciona, numa etapa inicial, um conjunto de projetos, investindo um montante para o desenvolvimento do projeto integral da série e para a realização de um programa-piloto. Em seguida, escolhe apenas dois entre os 17 projetos que receberam recursos para o desenvolvimento, pois, inevitavelmente, nem todos os projetos selecionados terão um nível de desenvolvimento suficiente para ser transformados em minisséries de 13 capítulos.

O investimento público nos projetos de desenvolvimento, no entanto, não será desperdiçado, já que os projetos-piloto foram todos exibidos na grade de programação das emissoras. Além disso, todos os 17 produtores selecionados na primeira etapa do AnimaTV participaram, no Brasil, de uma oficina onde receberam treinamento em técnicas de negociação específicas para mercados internacionais de animação.

No caso do FicTV, segundo essa mesma metodologia, num primeiro momento, houve a seleção de oito projetos com valor individual de R$ 250 mil, e, em seguida, foram selecionados três projetos para a realização de minisséries de 13 capítulos, com valor complementar de R$ 2,6 milhões para cada um.

Desse modo, é possível identificar pontos positivos do projeto proposto pela SAv em relação aos típicos projetos do modelo de fomento indireto: 1) os projetos não abrangem exclusivamente o setor cinematográfico, mas também projetos para televisão; 2) não são projetos concebidos apenas pelo lado da oferta, eles se preocupam também com sua demanda, pela parceira com os canais públicos, assegurando sua veiculação; 3) o aporte de recursos também incide no desenvolvimento de projetos e ocorre em etapas de desembolso, otimizando o investimento.

É especialmente importante perceber que a ação do agente público ocorre com base na identificação de gargalos, como iniciativa complementar à ação privada, atingindo pontos que o mercado não consegue prover. Dessa forma, os programas são elaborados com recortes específicos – o documentário regional, a animação infantojuvenil, a teledramaturgia voltada para a desconstrução de estereótipos sobre a juventude –, caracterizando um programa de política pública voltado para o desenvolvimento de ações pontuais, que complementam os programas de fomento de produção de obras sem restrições de gêneros ou formatos.

Além desses programas principais, outros editais do MinC, como o Curta Criança e o Revelando os Brasis, foram executados tendo como parceira a TV Brasil, assegurando a veiculação dessas obras após sua realização.

## Estímulo aos conteúdos multiplataforma

Para além dos editais de fomento a obras audiovisuais para cinema e televisão, o MinC esteve atento a ações ligadas às chamadas "novas mídias", sobretudo num contexto de crescente acesso a novas tecnologias e importância dos processos de digitalização, fomentando experiências inovadoras de produção em outros formatos.

O edital Jogos BR, criado em 2004, estimulou a produção de jogos eletrônicos para computadores, consoles, celulares e outras plataformas, envolvendo como parceiros a Financiadora de Estudos e Projetos (Finep), o Instituto Nacional de Tecnologia de Informação da Casa Civil (ITI), a Associação Brasileira dos Desenvolvedores de Jogos Eletrônicos (Abragames) e a Associação Cultural Educação e Cinema (Educine).

Em 2009, a SAv desenvolveu o Programa de Fomento à Produção e Exportação do Jogo Eletrônico Brasileiro (BRGames), tendo selecionado sete projetos de demos jogáveis apresentados por desenvolvedores de jogos e outros três apresentados por empresas do setor.

No mesmo ano, a SAv lançou o concurso Laboratórios de Experimentação e Pesquisa em Tecnologias Audiovisuais (XPTA.LAB), fomentando a pesquisa de linguagens eletrônicas promovidas por núcleos de excelência na produção de conteúdos inovadores. Foram aprovados instituições ou pesquisadores isolados, totalizando 52 produtos, entre obras de arte midiáticas, jogos eletrônicos, *softwares*, *hardwares* e produtos audiovisuais interativos.

## Fomento à produção audiovisual como instrumento de inclusão social

Outros programas de fomento à produção lançados pela SAv enfocaram a produção de obras audiovisuais como meio de inclusão social e fortalecimento da cidadania, por meio da produção de olhares gerados por atores envolvidos num contexto de exclusão econômica e social.

Criado em 2004, o programa Revelando os Brasis, realizado em parceria com a ONG Marlin Azul e com patrocínio da Petrobras, convoca moradores de cidades com até 20 mil habitantes para participar de um edital de seleção de histórias, apresentando propostas de realização de vídeos que abordem temas de sua localidade. Antes de realizar os vídeos, os selecionados participam de oficinas de capacitação, envolvendo todas as etapas do processo de criação audiovisual. Trata-se, dessa forma, do mais radical programa da SAv que investe na descentralização dos recursos e das ações audiovisuais.

Já o programa Nós na Tela é voltado para integrantes ou egressos de movimentos sociais que desenvolvam atividades de formação para a realização de obras audiovisuais, prevendo o apoio à produção de curtas-metragens documentais ou telerreportagens sobre o tema "cultura e transformação social", feitos por jovens de 17 a 29 anos de idade das classes C, D e E. A parceria com a Associação Brasileira dos Canais Comunitários (ABCCOM) prevê a veiculação não apenas dos 20 vídeos contemplados, mas também de trechos do *making of* dos vídeos e entrevista com os realizadores e os responsáveis pelos movimentos sociais.

## Difusão e infraestrutura

Além dos editais de fomento à produção audiovisual, a SAv também implementou importantes projetos relativos à difusão das obras audiovisuais. O principal deles é a Programadora Brasil, que atua como uma espécie de distribuidora com fins não comerciais, licenciando os direitos de exibição de obras audiovisuais que integram seu acervo para o circuito de exibição não comercial (mostras, cineclubes etc.). Dessa forma, mediante uma estrutura central, a Programadora Brasil atua como intermediária entre os produtores e os circuitos alternativos de exibição, alimentando esses circuitos com um variado catálogo de produção nacional. Com isso, é possível levar a produção independente brasileira a novos públicos, que passam a ter acesso a outros tipos de obras que não chegam ao circuito comercial, extremamente concentrado nos principais centros econômicos do país.

Em 2009, a Programadora Brasil passou a integrar um programa mais amplo, o Cine Mais Cultura, responsável pela instalação de pontos de exibição em DVDs. Na verdade, ele não apenas fornece o equipamento de projeção, mas também disponibiliza o acervo com conteúdo brasileiro da Programadora Brasil, além de uma oficina de capacitação para gestores dos cineclubes implementados.

Já o programa Olhar Brasil, lançado em 2006, estimula uma política de regionalização da produção independente, montando núcleos de produção digital (NPD), com o fornecimento de equipamentos de filmagem (câmeras, microfones, materiais para iluminação) e de pós-produção (ilhas de montagem), além de oficinas de capacitação, por meio de convênios com instituições estaduais ou municipais.

O MinC, assim, atua não apenas publicando editais para a produção de obras audiovisuais, mas também por programas continuados, que preveem ações envolvendo a infraestrutura técnica, a difusão e a exibição, fortalecendo os circuitos de exibição independentes. De novo, a ação pública se justifica por chegar a locais e espaços que o mercado não consegue prover.

Ainda que as sobreposições com as competências da Ancine tenham sido visíveis a partir de 2003, como se pode constatar pelos editais lançados pela SAv, a atuação do órgão foi na verdade complementar à da agência, já que nenhum dos programas ou editais lançados tem como objetivo essencial o fortalecimento da indústria audiovisual em termos de uma ocupação de mercado. Apesar de a dimensão econômica desses potenciais produtos não ter sido ignorada pelas políticas lançadas pelo MinC, é possível afirmar que essa não é a principal missão dos editais publicados pela SAv, e sim a pluralidade tanto nos modos de fazer quanto nas formas de acesso ao audiovisual brasileiro.

## A manutenção do modelo de fomento indireto

**Se as políticas culturais implementadas** pelo MinC, por meio de seus programas e ações, transformaram a forma de atuação do Estado, que se tornou bem mais ativo na proposição de políticas e na seleção dos projetos a ser apoiados, o ministério não conseguiu reformar o modelo de financiamento a produções culturais, que tem como principal fonte de recursos o fomento indireto. Após cerca de seis anos de discussão em seminários e audiências públicas, além da realização de consulta pública do anteprojeto de lei, entre 23 de março e 6 de maio de 2009, o governo por fim encaminhou à Câmara dos Deputados, em fevereiro de 2010, o projeto de lei que substitui a Lei Rouanet, mas, até o presente momento, não houve consenso para sua votação. Desse modo, durante os oito anos de governo Lula, a Lei Rouanet permaneceu inalterada em suas diretrizes principais.

O projeto de lei apresentado busca fortalecer o Fundo Nacional da Cultura, ampliando os investimentos por meio de fomento direto, criando fundos setoriais para garantir o equilíbrio entre os segmentos do setor cultural. Quanto ao setor audiovisual, este seria contemplado com dois fundos. O primeiro é o Fundo Setorial do Audiovisual, já estabelecido pela Lei nº 11.437/06. A novidade seria o segundo fundo, criado com base na consulta pública: o Fundo Setorial de Incentivo à Inovação do Audiovisual. É interessante observar que, novamente, na decisão pela formação de dois fundos distintos para o audiovisual, há o pressuposto da divisão de políticas entre os aspectos culturais e comerciais da atividade audiovisual.

O projeto procura também reformar o sistema de fomento indireto, racionalizando os percentuais de dedução fiscal em quatro faixas: 40%, 60%, 80% e 100%. Esse foi o item mais controverso da proposta de reforma da Lei Rouanet, já que diversos incentivadores ameaçaram reduzir seus investimentos caso haja diminuição dos percentuais de dedução fiscal ou mesmo restrições à utilização de recursos nos institutos culturais ligados aos patrocinadores. Além disso, houve um questionamento a respeito dos critérios para o enquadramento de um projeto em cada faixa de dedução fiscal, com a suspeita de que critérios subjetivos, segundo a discricionariedade do analista, pudessem influenciar essa decisão.

Quanto à legislação específica do setor audiovisual, houve a aprovação da Lei nº 11.437, de 28 de dezembro de 2006. Seus principais artigos dispõem sobre a criação do Fundo Setorial do Audiovisual, que se consistiu na primeira tentativa programática do Estado de aportar recursos no setor audiovisual para além do modelo de mecanismos indiretos, baseados em renúncia fiscal. No entanto, a lei não altera o cenário da captação de recursos por meio dos mecanismos de incentivo fiscal. Ao contrário, ela o intensifica, já que outros artigos da Lei nº 11.437/06 modificam a Lei do Audiovisual, criando novos mecanismos de incentivo: os arts. 1º-A e 3º-A. Dessa forma, o FSA é criado não como substituição ao modelo de incentivos fiscais, e sim em complemento a ele.

O primeiro arcabouço legal para o audiovisual aprovado pelo governo Lula tem perfil nitidamente industrialista, privilegiando projetos com maior perfil comercial, no caso do Fundo Setorial do Audiovisual. Entretanto, a criação de novos mecanismos de incentivo evidencia a estratégia de não promover reformas estruturantes no já esgotado modelo de incentivos fiscais, mas, ao contrário, aprofundar a lógica desse modelo, aumentando o percentual de dedução fiscal e criando novos mecanismos de renúncia fiscal.

Esses novos mecanismos foram criados sem corrigir as distorções dos mecanismos existentes, mas aprofundando-as, ampliando a extensão dos projetos passíveis de enquadramento e elevando os percentuais de dedução fiscal, no caso do art. 1º-A da Lei do Audiovisual e dos Funcines, renovados por mais dez anos. Ou, ainda, criando o art. 3º-A nos mesmos moldes do art. 3º da Lei do Audiovisual, sem promover uma reavaliação de alguns critérios desse mecanismo, como a extensão dos direitos patrimoniais e a regulação dos contratos.

Ou seja, as alterações promovidas pela Lei nº 11.437/06 não foram mudanças programáticas, corrigindo as distorções já visíveis na lei em vigor há mais de uma década. Em vez de corrigir os rumos desenhados pela política de incentivo fiscal, reavaliando os caminhos tomados com base na análise dos pontos malsucedidos, o novo governo promoveu mudanças que simplesmente contribuíram para aprofundar as distorções.

## Renovação do prazo de vigência dos mecanismos

Como visto, houve a renovação do prazo de vigência de alguns mecanismos, como o art. 1º da Lei do Audiovisual e os Funcines. A Lei do Audiovisual foi criada em 1993 prevendo a vigência temporária desse mecanismo de incentivo fiscal, por um período de dez anos. De fato, toda a lógica da criação dos incentivos fiscais pressupunha que, após determinado período, as empresas produtoras pudessem se capitalizar e estabelecer relações sólidas com os investidores privados, de forma a não mais necessitar do incentivo fiscal para viabilizar seus projetos audiovisuais.

No entanto, como vimos, a desejada autossustentabilidade do setor esteve longe de ser atingida em 2003, perto do fim do prazo de vigência do incentivo fiscal. No ato de criação da Ancine, ainda em 2001, o art. 50 da MP nº 2.228-1/01 já havia prorrogado o prazo de vigência da Lei do Audiovisual até 2006.

> art. 50. As deduções previstas no art. 1º da Lei nº 8.685, de 1993, ficam prorrogadas até o exercício de 2006 inclusive, devendo os projetos a serem beneficiados por estes incentivos ser previamente aprovados pela Ancine.

Em vez de promover mudanças substanciais no modelo de incentivo fiscal, investigando os motivos pelos quais seu objetivo esteve longe de ser alcançado, preferiu-se a saída mais cômoda: a simples renovação do incentivo, sem alterações, por mais cinco anos.

Em 2006, novamente a vigência da Lei do Audiovisual esteve próxima de seu fim. E, da mesma forma, a solução encontrada foi prorrogar o prazo do incentivo por mais cinco anos. A Lei nº 11.437/06 ratificou a mudança já proposta pela Lei nº 11.329, de 25 de julho de 2006, substituindo o art. 50 da MP nº 2.228-1/01 para prorrogar o prazo de vigência do art. 1º da Lei do Audiovisual até 2010, introduzindo a alteração no próprio corpo da lei.

E, em 2010, no apagar das luzes do governo Lula, a Lei nº 12.375, de 30 de dezembro de 2010, prorrogou novamente o prazo de captação do art. 1º da Lei do Audiovisual até o exercício fiscal de 2016, sem nenhuma alteração.

Da mesma forma, houve a prorrogação do prazo de vigência dos Funcines, só que estes ficariam vigentes até 2016 e não 2010, como previsto no art. 1º da Lei do Audiovisual. No entanto, as alterações realizadas para os Funcines não se restringiram a esse ponto. Em primeiro lugar, houve um aumento do percentual de dedução fiscal por parte do investidor que aporta recursos por meio do mecanismo. O § 3º do art. 45 da MP nº 2.228-1/01 previa um escalonamento decrescente no percentual de dedução: 100% entre 2002 e 2005; 50% entre 2006 e 2008; e 25% em 2009 e 2010. A Lei nº 11.437/06 acabou com o escalonamento, prevendo uma dedução fiscal uniforme de 100% até 2016.

Além disso, houve uma ampliação no escopo de investidores habilitados a aportar recursos: a Lei nº 11.437/06 permitiu que não só pessoas jurídicas, mas também pessoas físicas pudessem se beneficiar da dedução fiscal de 100%, limitada a 3% de seu imposto de renda no caso das primeiras e a 6% no das segundas.

Assim como ocorreu na crise do final de década de 1990, há a equivocada percepção do governo de que, para atrair investimentos que desenvolvam a indústria audiovisual brasileira, é necessário elevar o percentual de dedução fiscal. No fundo, se de fato essa afirmativa não deixa de ser verdadeira, trata-se de uma solução provisória, atraindo investimentos de curto prazo, estimulados primordialmente pelo benefício fiscal e não por uma relação mais duradoura com a produção audiovisual. Em longo prazo, essa estratégia aprofunda a dependência dos recursos estatais e reduz o nível de participação privada com recursos não incentivados.

## O art. 1º-A da Lei do Audiovisual

Em última instância, o aumento do percentual de dedução para 100% foi a verdadeira motivação para a criação do art. 1º-A da Lei do Audiovisual. Novamente, um fator crucial para a criação do mecanismo foi a iminência do término do prazo de vigência da Lei Rouanet para certos tipos de projeto audiovisual. Vejamos o art. 52 da MP nº 2.228-1/01:

> art. 52. A partir de 1º de janeiro de 2007, a alínea "a" do inciso II do art. 3º da Lei nº 8.313, de 23 de dezembro de 1991, passará a vigorar com a seguinte redação:
> 
> "a) produção de discos, vídeos, obras cinematográficas de curta e média-metragem e filmes documentais, preservação do acervo cinematográfico bem assim de outras obras de reprodução videofonográfica de caráter cultural; [...]" (NR)

O art. 3º da Lei Rouanet dispõe sobre os tipos de projeto que podem ser enquadrados para o incentivo fiscal. Dessa forma, a alínea "a" descreve todos os projetos exequíveis a partir de 2007. Os projetos de longas-metragens dos gêneros ficção ou animação não estariam mais aptos a captar recursos pela Lei Rouanet, já que não estão incluídos no âmbito dos projetos cobertos pelo mecanismo. Os longas-metragens documentais permaneceriam cobertos, já que o texto abrange os "filmes documentais", apesar da imprecisão do termo "filmes".

Como a Petrobras, a principal incentivadora de filmes de longa-metragem de ficção brasileiros, aportava seus recursos pelo mecanismo, havia a possibilidade de que a entrada em vigor da nova redação da Lei Rouanet prejudicasse o fluxo de investimentos realizado pela estatal.

Desse modo, em vez de simplesmente renovar o mecanismo, prorrogando-o de janeiro de 2007 para um prazo posterior – solução encontrada tanto no caso do art. 1º da Lei do Audiovisual quanto no dos Funcines –, foi proposta uma alteração mais substancial: a criação de um novo mecanismo de incentivo, o art. 1º-A da Lei do Audiovisual.

Este funciona de forma bastante similar à Lei Rouanet, mas exclusivamente mediante patrocínio, retirando a possibilidade de doações, e ampliando o prazo de dedução até o exercício de 2016. Além disso, ele amplia o leque de projetos audiovisuais que podem ser enquadrados pelo mecanismo, permitindo todo tipo de projeto de produção de obra audiovisual, seja cinematográfica ou videofonográfica, além de projetos de preservação, difusão, distribuição, infraestrutura técnica e exibição.

Dessa forma, a principal diferença do art. 1º-A da Lei do Audiovisual em relação à Lei Rouanet refere-se ao percentual de dedução para o patrocinador dos valores aportados. Em relação ao longa-metragem de ficção, vimos que esse tipo de obra se enquadrava no art. 25 da Lei Rouanet, apresentando, portanto, percentual de dedução inferior a 100%, dependendo da natureza jurídica do incentivador (pessoa jurídica ou física) e do tipo de aporte (doação ou patrocínio), além de permitir o lançamento dos valores como despesa operacional. No art. 1º-A da Lei do Audiovisual, a dedução passa a ser de 100% sem despesa operacional. Ou seja, houve o aumento do benefício fiscal para o incentivador.

Essa mudança, que teve como objetivo o aumento de recursos captados pelo mecanismo, acabou, no entanto, por provocar outros tipos de distorções não previstas. Vimos que a Lei Rouanet se dividia em dois mecanismos de incentivo fiscal – art. 18 e art. 25 –, de modo que o aporte de recursos em projetos com maior possibilidade de retorno comercial recebe uma dedução fiscal inferior a 100%, visando estimular a participação do setor privado por meio de recursos não incentivados. O art. 1º-A uniformizou a dedução fiscal em 100% para todos os tipos de projeto audiovisual, rompendo a lógica da dissociação da Lei Rouanet em dois mecanismos.

Essa nova lógica pode, por exemplo, dificultar a captação para projetos audiovisuais de caráter menos comercial, já que o patrocinador privado escolherá a princípio projetos com maior retorno, isto é, com maior possibilidade de exposição da sua marca patrocinadora. Além disso, a indistinção entre a natureza das obras audiovisuais pode gerar outros tipos de distorção: mesmo projetos de obras para televisão, como as minisséries ficcionais, podem ser enquadradas pelo mecanismo com dedução fiscal de 100% para o patrocinador. Como a TV notadamente oferece uma exposição em veículo de massa para a empresa patrocinadora, há o risco de os recursos serem transferidos não só de outros tipos de projeto audiovisual (mesmo as obras cinematográficas, cujo prazo de conclusão é sempre dilatado e a repercussão, incerta), como de outras atividades culturais, como a dança ou as artes plásticas, também abrangidas pela Lei Rouanet.

Com a edição do art. 1º-A, toda a lógica de escalonamento das deduções fiscais presente na Lei Rouanet, que já fora rompida para os projetos cinematográficos com o art. 1º, agora é totalmente abandonada para o conjunto dos projetos audiovisuais, pois mesmo projetos de obras para primeira veiculação em TV passam a poder ser beneficiados com dedução integral (100%), maior que a dedução permitida a outros projetos culturais enquadrados pelo art. 25 da Lei Rouanet.

Por outro lado, projetos audiovisuais continuaram a poder ser enquadrados na Lei Rouanet, já que esta permaneceu em vigor, ainda que com a nova redação disposta no art. 3º, alínea "a". Ou seja, a criação do art. 1º-A não substituiu a Lei Rouanet, mas simplesmente ofereceu uma nova alternativa para a captação de recursos. A ampla possibilidade de enquadramento criada pelo art. 1º-A gerou uma sobreposição entre os mecanismos. Por exemplo, as obras de curta e média--metragem podem ser enquadradas tanto no art. 18 da Lei Rouanet quanto no art. 1º-A da Lei do Audiovisual, com as mesmas características e os mesmos percentuais de dedução para o incentivador (100% sem despesa operacional).

Essa sobreposição acirra os conflitos de competência e atribuições entre os órgãos gestores, já que, no primeiro caso, o projeto é autorizado para captação de recursos e acompanhado pela Secretaria do Audiovisual, enquanto, no segundo caso, a competência é da Ancine.

## O art. 3º-A da Lei do Audiovisual

Além do art. 1º-A, a Lei nº 11.437/06 estabeleceu a criação de outro mecanismo de incentivo: o art. 3º-A da Lei do Audiovisual. Seu funcionamento é análogo ao art. 3º dessa lei, estendendo o benefício às remessas ou aos créditos para o exterior relativos à aquisição de direitos de programação estrangeira nas televisões, abrangendo os direitos relativos à transmissão de eventos ao vivo, inclusive esportivos, para as programadoras nacionais ou estrangeiras dos canais de TV por assinatura e para as emissoras de radiodifusão.

A operacionalização do art. 3º-A seguiu praticamente sem mudanças o funcionamento do art. 3º. Da mesma forma, a empresa investidora pode optar pelo benefício fiscal, tendo um prazo de 180 dias desde o depósito na conta de recolhimento para destinar os recursos a um projeto de produção independente, que deve ser previamente aprovado pela Ancine. Em decorrência disso, o investidor torna-se coprodutor do projeto audiovisual. A principal diferença entre os dois mecanismos é que, se a empresa contribuinte do art. 3º-A não optar pelo mecanismo, não há a incidência da Condecine Remessa, no valor de 11% da remessa ou crédito para o exterior.

Portanto, a regulamentação do art. 3º-A seguiu a do art. 3º, com os mesmos pontos positivos e negativos. Ao operacionalizar o mecanismo, a Ancine não enfrentou as questões mais delicadas na relação entre os investidores e os produtores independentes na formalização dos contratos de coprodução, relativos à extensão dos direitos, acordos comerciais, inclusive questões de exclusividade, indefinição de duração de contrato e territórios cobertos, impossibilidade de os direitos retornarem à produtora, entre outros. As relações entre ambas as partes permaneceram sem nenhum tipo de parâmetro regulatório que coibisse práticas predatórias ou defendesse o equilíbrio na relação entre os agentes – sobretudo os produtores independentes, que, na dependência do recebimento dos recursos, tornam-se o elo mais frágil na negociação com programadoras e emissoras de TV, cuja estrutura financeira e jurídica é naturalmente mais robusta.

A implementação do art. 3º-A provocou impacto especificamente nas programadoras estrangeiras de TV por assinatura, tendo em vista a possibilidade de complementação de recursos incentivados já previstos pelo art. 39, X, da MP nº 2.228-1/01. Com a opção conjunta, os valores recolhidos tornam-se 4,5 vezes maiores que os recolhidos exclusivamente com a opção do art. 39, X (70% de 15% do valor da remessa referentes ao art. 3º-A e 3% do valor da remessa referentes ao art. 39, X).

No caso da opção conjunta, os recursos são destinados a contas de recolhimento diferenciadas: 3% do valor da remessa são depositados numa conta de recolhimento relativa ao art. 39, enquanto 10,5% são transferidos para outra conta de recolhimento, relativa ao art. 3º-A, ainda que ambas sejam de titularidade da mesma empresa. Essa distinção é necessária, já que os prazos para a destinação dos recursos permanecem diferenciados (270 dias para o art. 39 e 180 dias para o art. 3º-A).

Dessa forma, o art. 3º-A utiliza a estrutura-base vigente nos artigos 3º da Lei do Audiovisual e 39, X, da MP nº 2.228-1/01, ampliando sua possibilidade de utilização para outros agentes, incluindo os programadores nacionais de TV por assinatura e as empresas de radiodifusão, além da possibilidade de quase quintuplicar os recursos já utilizados pelos programadores estrangeiros de TV por assinatura por meio do art. 39, X.

Em relação aos radiodifusores, abre-se uma oportunidade de inserção da produção independente na grade de programação dos canais, dominada pela produção própria. O primeiro projeto a utilizar o mecanismo foi realizado apenas em dezembro de 2009. Trata-se do telefilme *Uns braços*, adaptação de um conto de Machado de Assis, veiculado pela Rede Record. Em seu primeiro ano de funcionamento, o recolhimento do art. 3º-A foi de R$ 14,7 milhões[18], um montante ainda bastante abaixo de seu potencial de recolhimento.

De qualquer forma, a implementação de um novo mecanismo de incentivo – o art. 3º-A da Lei do Audiovisual – seguiu uma política de cunho essencialmente industrialista, em que a decisão de investir vem das próprias empresas que compõem o mercado audiovisual. Sua forma de implementação manteve as mesmas matizes operacionais do art. 3º da Lei do Audiovisual e do art. 39, X, da MP nº

---

18. Disponível em: <http://www.ancine.gov.br/oca>.

2.228-1/01, isto é, sem nenhum aparato regulatório que oferecesse condições menos desiguais de negociação para as empresas produtoras, perpetuando as mesmas distorções do mecanismo de origem que inspirou a sua criação.

## Um porém: a manutenção da política para a radiodifusão

**No início deste capítulo, apontamos** as mudanças no governo Lula quanto à formulação de uma política para a cultura com perfil mais participativo. Se os avanços na área cultural foram amplamente perceptíveis, o mesmo não se pode dizer do setor de comunicação e de mídia.

Uma política de desenvolvimento da indústria audiovisual brasileira – aliás, um dos objetivos da Ancine – passa inevitavelmente por um novo desenho no campo da comunicação e da mídia. Trata-se de um setor deveras oligopolizado, com pouca atuação do Estado. Não existe, por exemplo, nenhuma restrição à propriedade cruzada. Um mesmo agente pode deter o controle de emissoras de rádio, de televisão, jornais, revistas ou portais de internet, prática com limites mais rígidos em boa parte dos países europeus (Dragomir, 2007).

A expansão do acesso ao audiovisual no Brasil esbarra, de forma inevitável, no acesso aos canais de TV aberta, já que se trata do veículo de maior penetração, presente em cerca de 97% dos domicílios brasileiros e em todos os municípios do país. Em comparação, apenas 7% das cidades brasileiras têm pelo menos uma sala de cinema com funcionamento regular. No entanto, a alteração no atual regime de radiodifusão brasileira, estabelecida pelo Código Brasileiro de Telecomunicações há mais de meio século – em 1962 –, esbarra em diversos interesses antagônicos, de natureza econômica e política, visando à manutenção do atual modelo.

No item "A falta de uma política para a televisão", veremos algumas iniciativas do governo Lula visando a um maior incentivo para a produção/veiculação de obras audiovisuais nos canais de TV aberta e fechada. Aqui, abordaremos alguns episódios relacionados com a estrutura da radiodifusão como setor.

Em seus primeiros anos, o governo Lula até ensaiou medidas que possibilitariam mudanças no setor. No entanto, com as reações negativas dos agentes da área já estabelecidos, aos poucos houve um recuo e a manutenção das estruturas vigentes.

Dois exemplos são sintomáticos da relação do governo Lula com a radiodifusão.

O primeiro foi a definição dos critérios do Sistema Brasileiro de Televisão Digital Terrestre (SBTVD-T), cristalizado no Decreto nº 5.820, de 26 de julho de 2006.

A transição da TV analógica para a digital implica não somente uma mudança de tecnologia – propiciando a transmissão de conteúdos com mais qualidade de imagem e som (alta definição) e eliminando os ruídos e chiados típicos da transmissão analógica –, mas primordialmente permite ao espectador estabelecer uma nova relação com os canais de TV, incluindo aspectos como multiprogramação e interatividade ao conectar televisão e internet (Cruz, 2008). Essas mudanças podem ser incorporadas num viés de cidadania, com o acesso a ensino a distância, governança eletrônica e outros serviços de utilidade pública. Assim, o sistema tem implicações não apenas tecnológicas, mas sobretudo econômicas e também de cidadania, já que a TV digital também poderia ser um instrumento de inclusão social (Tonieto, 2006).

No início do processo, o governo inclinou-se a aprofundar as pesquisas e desenvolver um sistema próprio, convocando técnicos e pesquisadores da sociedade civil para compor um grupo que debatesse a criação de um modelo brasileiro de TV digital. O Decreto nº 4.901/2003, que instituiu o Sistema Brasileiro de Televisão Digital Terrestre (SBTVD), previu o uso da TV para a democratização da informação, inclusive propondo um comitê consultivo, que representava a sociedade civil no processo (Barbosa Filho, 2007).

No entanto, com a posse de Hélio Costa como ministro das Comunicações, em julho de 2005, houve progressivamente um esvaziamento do debate com a sociedade civil, de modo que as discussões do Conselho do SBTVD tornaram-se essencialmente técnicas, tendendo a fortalecer a posição econômica das emissoras de televisão comercial já estabelecidas no mercado brasileiro, representadas pela Associação Brasileira de Emissoras de Rádio e Televisão (Abert) (Guerra, 2010).

Com o Decreto nº 5.820, de 29 de junho de 2006, definiu-se o padrão digital brasileiro, adotando como base o ISDB-T, o "padrão japonês". Dois foram os principais pilares para a escolha: a transmissão em alta definição e a mobilidade.

Com a capacidade de compressão dos sinais digitais, passaria a ser possível transmitir, na frequência de 6MHz, faixa hoje destinada à radiodifusão, um canal em alta definição (HD) ou até quatro canais em definição *standard* (SD). Assim, a multiprogramação permitiria a entrada de novos atores no espectro da radiodifusão, conferindo maior pluralidade à programação da TV aberta brasileira. No entanto, a preferência pela alta definição assegurou a perpetuação das estruturas dominantes do setor, mantendo o atual modelo de negócios (Rodrigues, 2008).

Aliado a isso, o "padrão japonês" oferece vantagens quanto à mobilidade dos sinais. Dessa forma, seria possível acessar os canais de televisão aberta, sem nenhum custo adicional para o espectador, em dispositivos móveis, como aparelhos celulares. Isso inibiu a entrada no mercado de empresas de telecomunicações, que poderiam ofertar o serviço em plataformas móveis.

Ainda que o modelo preveja a multiprogramação e a interatividade, os canais comerciais preferiram manter seu atual modelo de negócio, com um único canal em alta definição (Lemos da Silva, 2013). As vantagens da compressão do sinal digital no espectro de frequências foram redistribuídas pelas empresas já estabelecidas, impossibilitando novos entrantes. O espectro destinado aos canais públicos poderia atender à demanda da inclusão social, mas até o momento esses canais não foram devidamente desenvolvidos. A TV digital no Brasil é apenas um embrião do que poderia ter sido.

O segundo exemplo constitui-se na criação de uma nova rede de televisão – a TV Brasil –, a partir da formação da Empresa Brasil de Comunicação (EBC), em decreto de outubro de 2007.

A criação de uma TV pública nacional parte do princípio destacado no art. 223 da Constituição Federal, que dispõe que "compete ao Poder Executivo outorgar e renovar concessão, permissão e autorização para o serviço de radiodifusão sonora e de sons e imagens, observado o princípio da complementaridade dos sistemas privado, público e estatal". Dessa forma, uma televisão pública não se confunde nem com o sistema privado nem com o estatal (Leal Filho, 2007). No sistema privado a primazia é a busca de audiência, enquanto o estatal almeja a divulgação dos atos do governo. Já a TV pública reflete essencialmente a sociedade brasileira, buscando uma representação plural de todos os seus setores e espelhando a diversidade de seus modos de viver e fazer. Ou, ainda, enquanto a TV estatal reflete o ponto de vista do governo, a pública exprime a visão da sociedade (Bucci, 2010). Dessa forma, a TV pública substituiria o sistema público estatal de televisões educativas, que funcionava num regime complementar à lógica do sistema comercial, pois não permitia a inclusão de publicidade (Bolaño e Brittos, 2008).

É curioso perceber que o projeto de implantação de uma rede nacional de televisão pública foi vislumbrado como política estratégica pelo Ministério da Cultura, e não pelo Ministério das Comunicações. Em 2006, deu-se o primeiro passo para discutir com a sociedade o modelo a ser adotado. Elaborou-se um amplo diagnóstico sobre a televisão no país, que mobilizou diversos atores governamentais e não governamentais (ministérios, universidades, representantes de associações de TV não comerciais etc.). A iniciativa resultou em duas publicações – "I Fórum Nacional de TVs Públicas: diagnóstico do campo público de televisão" e "I Fórum Nacional de TVs Públicas: relatório dos grupos temáticos de trabalho" (Moreira, Bezerra e Rocha, 2010) – e gerou o I Fórum Nacional de Televisões Públicas, realizado em maio de 2007.

Alguns meses depois, em outubro, o governo publicou a Medida Provisória nº 398/07, que instituiu os princípios e objetivos dos serviços de radiodifusão pública e originou a Empresa Brasil de Comunicação S. A. (EBC). A EBC foi criada com a incorporação do patrimônio da Radiobras e da Associação de Comunicação Educativa Roquette Pinto (Acerp), responsável pela TVE do Rio de Janeiro e do Maranhão e por emissoras de rádio, como a Rádio MEC, em diversos estados. Dessa forma, o governo criou não apenas uma emissora de TV, mas uma empresa pública de comunicação, concretizando assim um projeto mais ambicioso que o desenhado pelo próprio Fórum (Valente, 2009). A MP 398 também estipulou princípios para a nova rede de comunicação pública, em consonância com os princípios constitucionais: previu a complementaridade ao sistema privado; a prioridade à programação informativa, educacional e cultural, visando à expressão da pluralidade da sociedade brasileira (incluindo programação regional e local); e a participação da sociedade civil na produção e na programação dos conteúdos. Posteriormente, a MP foi convertida na Lei nº 11.652, de 7 de abril de 2008 (Miola, 2012).

Para atender aos seus objetivos públicos (e não estatais), torna-se fundamental que a TV pública assegure uma posição de independência em relação ao governo. Desse modo, foram criados um Conselho Curador e uma Diretoria Executiva. Os conselheiros, com mandatos fixos, são representantes da sociedade civil e do governo, e zelam pelo bom funcionamento da TV pública e pelo perfil de sua programação, garantindo isenção no que se refere ao governo. A Diretoria-Executiva, por sua vez, deve ter autonomia administrativa e financeira para operacionalizar as atividades da TV sem que seu funcionamento seja comprometido por ações do Poder Executivo. No entanto, tanto o Conselho Curador quanto a Diretoria Executiva foram diretamente empossados pelo presidente da República, sem um processo de escolha intermediado pela sociedade civil, o que fere o princípio da autonomia. O Conselho Curador acabou tendo função meramente consultiva, e não deliberativa. Além disso, todo o orçamento da TV Brasil é oriundo do Tesouro, já que os valores provenientes do Fistel, de início destinados ao orçamento da empresa, foram retidos quando a oposição questionou a constitucionalidade da cobrança no Supremo Tribunal Federal. Esses elementos tornam a autonomia da TV pública em relação ao governo apenas relativa (Paiva e Santos, 2008).

Outro fator contribuiu para o progressivo solapamento dos pressupostos previstos pelo Ministério da Cultura. A MP 398 determinou que a EBC ficasse subordinada à Secom, tornando Franklin Martins líder do processo de formação da rede. A escolha dos gestores da EBC espelhou a divisão entre membros do Ministério da Cultura, sob o comando de Orlando Senna, e da Secom, liderados por Martins.

Mais do que uma disputa nos bastidores do governo pelo poder da empresa, estava em jogo uma visão para a televisão pública brasileira: de um lado, o MinC defendia a produção independente e regional, com ênfase em conteúdos culturais e na pluralidade dos modos de fazer; de outro, a Secom mantinha uma visão mais conservadora da programação, com conteúdos ligados ao jornalismo e à informação. Assim, prejudicou-se o projeto de autonomia da TV pública, que permanecia ligada a uma secretaria de governo e cuja participação do Conselho Curador não se refletia de fato nas decisões administrativas e financeiras da empresa (Rocha, 2010).

Aos poucos, ficou nítido que o Ministério da Cultura perdera a primazia na definição das políticas para a TV Brasil. Sucessivos atritos tornaram o embate inevitável. Em junho de 2008, Orlando Senna, que deixara a Secretaria do Audiovisual para se tornar diretor-geral da TV Brasil, entregou o cargo, alegando divergências na forma de gerir a emissora. Senna deixou a TV Brasil criticando a excessiva concentração de poder na presidência, ocupada por Tereza Cruvinel, diretamente ligada a

Martins. O rompimento foi definitivo após a demissão do Diretor de Relacionamento e Rede, Mario Borgneth, que coordenara o Fórum de TVs Públicas.

Dessa forma, a saída de Orlando Senna representou a segunda grande derrota política do grupo formulador da SAv, após o fracasso da Ancinav. Em comum, os dois projetos mostraram aos membros do Ministério da Cultura que os embates com o setor de comunicações seriam muito mais árduos do que aqueles com a classe cinematográfica. O estabelecimento de uma política de comunicação e mídia inevitavelmente esbarraria num conflito de atribuições entre a Secom, o Ministério das Comunicações e o da Cultura. Mas não só: esses embates, mais do que lutas internas pelo poder, assinalam fissuras num projeto de governo que tinha dificuldade de rever a regulação do setor de mídia e de comunicação. Assim, ainda que a criação da TV Brasil possa ser entendida como um passo para promover complementaridade à estrutura televisiva comercial atual, tratou-se, em última instância, de um passo tímido, que não foi de fato implementado.

A implantação do padrão de TV digital, o fracasso da Ancinav e as contradições do projeto da EBC comprovaram as dificuldades do governo Lula de promover reformas na relação entre Estado e o setor de comunicações. As estruturas oligopolíticas desse setor, que desde a década de 1960 permanecem praticamente inalteradas, assim continuaram nos oito anos de governo Lula e no primeiro mandato da presidente Dilma. Portanto, se a política para o cinema e para o audiovisual brasileiro sofreu nítidas transformações no governo Lula, o mesmo não pode ser inferido para o setor de comunicações e de mídia, muito mais estratégico. A oposição de um setor economicamente mais robusto e politicamente mais organizado e as contradições internas atravancaram os projetos de reforma propostos por setores do próprio governo. A forma como essas tensões ocorreram – diferentes órgãos tinham posições diferentes, quase antagônicas – evidencia as contradições de um projeto de política pública.

As medidas do governo Lula impactaram a produção de novos conteúdos, mas não realizaram uma intervenção transformadora na indústria audiovisual brasileira. A dificuldade de propor a regulação da mídia ou da televisão ilustra o assunto. A estrutura da TV aberta brasileira permaneceu arcaica, dominada por empresas familiares que necessitariam de um choque de competitividade, mesmo considerando sua vocação comercial.

Mas o tempo não para, e as transformações do padrão tecnológico são irreversíveis. A TV brasileira talvez não tenha percebido que a manutenção de sua estrutura arcaizante representa um abalo em sua posição competitiva em médio e longo prazos. Com a convergência tecnológica, a entrada de novos agentes será inevitável: se as empresas de telecomunicações se não podem explorar diretamente licenças da TV aberta, posicionam-se estrategicamente por meio da internet, apostando em conteúdos sob demanda. O futuro da programação é a flexibilidade, e acredita-se que a TV aberta brasileira passará por uma crise para se readaptar à nova conjuntura, em que a televisão já não será um dispositivo tão central quanto foi há meio século.

# 4. Uma análise das leis de incentivo e de seu impacto no mercado cinematográfico

## As leis de incentivo como mera política de oferta de longas-metragens cinematográficos

**As bases do processo de** reconstrução dos mecanismos estatais de apoio à atividade cinematográfica a partir dos anos 1990 foram nitidamente industrialistas, com vistas a recuperar a participação de mercado do filme brasileiro – que atingiu, no início da década, níveis inferiores a 1%. As políticas, no entanto, não conseguiram atingir os resultados desejados.

De um lado, houve a implementação do modelo de fomento indireto, pelos mecanismos de incentivo fiscal. Primeiro, a Lei Rouanet, comum a todas as áreas culturais, e, em seguida, a Lei do Audiovisual, específica para o setor cinematográfico. O binômio Lei Rouanet-Lei do Audiovisual fez o cinema brasileiro "sair do coma", afastando a sombra de seu total aniquilamento, o que foi uma espécie de fantasma a atormentar os rumos da classe cinematográfica ao longo de todo o período posterior. O art. 1º da Lei do Audiovisual surgia tipicamente como solução de urgência, prevendo um abatimento fiscal superior a 100% dos valores investidos. No entanto, em vez de um dispositivo temporário, essa distorção se manteve como regra, vigente até hoje.

No final do século passado, eram visíveis as distorções desse modelo de fomento indireto. No entanto, a classe cinematográfica, ainda assombrada pelo fantasma da era Collor, concluiu que a solução para uma maior ocupação de mercado do cinema brasileiro era, paradoxalmente, o reforço da atuação do Estado. Foi o que se viu no relatório final do III Congresso Brasileiro de Cinema, em que as soluções apontadas, em vez de tentar corrigir rumos, procuraram aprofundar o modelo existente – fosse pela criação de novos mecanismos, fosse pelo aumento da dedução fiscal. Concluiu-se, de maneira um tanto cômoda, que a solução para a crise de ocupação do mercado interno era ampliar os investimentos por meio do aumento da dedução fiscal, que atrairia mais investidores para o setor.

A formação de um forte órgão central, como a Agência Nacional do Cinema, não contribuiu para uma decisiva atuação do Estado na correção de rumos dessa política, já que ela foi criada em meio a diversos paradoxos que impossibilitaram que o órgão tivesse poder de fato na implementação de políticas sistêmicas que objetivassem a efetiva ocupação de mercado pelo produto brasileiro. O tripé institucional, previsto pela MP nº 2.228-1/01, não conseguiu se afirmar na prática, pois, para que o modelo funcionasse, era necessária uma grande sintonia entre os três órgãos que o compunham, tendo ainda o agravante de ter sido criado no último ano do governo Fernando Henrique Cardoso. A Ancine, o principal órgão institucional desse tripé, tornou-se simplesmente uma agência regulamentadora, sem poderes efetivos para intervir no mercado cinematográfico em busca dos objetivos definidos por sua própria lei de formação: o desenvolvimento integrado da indústria audiovisual e a busca pela autossustentabilidade do setor. É como se houvesse um insuperável hiato entre as competências da agência e os seus objetivos, conforme definidos pela própria MP nº 2.228-1/01.

Os mecanismos de incentivo fiscal, cujas limitações já eram bem visíveis antes mesmo da criação da Ancine, continuaram sendo a principal fonte de financiamento das obras cinematográficas brasileiras. Apenas por meio do fomento, ou por normas expedidas para o aperfeiçoamento da apresentação de projetos incentivados, não foi possível para a agência interferir de fato nos rumos do mercado cinematográfico. Dessa forma, o *boom* de 2003, quando a participação de mercado do filme brasileiro atingiu o nível recorde de 21,4%, o maior desde o início do processo de retomada, não foi provocado diretamente pela ação reguladora da agência, mas por uma conjunção de fatores isolados: as mudanças na legislação com o art. 3º da Lei do Audiovisual e as coproduções da Globo Filmes.

De outro lado, havia o fantasma das acusações de clientelismo e corrupção que vitimaram a Embrafilme, além da percepção de que o apoio do Estado deveria ser feito em outro contexto, dada a crise do Estado empresário. O modelo das leis de incentivo e a própria criação da Ancine basearam-se nesse paradoxo: a ambição de um desenvolvimento sustentado do mercado audiovisual, ao lado do receio de uma participação mais ativa do Estado na formulação de uma política setorial.

Por isso, não houve de fato a elaboração de uma política estratégica para o setor, que visasse a uma ocupação sistêmica do mercado cinematográfico. Em vez disso, criou-se uma política de oferta, que supunha que a ocupação do mercado se daria essencialmente com a produção de obras, mas sem a promoção de uma política de competitividade que fizesse que essas obras, uma vez concluídas, fossem estimuladas a circular nesse mercado. Essa total despreocupação tanto com uma política de demanda quanto com as características específicas do mercado cinematográfico brasileiro foi o cerne do fracasso da política de incentivos fiscais como modelo industrialista que visava à autossustentabilidade. Ou seja, é possível afirmar que, em vez de uma política industrial de ocupação do mercado audiovisual, existiu simplesmente uma política de produção de longas-metragens cinematográficos. As leis de incentivo fiscal representaram apenas a retomada da produção audiovisual, mas não permitiram o aumento de competitividade das produções nacionais num mercado pequeno e concentrado, em que o produto hegemônico estrangeiro tem posição dominante. As características de criação da Ancine tornaram-na frágil para reverter esse quadro.

As leis de incentivo concentraram-se no apoio a projetos de produção, desconsiderando as sinergias e a necessidade de investimentos nos demais elos da cadeia produtiva (distribuição e exibição). Análise realizada pela Ancine[19] mostra que, entre os 793 projetos ativos em 2006 – isto é, aptos a captar recursos pelas leis de incentivo fiscais administradas pela Ancine, ou seja, com primeira autorização para captação em 2006 ou aprovados em anos anteriores mas com renovação do prazo de captação para 2006 –, 749, ou 94,5% do total de projetos ativos, eram de produção de obras audiovisuais. Todos os demais tipos de projeto, como

---

19. Veja Ikeda (2007).

de distribuição/comercialização, festivais internacionais, desenvolvimento e infraestrutura técnica, totalizaram apenas 44, ou 5,5% do total.

Ademais, entre os 749 projetos de produção de obra audiovisual, 579 (77,3%) eram cinematográficos de longa-metragem. Os de típica destinação para a televisão – séries, programas de TV ou telefilmes – totalizaram apenas 79, ou 10,5% do total de projetos de produção.

O estudo ainda aponta que, se considerarmos os valores captados, 91,7% do montante para os projetos de produção foi destinado a longas-metragens cinematográficos. Por sua vez, os projetos de produção corresponderam a 97,1% do total dos valores captados pelos projetos ativos em 2006.

Dessa forma, o perfil dos projetos autorizados para captação pela Ancine revela que as leis de incentivo representaram, na prática, um modelo de produção de longas-metragens cinematográficos, desconsiderando a necessidade de investimentos nos demais elos da cadeia produtiva, como a distribuição e exibição, e deixando de lado também a produção de obras audiovisuais que visassem prioritariamente a outros segmentos de mercado, como o vídeo doméstico e a TV por assinatura ou aberta.

## As transformações no setor de distribuição e exibição

**O foco principal do modelo** das leis de incentivo acabou sendo, portanto, a busca pela ocupação do mercado de salas de exibição. No entanto, essa política não levou em conta as profundas transformações do mercado cinematográfico brasileiro, em especial a partir dos anos 1990.

Em primeiro lugar, o circuito exibidor brasileiro transformou-se radicalmente, de meados dos anos 1980 até o final do século. Em meados dos anos 1970, quando o cinema brasileiro teve expressiva participação de mercado, chegando ao patamar de 30%, o circuito exibidor brasileiro era pulverizado, com um número significativo de salas de cinema de rua, com ingresso barato. Nessa década, houve a expansão do circuito de salas independente, quebrando o regime dos monopólios regionais (De Luca, 2010).

A partir da década seguinte, no entanto, o circuito exibidor foi assumindo uma nova configuração, entrando em uma crise provocada por um conjunto de fatores, sendo o principal a ascensão dos dois principais concorrentes das salas de exibição: o modelo de programação da TV Globo, que se consolidava aliado à queda do custo do aparelho de televisão; e o segmento do vídeo doméstico, que se expandia com o barateamento dos aparelhos de VHS.

As grandes salas de cinema de rua, herdeiras dos antigos palácios, começavam a ser substituídas por cinemas em *shopping centers*, refletindo um novo padrão de consumo da população brasileira. Mesmo a construção dessas novas salas não conseguia reverter uma tendência de retração do mercado exibidor, com o progressivo fechamento dos cinemas de rua. Conforme mostra o Gráfico 3, se em 1975 o mercado exibidor brasileiro era composto de 3.276 salas, em 1995, esse número reduziu para apenas 1.033. Ou seja, em apenas 20 anos, o número de salas de cinema comerciais em atividade no país sofria uma redução de ⅔ (Almeida e Butcher, 2003).

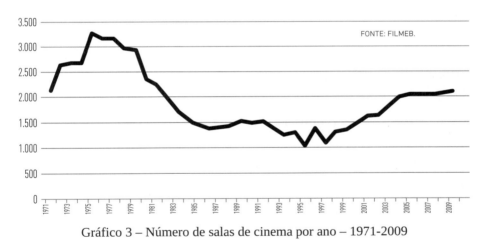

Gráfico 3 – Número de salas de cinema por ano – 1971-2009

A partir de 1997, houve uma transformação no mercado exibidor brasileiro, que aponta para uma recuperação do número de salas em funcionamento e para sua reestruturação, com a entrada de novos agentes no setor da exibição: era a chegada dos *multiplexes* e de vultosos investimentos realizados por grupos estrangeiros. O modelo do *multiplex* dá continuidade às mudanças introduzidas com o estabelecimento de salas de cinema como âncoras dos novos *shopping centers*, ao modificar a relação de consumo e a frequência dos espectadores, contribuindo para um aumento no preço dos ingressos. No entanto, o *multiplex* aprofunda essas transformações.

Presente na Europa desde os anos 1980, em especial no Reino Unido, o *multiplex* foi uma solução encontrada pelo mercado exibidor para reverter a tendência de queda no número de ingressos vendidos. Oferecia uma resposta à concorrência do *homevideo*, com um novo padrão de qualidade técnica (telas grandes, som *dolby* etc.) e, especialmente, de conforto, com largas e confortáveis poltronas semirreclináveis, para que o espectador tivesse uma fruição do espetáculo fílmico que ele não poderia ter em sua própria casa. E oferecia também um novo padrão econômico ao setor, baseado no aproveitamento das economias de escala e na redução da capacidade ociosa das grandes salas de cinema (Mediasalles, 2000).

Há certa imprecisão entre os pesquisadores sobre a exata definição de um *multiplex* (Forest, 2002), mas, hoje, tende-se a considerá-lo não apenas um complexo cinematográfico com grande número de salas de cinema geminadas (ao menos seis salas), mas um local que oferece também facilidades para o espectador, como estacionamento e *bombonière*, podendo se estender para outros tipos de loja – livrarias, locadoras de vídeo etc.

Sendo um complexo cinematográfico multissalas, o *multiplex* consegue obter ganhos de economia de escala, já que um conjunto de seis salas tem gastos inferiores a seis cinemas de uma única sala. A redução de custos envolve a redução do número de funcionários (por exemplo, da bilheteria ou dos serviços de limpeza), aluguel e manutenção do espaço físico ocupado (um *multiplex* de seis salas ocupa menos espaço do que seis cinemas de uma sala, dada uma arquitetura que explora os espaços contíguos). O *multiplex* em geral opera com uma única cabine de projeção central, que dá acesso às diversas telas, reduzindo o número de projecionistas e oferecendo possibilidades de aproveitamento (por exemplo, o *interlocking*, que permite que o mesmo rolo cinematográfico seja utilizado em mais de uma sala, através de uma passagem entre projetores). As múltiplas salas de cinema também são construídas com um diferente número de poltronas entre si. Esse recurso permite uma redução de riscos para o exibidor, ao oferecer uma flexibilidade de mudança de um filme para uma sala com menor número de assentos, otimizando, portanto, sua capacidade ociosa, favorecendo uma nova dinâmica na programação de salas. Com um cinema de uma sala, a única possibilidade para o exibidor é manter ou retirar o filme de cartaz. Com salas múltiplas, o programador do *multiplex* pode permanecer com o filme em cartaz no complexo, realocando-o em salas de tamanhos diferentes, conforme a sucessão das semanas cinematográficas, em que a frequência é em geral decrescente.

Por outro lado, é preciso entender o fenômeno da expansão dos *multiplexes* não meramente em seus aspectos tecnológicos (o conforto e a qualidade da projeção) ou de redução de custos (uma nova arquitetura que potencializa as economias de escala, reduzindo a capacidade ociosa), mas sobretudo na forma como ele introduz novos hábitos de consumo para o espectador, e como a programação dos filmes nas salas estabelece uma nova relação entre a cadeia produtiva do cinema.

O *multiplex* introduz novos hábitos de consumo para o espectador, pois transfere o foco de decisão do consumidor do produto singular (o filme) para o *locus* de fruição desse produto (o complexo cinematográfico). Ou seja, o espectador, antes de decidir assistir a um filme em particular, opta por ir a um cinema. Implícito nessa transição está o fato de que o espectador acredita ter uma maior variedade de escolha no *multiplex* (Mediasalles, 2000). Num cinema de uma única sala, caso a sessão esteja lotada, o espectador terá de se deslocar para outro cinema, ou esperar o início da próxima sessão, em média duas horas depois. Num *multiplex*, com pelo menos seis salas, em média a cada 20 minutos há o início de uma nova sessão. Dessa forma, há uma probabilidade maior de satisfazer o consumidor, que encontra disponibilidade de assentos para o filme de sua preferência ou migra, num curto intervalo de tempo, para uma segunda opção, caso o primeiro esteja esgotado. Nesse segundo caso, a espera, além de ser reduzida, é realizada no mesmo espaço físico – que, como dissemos, oferece facilidades para o espectador, na forma de passatempos que tornam a espera menos desconfortável.

Uma decorrência natural desse processo é que o filme de maior exposição da semana – em geral, uma estreia – ocupe o maior número de salas. Por isso, é comum que num cinema de 12 salas, por exemplo, três ou quatro delas estejam ocupadas com o mesmo filme. Esse modelo parte do pressuposto de que o espectador vai ao cinema e procura naturalmente o filme de maior exposição da semana. E, como já dito, caso encontre essa primeira opção esgotada, o consumidor, tem a flexibilidade de aguardar pouco tempo para o início de uma nova sessão ou escolher uma segunda opção. As consequências desse modelo são a concentração da frequência em um menor número de filmes e o aumento da rotatividade dos filmes em cartaz.

O *multiplex* provocou uma transformação no padrão tecnológico do mercado exibidor com aporte de investimentos de origem estrangeira, representando um plano de ação da consolidação do produto hegemônico pela penetração no mercado externo. O primeiro *multiplex* inaugurado no Brasil foi implantado pela empresa Cinemark em junho de 1997, um complexo de 12 salas em São José dos Campos, cidade do interior de São Paulo. Em seguida, entraram outros grupos estrangeiros, com destaque para a UCI (United Cinemas International), que detém o complexo cinematográfico com maior número de salas no Brasil (o *megaplex* New York City Center, na Barra da Tijuca, no Rio de Janeiro, com 18 salas e a americana Cinepolis, que entrou no mercado brasileiro apenas em 2010).[20]

A entrada dos grupos estrangeiros, com vultosos investimentos, transformou radicalmente o frágil setor de exibição nacional, que tinha baixa competitividade e se amparava, nos anos 1980, no *overnight*[21] e nos contratos de exclusividade com distribuidores, consolidando circuitos de exibição. A entrada em operação dos *multiplexes* acabou por romper os contratos de exclusividade entre os distribuidores e exibidores, estabelecendo um novo espaço de configuração entre os agentes da cadeia produtiva. Mesmo com a desaceleração dos investimentos após a crise econômica de 2001, os exibidores estrangeiros consolidaram sua atuação no mercado cinematográfico brasileiro. Se em 1997, ano de entrada do primeiro *multiplex* no Brasil, havia 1.075 salas de cinema no país, dez anos depois esse número era quase o dobro (2.050 salas).[22]

Essa nova configuração do mercado exibidor, diferentemente da pulverização dos circuitos nos anos 1970, levou à concentração das arrecadações. De Luca

---

20. A partir de 2010, houve uma mudança na configuração do mercado exibidor, com o ingresso da Cinepolis – que contratou o experiente Luiz Gonzaga de Luca para comandar a implantação dos seus *multiplexes* em território brasileiro. Em 2014, a Cinepolis já era o segundo maior grupo exibidor do país, com 302 salas.

21. Com isso me refiro ao costumeiro hábito da época, em que os exibidores obtinham receitas pela aplicação das bilheterias no mercado financeiro, já que os pagamentos aos distribuidores eram em geral realizados num prazo de 15 dias.

22. Também a partir de 2010, o número de salas de cinema no país passou a crescer cerca de 5% ao ano, em função do aumento de consumo da classe C e das políticas de estímulo ao circuito exibidor promovidas pela Ancine – como o Programa Cinema Perto de Você, o Projeto Cinema da Cidade e o Recine (que visa à desoneração tributária). Segundo a Ancine, ao final de 2014 havia 2.830 salas de cinema comerciais no Brasil. Embora o aumento nos últimos cinco anos tenha sido considerável, o número de salas em território nacional permanece pequeno – tanto em área geográfica quanto em ingressos *per capita* – se comparado com outros países, mesmo na América Latina.

(2010) assinala que os três principais grupos exibidores (Cinemark, UCI e Severiano Ribeiro) detinham, em 2009, cerca de 37% das telas e controlavam quase 60% das bilheterias do país, com participação ainda mais expressiva se fossem consideradas as receitas de *bombonière* e de publicidade na tela. Apenas o Cinemark possui cerca de 20% do número de salas de cinema do país. O *multiplex*, então, é uma realidade no circuito exibidor. O Gráfico 4 mostra que, em 2009, 47,8% das salas de cinema brasileiras localizavam-se em complexos de pelo menos seis salas, enquanto os cinemas de uma única sala compunham apenas 11,1% do total.

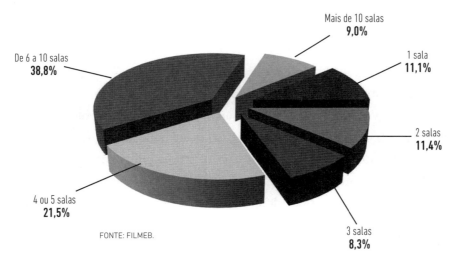

Gráfico 4 – Proporção de salas de cinema por número de salas do complexo – 2009

Essa nova forma de operação estimulou a competitividade entre os filmes lançados em larga escala, mediante uma estratégia de marketing global, muitas vezes estreando num mesmo final de semana nos *multiplexes* de vários países. Os filmes passaram a ser lançados no maior número de salas possível, a fim de recuperar suas receitas no segmento de salas de exibição no menor intervalo de tempo, otimizando os elevados investimentos publicitários e permitindo receitas suplementares nos demais segmentos de mercado. Dados da Variety (*apud* Barros, 2004) apontam que os custos de comercialização dos filmes lançados pelas *majors* mais do que duplicaram entre 1995 e 2003, passando a quase 40% do custo total de um filme. Isso provocou, de um lado, o aumento da rotatividade de filmes no mercado de salas e, de outro, o encurtamento do tempo de janela entre os segmentos de mercado. Com isso, o mercado ficou mais concentrado, com um menor número de lançamentos ocupando um maior número de cinemas. Isso favoreceu os filmes com grande investimento de marketing para o seu lançamento comercial, dificultando os filmes médios, cuja rentabilidade se dava exatamente pelo maior tempo em cartaz, por conta do boca a boca.

Um cálculo realizado com base no *Boletim FilmeB*, com a primeira semana cinematográfica de cada mês a partir do segundo semestre de 2007, comprova esse dado. A Tabela 6 mostra o número de salas ocupadas pelos quatro principais filmes em cartaz. Na primeira semana cinematográfica de julho – período de alta por causa das férias escolares –, eles ocuparam simplesmente 81,3% das salas de cinema do país, ou nada menos que 1.667 salas.[23] Na primeira semana cinematográfica do mês seguinte, ainda no final do período de férias, os quatro principais filmes em cartaz ocupavam 75% do total de salas. Nos meses de dezembro de 2007 e janeiro e fevereiro de 2008, os quatro principais filmes voltavam a ocupar mais da metade das salas de cinema. Recuando um pouco a análise para a primeira semana cinematográfica de junho de 2007, os dois principais filmes ocupavam 1.325 salas, ou 64,6% do total de salas do país. Se considerarmos que esses filmes naturalmente ocupam as salas de cinema mais competitivas, é possível afirmar que o percentual da renda obtida nessas semanas cinematográficas por esses filmes é ainda maior que o percentual de ocupação do número de salas, sinalizando o domínio econômico obtido por um pequeno conjunto de filmes.

Por outro lado, houve, em paralelo à expansão dos *multiplexes*, um significativo crescimento do chamado "circuito de arte", renovando ou ampliando seu parque exibidor. No entanto, esse circuito ainda é pequeno e concentrado, se comparado com o padrão do setor de exibição do país. Segundo a FilmeB, em 2009 o circuito de arte no Brasil totalizou 177 salas, ou 8,4% do total de salas. A concentração no segmento de salas de arte é observada tanto geográfica quanto empresarialmente. Do conjunto de 177 salas, pouco menos da metade (84) está localizada

---

23. Esse percentual considera um modelo de programação simples (uma sala exibe um único filme em seus diversos horários). Caso mais de um filme seja exibido em uma mesma sala (programação múltipla), o percentual apresentado é superior ao previsto. Mesmo com essa ressalva, o valor pode ser considerado um indicador da concentração de títulos nas salas de exibição do país.

no Rio de Janeiro ou em São Paulo. Além disso, 89 salas (ou 50,3%) pertencem a um dos dois principais grupos exibidores do circuito de arte: o Grupo Estação e o Espaço de Cinema.

| Semana cinematográfica | Número de salas | % do total de salas |
|---|---|---|
| 6/7/2007 | 1.667 | 81,3% |
| 3/8/2007 | 1.537 | 75,0% |
| 7/9/2007 | 947 | 46,2% |
| 5/10/2007 | 737 | 36,0% |
| 2/11/2007 | 911 | 44,4% |
| 7/12/2007 | 1.026 | 50,0% |
| 4/1/2008 | 1.056 | 51,5% |
| 1/2/2008 | 1.034 | 50,4% |

* A DATA EXPRESSA NA COLUNA "SEMANA CINEMATOGRÁFICA" DEMARCA O INÍCIO DA PRIMEIRA SEMANA CINEMATOGRÁFICA DO MÊS DE REFERÊNCIA (SEXTA-FEIRA). FOI CONSIDERADO UM TOTAL DE 2.050 SALAS, CORRESPONDENTE A DEZEMBRO DE 2007. FONTE: FILMEB.

Tabela 6 – Número de salas de cinema ocupadas pelos quatro principais filmes em cartaz, por semana cinematográfica

O mercado de exibição tornou-se extremamente concentrado. De um lado, três grandes grupos que exibem filmes em *multiplexes*. De outro, um nicho de mercado relativo ao chamado circuito de arte, concentrado em dois grupos exibidores. Como os filmes médios não encontram espaço nos *multiplexes*, destinados aos filmes de exposição midiática massiva (quanto aos brasileiros, em geral fruto da combinação art. 3º e Globo Filmes), acabam sendo naturalmente empurrados para o circuito dos cinemas de arte, não necessariamente o mais adequado à sua exibição. Aglomerados na cada vez maior oferta de filmes brasileiros, acabam canibalizando-se, ficando pouco tempo em cartaz, com baixo potencial competitivo.

As mudanças também foram significativas no setor de distribuição. Um dos grandes gargalos na distribuição dos filmes brasileiros no período – o que ajuda a comprovar uma política voltada para a produção de filmes sem preocupação estrutural com as condições efetivas de lançamentos destes no mercado – foi a ausência de distribuidoras nacionais sólidas.

Nos primeiros anos da retomada, os primeiros filmes concluídos viram-se diante de um mercado cinematográfico concentrado, com uma tendência de fechamento do número de salas e poucas oportunidades de distribuição fora do domínio consolidado dos *majors*.

Para entender um pouco mais esse cenário, é preciso recuar um pouco para o período imediatamente anterior. Em setembro de 1973, após reunião de sua diretoria executiva, a Embrafilme passou também a operar no campo da distribuição. Com a edição da Lei nº 6.281/75, pela qual a Embrafilme ampliou suas atividades, com a criação, entre outros órgãos, da Superintendência Comercial (Sucom), comandada por Gustavo Dahl, a distribuição assumiu um papel estratégico nas atividades da empresa (Amancio, 2000). A Embrafilme consolidou sua preferência às produtoras nacionais por um modelo no qual conjugava dois tipos de aportes de recursos: 30% do orçamento total como coprodução e adicionais 30% como adiantamento de distribuição, na forma de avanço sobre as receitas. Com esse modelo, conhecido como CO-DIS, a Embrafilme não era mais uma simples agência de financiamento para produtoras, mas essencialmente um órgão de produção e distribuição de filmes, entrando diretamente no risco do negócio (Gatti, 1999). Dessa forma, atraiu a preferência dos produtores brasileiros e passou a ser a principal distribuidora de filmes nacionais, chegando inclusive, em alguns anos, a ser a distribuidora-líder do mercado, à frente das *majors*.

Em paralelo à distribuidora da Embrafilme, existia um conjunto de distribuidoras independentes (Fama Filmes, Condor Filmes, Cinedistri, entre outras), muitas delas situadas na região da Boca do Lixo, as quais se beneficiavam da estrutura governamental que impulsionava um mercado que conjugava uma expressiva reserva (a Cota de Tela), a "Lei da Dobra" (manutenção em cartaz dos filmes brasileiros com rendas superiores à média da sala exibidora) e o Adicional de Bilheteria. Mas, ainda que essas distribuidoras independentes tenham permanecido em atividade, é inegável que a criação da Embrafilme, com uma robusta estrutura em nível nacional – ela era responsável, em média, por cerca de 35% da arrecadação do total dos filmes brasileiros lançados –, gerou dificuldades para as distribuidoras independentes estabelecidas, sobretudo para aquelas que se dedicavam exclusivamente ao produto brasileiro, como a Cinedistri, UCB, Ipanema Filmes, entre outras.

Além disso, o cinema comercial da Boca do Lixo entrou em declínio. Alguns autores consideram decisivo para tanto a entrada do filme de sexo explícito, que chegara ao país por meio de mandados de segurança, a partir de *O império dos sentidos*, de Nagisa Oshima. No entanto, outros fatores conjunturais precisam ser considerados para analisar esse declínio, como a ascensão do *homevideo*, o progressivo fechamento dos cinemas de rua e a redução do poder aquisitivo do trabalhador em decorrência de planos anti-inflacionários baseados num arrocho salarial, entre outros.

Dessa forma, no início dos anos 1990, com o fechamento da distribuidora da Embrafilme e o declínio do cinema da Boca do Lixo – ou seja, diante de um mercado cinematográfico em crise e sem as estruturas governamentais de apoio –, praticamente não havia distribuidoras nacionais estabelecidas no mercado para lançar os filmes brasileiros recém-finalizados.

Os primeiros filmes concluídos a partir da retomada depararam com um mercado cinematográfico completamente invadido pelas *majors*, que não se interessavam pelo lançamento do filme brasileiro. A solução mais viável era buscar o apoio da RioFilme, distribuidora estatal ligada ao município do Rio de Janeiro, fundada em 1991, que surgia como uma solução de emergência para esses lançamentos. No entanto, a demanda de serviços era desproporcional à pequena estrutura disponível para uma empresa municipal que se via encarregada da missão de distribuir nacionalmente a maior parte da produção nacional do momento (Gatti, 2005).[24] A segunda opção era a associação com grupos exibidores, como o Consórcio Severiano Ribeiro & Marcondes (CSRM), responsável pelo lançamento de filmes como *Navalha na carne* e *O quatrilho*. No entanto, o fracasso de alguns lançamentos e divergências entre os sócios levaram ao seu fechamento.

A solução parecia ser as *majors* se interessarem em lançar os filmes brasileiros, o que acontecia em raros casos. Por isso, o art. 3º da Lei do Audiovisual pareceu ser uma solução provisória, no sentido de estimular nas principais distribuidoras estabelecidas no mercado o interesse em lançar filmes brasileiros com potencial de bilheteria. No entanto, essa condição evidenciava uma fragilidade do setor de distribuição nacional, que não conseguia se desenvolver. As distribuidoras nacionais não eram capitalizadas, não possuíam capital de giro para competir com as distribuidoras estrangeiras, que já tinham os *blockbusters* das suas matrizes. Em longo prazo, o próprio sucesso dos filmes brasileiros produzidos com

---

24. Gatti (2005) demonstra isso apresentando dados que revelam o baixíssimo custo de comercialização por filme lançado pela empresa.

recursos do art. 3º evidenciou esse paradoxo. As *majors* tinham como produto central os filmes de suas matrizes e não os brasileiros. Essas tensões eclodiam sobretudo no período de férias, com a marcação dos filmes infantis estrangeiros e os equivalentes brasileiros. Por exemplo, diversos filmes protagonizados por Renato Aragão acabaram sendo lançados em datas que evitavam a concorrência direta com os filmes infantis da matriz, que naturalmente detinham a preferência da melhor data de lançamento.

Esse é um exemplo de uma política que se preocupou em produzir filmes, mas não em oferecer condições para que esses filmes prontos pudessem ser competitivos no mercado. A maior parte dos filmes só buscava uma distribuidora após sua finalização, quando, num processo industrial, a produção do filme tem íntima relação com seu modo de distribuição, estimulando sinergias. Essa política estatal transmitia implicitamente a ideia de que realizar um bom filme é o bastante para que ele assegure automaticamente seu lugar no mercado, pois acaba "caindo no gosto do público", atraindo a atenção das distribuidoras e exibidores estabelecidos. No entanto, o processo de realização de sucessos cinematográficos é deveras incerto e bem mais complexo do que essa fórmula inicial do "bom filme": boas condições de distribuição, um bom plano de marketing e aliar-se a exibidores que saberão programar o filme nas salas adequadas ao público tornam-se fatores fundamentais num mercado cada vez mais competitivo e concentrado. No período inicial da retomada, filmes como *Menino Maluquinho*, *Como ser solteiro* e *Pequeno dicionário amoroso* tiveram resultados de bilheteria inferiores ao potencial comercial dessas obras, pois foram lançados pela RioFilme, que não tinha nem capital de giro nem estrutura administrativa para lançá-los nacionalmente com uma adequada campanha de lançamento. Alguns desses filmes apenas não tiveram resultados ainda mais desfavoráveis porque foram lançados por meio de codistribuição.

Havia, desse modo, um pressuposto de que a simples produção dos filmes provocaria progressivamente a ocupação do mercado interno. Diagnóstico ingênuo de um lado e cômodo de outro. Ingênuo porque, desconsiderando tanto as profundas transformações do mercado cinematográfico no início dos anos 1990 quanto as especificidades do produto cinematográfico, acabou por fragilizar os cineastas, que receberam a culpa pelo fracasso do modelo, já que simplesmente não realizaram "bons filmes" que pudessem atrair o público. Cômodo porque isenta de responsabilidade o governo, seja pelo ônus da escolha dos projetos (isto é, administrar politicamente as reclamações dos cineastas que não foram escolhidos num processo de seleção pública – um dos principais calcanhares de aquiles da Embrafilme), seja pelo ônus da formulação de uma política pública que poderia não alcançar os resultados desejados. O mercado passa a funcionar como a esfera central que oferecia ao mesmo tempo os problemas e as soluções para o setor cinematográfico: ele decidiria que filmes deveriam ser realizados – aqueles que conseguissem atrair investidores por meio das leis de incentivo fiscal – e julgaria a própria conveniência dessas escolhas – com base na bilheteria obtida por ocasião do lançamento comercial da obra realizada. É como se o governo tivesse feito a sua parte, e, se o cinema brasileiro não conquista uma posição dominante no mercado, é por pura incompetência dos cineastas, que ou não captam recursos no mercado ou não conseguem realizar filmes que agradem ao público.

Os traumas da experiência anterior da Embrafilme e sua final repercussão na opinião pública, as mudanças no papel do Estado brasileiro a partir do início dos anos 1990, a pressão clientelista dos cineastas para garantir sua sobrevivência e as transformações do mercado cinematográfico brasileiro no período são os quatro fatores que, conjuntamente, explicam os equívocos da política cinematográfica do período, com o fracasso da implementação de um modelo que propôs uma contínua ocupação de mercado como principal meta de uma política industrialista, mas se eximiu de realizar ações que pudessem de fato oferecer condições sistêmicas para o desenvolvimento do audiovisual brasileiro.

## A falta de uma política para a televisão

**Em vez de uma política** sistêmica de ocupação do mercado audiovisual, o modelo de leis de incentivo representou meramente uma política de produção de longas-metragens cinematográficos. Não houve uma visão integrada do mercado audiovisual que visasse à produção de obras que ocupassem os diversos segmentos de mercado.

Os produtores audiovisuais encontraram um mercado bastante restrito para a produção independente na televisão, fosse aberta ou fechada. Apesar dos preceitos constitucionais de obrigatoriedade de veiculação da produção independente e da produção regional, esses artigos não foram regulamentados, consolidando o atual modelo de produção das televisões: a produção própria. Conforme o art. 221 da Constituição Federal:

> Art. 221 – A produção e a programação das emissoras de rádio e televisão atenderão aos seguintes princípios:
> I – preferência a finalidades educativas, artísticas, culturais e informativas;
> II – promoção da cultura nacional e regional e estímulo à produção independente que objetive sua divulgação;
> III – regionalização da produção cultural, artística e jornalística, conforme percentuais estabelecidos em lei;
> IV – respeito aos valores éticos e sociais da pessoa e da família.

Embora esse artigo preveja um conjunto de princípios que norteariam a programação das televisões, sua regulamentação permanece em aberto. Apenas o inciso IV sofreu uma resposta concreta, mediante a revisão da classificação indicativa pela Portaria nº 1.120/07 do Ministério da Justiça. Apesar da previsão constitucional, o perfil da programação das TVs abertas brasileiras continua com participação bastante reduzida de conteúdos informativos e educativos.

Se não há veiculação de produção independente nas televisões, mesmo o longa-metragem cinematográfico encontra reduzidos canais de exibição. Dados compilados pela Ancine (Martins, 2008) relativos ao ano de 2007 mostram a posição do filme brasileiro nos canais de TV aberta. Naquele ano, considerando as oito principais emissoras cabeças de rede, foram exibidos 199 filmes brasileiros, contra 1.294 estrangeiros. Como se vê no Gráfico 5, as emissoras públicas (TV Brasil e TV Cultura) foram responsáveis por 63,3% dos filmes brasileiros veiculados. De outro lado, entre as emissoras privadas, apenas a Globo exibiu um percentual superior a 5% do total de filmes nacionais exibidos na TV aberta: 30,7%. O grande número de filmes brasileiros veiculado pela emissora-líder deve ser, no entanto, relativizado, já que grande parte deles foi exibida no programa Sessão Brasil (antigo Intercine Brasil), veiculado na madrugada de segunda para terça-feira, às 2h, como mero acervo da emissora.

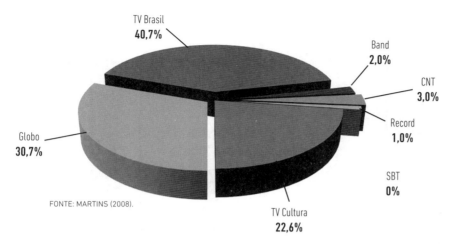

Gráfico 5 – Proporção de filmes brasileiros veiculados por canal de TV Aberta – 2007

Ou seja, os dados mostram que não existe um cenário de fato para a exibição de filmes brasileiros na TV aberta, como decorrência da sucessão das janelas de exibição e receita suplementar às salas de cinema. No caso das emissoras públicas, esses filmes têm um perfil cultural, enquanto na emissora-líder os filmes brasileiros exibidos ou são os *blockbusters* coproduzidos pela empresa ou são obras de acervo, exibidas em horários bem restritivos.

No Gráfico 6, comparando a proporção de filmes nacionais e estrangeiros exibidos por canal, vemos que as emissoras privadas se concentram na exibição de filmes estrangeiros. Se na TV Brasil 100% dos filmes veiculados são brasileiros e na TV Cultura o percentual é de 50%, nos canais privados essa taxa é inferior a 10%. O SBT, que exibe filmes por um acordo de *output deal* com a Warner, simplesmente não exibiu filmes brasileiros durante todo o ano de 2007, ao passo que a RedeTV não exibiu filmes de qualquer origem em sua programação no ano pesquisado. Na Globo, apesar de ter exibido 30% do total de filmes nacionais veiculados na TV aberta em 2007, eles correspondem a menos de 10% do total de títulos veiculados no canal.

Nas televisões fechadas, apesar da existência de um grande número de canais exclusivos à veiculação de obras cinematográficas, os filmes brasileiros acabaram em sua grande maioria restritos a um único canal: o Canal Brasil. Este surgiu de uma obrigatoriedade legal, prevista no Decreto nº 2.206/97, que regulamenta a Lei do Cabo (Lei nº 8.977/95) e prevê a existência de um canal exclusivo de

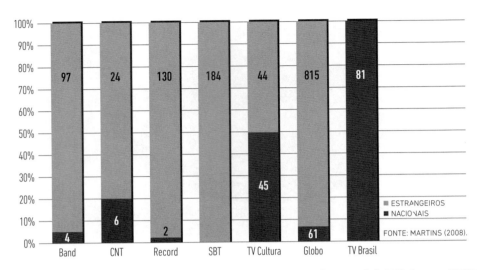

Gráfico 6 – Proporção de filmes veiculados por origem segundo o canal de TV aberta – 2007

veiculação de obras cinematográficas brasileiras. Essa legislação criou algumas distorções. A primeira é que a obrigatoriedade existe apenas na TV a cabo, criando distinções na programação segundo a tecnologia de transmissão. Caso a transmissão seja realizada por satélite ou micro-ondas (DTH ou MMDS), a obrigatoriedade não se aplica. Isso explica por que, durante muito tempo, a operadora Sky não exibiu o Canal Brasil. A segunda é que a exigência legal contribuiu para a concentração da maioria de filmes brasileiros nesse canal, enquanto nos demais canais a exibição tornou-se quase nula. Como na NET – principal operadora de TV a cabo – o canal era disponibilizado apenas para os assinantes do pacote Advanced, mais caro, os filmes brasileiros poderiam ser vistos apenas por um universo restrito de consumidores da TV por assinatura.[25]

Como mostra o Gráfico 7, com dados de 2008[26], os filmes brasileiros ficam praticamente restritos ao Canal Brasil. Nos demais canais monitorados, a sua participação é ínfima, só superando 1% no Cinemax (3,4%) e no Telecine Pipoca (2,2%), mesmo assim com percentuais bem pequenos.

---

25. Como veremos no último capítulo, a Lei nº 12.485/11 corrigiu algumas dessas distorções, inserindo a obrigatoriedade de veiculação de obras brasileiras de produção independente nos canais brasileiros de espaço qualificado nos pacotes oferecidos aos assinantes.

26. Os números a seguir apresentados foram extraídos dos relatórios da Ancine e combinados com os dados apresentados em Carvalho (2008).

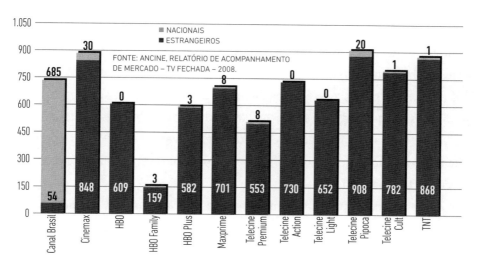

Gráfico 7 – Filmes veiculados por origem segundo o canal de TV por assinatura – 2008

Sem alternativas para a produção independente na grade das televisões, restava aos produtores a produção cinematográfica. Durante o período inicial das leis de incentivo, entre 1995 e 2002, até o final do mandato do presidente Fernando Henrique Cardoso, não houve uma política sistemática que visasse à inclusão da produção independente nos canais de TV. O então presidente da Ancine Gustavo Dahl chegou a colocar a seguinte questão, em texto para a revista *Tela viva*, num tom claramente provocativo: "A televisão é uma concessão do Estado ou o Estado é uma concessão da televisão?" (Dahl, 2006). A única iniciativa efetiva de aproximação da TV com o cinema partiu do mercado, da própria Globo, criando a Globo Filmes. No entanto, como vimos, era um número pequeno de filmes e, ainda, a Globo não aportava recursos diretos na produção das obras, mas apenas cedia espaço publicitário para a sua promoção e serviços de consultoria.

A exceção ocorreu com a MP nº 2.228-1/01, que inseriu um novo componente de aproximação entre a produção independente e a TV fechada com a criação do mecanismo de incentivo do art. 39, X. Esse mecanismo funciona de forma bastante similar ao art. 3º da Lei do Audiovisual, estimulando uma aproximação entre os agentes estrangeiros e a produção local, por meio de um abatimento na tributação relativa às remessas de lucros para o exterior caso a empresa estrangeira invista na produção local, tornando-se, com o investimento, uma coprodutora. Mas, diferentemente do art. 3º, em que o abatimento era no imposto de renda, no art. 39, X, as empresas que investirem 3% das remessas para o exterior decorrentes da exploração de obras audiovisuais ficam isentas da Condecine Remessa, que equivale a 11% das remessas. Ou seja, é a mesma lógica de "chantagem fiscal" aplicada pelo art. 3º após as mudanças da MP nº 2.228-1/01: os contribuintes poderiam "escolher" entre efetuar o pagamento da Condecine, no valor de 11% das remessas, ou aplicar 3% em produções locais e se tornar coprodutores, exibindo tais obras em sua grade de programação.

Sendo os contribuintes as programadoras estrangeiras de TV por assinatura, esse mecanismo prevê uma parceria entre as produtoras independentes e os responsáveis pelo conteúdo dos canais, voltando-se para o mercado, pois não fomenta exclusivamente a produção, mas estimula as sinergias entre os elos da cadeia produtiva, visando à veiculação dessas obras. A inserção destas é um fator positivo, sobretudo nos canais estrangeiros de TV por assinatura, nos quais a presença da produção estrangeira é bastante nítida. O conteúdo nacional da TV por assinatura é, com a exceção de canais com alcance restrito, basicamente de uma única programadora: a Globosat, cujo modelo é o da produção própria, assim como a Globo.

No entanto, há dois problemas com esse mecanismo: primeiro, os valores recolhidos são pequenos, insuficientes para uma efetiva ocupação da produção

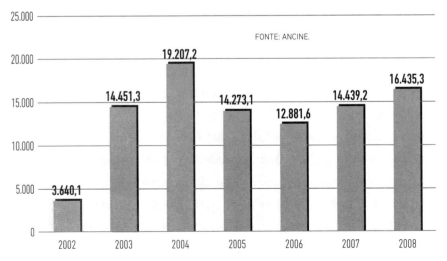

Gráfico 8 – Valores recolhidos pelo art. 39, X, da MP nº 2.228-1/01, por ano

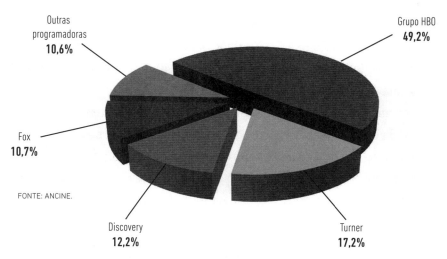

Gráfico 9 – Composição dos valores recolhidos por programadora estrangeira de TV por assinatura – 2008

independente nos canais estrangeiros da TV por assinatura. O Gráfico 8 mostra que o recolhimento[27] anual do mecanismo é de cerca de R$ 15 milhões.

O segundo é que o recolhimento é concentrado: as quatro principais programadoras estrangeiras são responsáveis por quase 90% do recolhimento. Além disso, cerca de metade dos valores recolhidos é realizada por uma única programadora: o Grupo HBO (Brazil Distribution). As demais três têm participações entre 10% e 20%. O Gráfico 9 mostra a composição do recolhimento do art. 39, X, por programadora, para o ano de 2008, mas as proporções não sofrem profundas alterações se considerarmos outros anos de análise.

Com esses recursos, o Grupo HBO optou por produzir minisséries com padrão de produção internacional. O elevado custo dessas séries (cerca de R$ 1 milhão por capítulo, todas com captação em película) contribuiu para que poucas obras fossem produzidas. Foram realizadas as minisséries *Mandrake* (Conspiração Filmes, captação de R$ 11 milhões), *Filhos do Carnaval* (O2 Produções Ci-

---

27. De forma análoga, como explicamos em seção anterior, esses são valores recolhidos, ou seja, depositados nas contas de recolhimento, de propriedade do representante das empresas estrangeiras. Eles não se confundem com os valores efetivamente aplicados em projetos, transferidos para as contas de captação, de titularidade das empresas produtoras, caso a destinação ocorra num prazo de até 270 dias. Por isso, os valores do Gráfico 8, sobre recolhimento, não coincidem com os valores apresentados no gráfico sobre captação.

nematográficas e Artísticas, captação de R$ 14,5 milhões) e *Alice* (Gullane Entretenimento, captação de R$ 13 milhões), todas com 13 capítulos. Apenas nessas três minisséries foram empregados quase R$ 40 milhões, ou mais de 40% do total dos valores recolhidos pelo mecanismo até 2008.

Apesar de precisar de aperfeiçoamentos, o art. 39, X, ofereceu uma oportunidade, ainda que tímida, para a introdução da produção independente nas grades de programação da TV por assinatura, nos canais estrangeiros, pelo estímulo a parcerias entre a empresa produtora nacional e a programadora estrangeira.

A partir do governo Lula, houve uma mudança no foco das relações entre a produção independente e a televisão. De um lado, vimos o estabelecimento de ações de fomento à produção televisiva da Secretaria do Audiovisual, como o DOCTV, o FicTV e o AnimaTV. De outro, se nos governos anteriores a aproximação era cautelosa, visando a um estímulo para que as televisões investissem nessas produções, no governo Lula houve uma tentativa de regulamentação do setor, com uma revisão da legislação, impondo obrigatoriedades e até mesmo cotas de programação. Várias iniciativas foram estabelecidas nesse sentido, começando pelo projeto da Ancinav, cujas repercussões já analisamos com mais detalhes no capítulo anterior.

A outra tentativa foi com o PL nº 29/07 (renumerado em 2010 para PLC nº 116/10), prevendo a aprovação de um novo marco regulatório para a TV por assinatura, inclusive com cotas de programação brasileira independente e regional para o segmento de mercado. Como consequência da tramitação do anteprojeto da Ancinav, que não conseguiu ser aprovado por ter sido elaborado de maneira restrita e, por isso, acusado de autoritário, com o novo projeto houve, desde o início, uma discussão pública sobre sua composição, fazendo que sua tramitação fosse bastante prolongada. Ao circular pela Câmara dos Deputados, o projeto foi alvo de várias emendas, sofrendo alterações por meio de diversos substitutivos, com progressivos avanços e recuos. Por fim, já no governo Dilma, conseguiu sua aprovação no segundo semestre de 2011, tornando-se a Lei nº 12.485/11.

De qualquer forma, apesar das iniciativas, desde o governo Lula, de aproximação da produção independente das grades de programação das televisões, sejam públicas ou privadas, efetivamente os passos foram pequenos. O governo ainda não conseguiu implementar políticas que estimulem as emissoras a veicular produções independentes brasileiras. A televisão foi um segmento de mercado residual para as empresas produtoras, que ainda buscam no cinema o segmento de mercado mais privilegiado para seus projetos.

## Evolução da *performance* do filme brasileiro: o abismo entre o *blockbuster* e o filme de nicho

**Nesta seção, apresentam-se números que** mostram o impacto do modelo de leis de incentivo no mercado cinematográfico nacional, com base na análise da evolução dos filmes brasileiros lançados no mercado de salas de exibição nos primeiros 15 anos de implementação dessas políticas, entre 1995 e 2009.

Para tanto, organiza-se uma base de dados com os longas-metragens brasileiros lançados entre 1995 e 2009, com dados de renda bruta de bilheteria, número de espectadores e valores captados por mecanismo de incentivo fiscal. A informação dos filmes lançados foi obtida por um cruzamento das bases de dados da FilmeB (Databases Brasil) e da Ancine (relatórios financeiros – Superintendência de Acompanhamento de Mercado). Os dados relativos ao número de espectadores e renda bruta de bilheteria no período entre 1995 e 2007 foram extraídos da FilmeB. Para os anos de 2008 e 2009, foram utilizados os dados da Ancine, por se tratar de dados oficiais sobre o mercado cinematográfico nacional. Da mesma forma, os números sobre captação de recursos pelos mecanismos de incentivo fiscal foram obtidos da Ancine.

A Tabela 7 apresenta os principais indicadores relativos aos lançamentos de longas-metragens nacionais no mercado de salas de exibição entre 1995 e 2009.

O Gráfico 10 mostra a evolução da participação de mercado do filme brasileiro entre 1995 e 2009. Após um período inicial, de contínuo mas lento aumento de *market share*, entre 1995 e 2000, quando pela primeira vez desde a retomada se atingiu a marca de dois dígitos (10,6%), houve um lento recuo da participação, mostrando que o crescimento não era sustentado, agravado pelo fato de haver um aumento do número de filmes lançados (14 em 1995 e 29 em 2002). Em 2003 houve uma participação de mercado recorde de 21,4%, mas que não conseguiu ser mantida. Os anos posteriores, se não mantiveram o patamar de 2003, estabeleceram a participação de mercado do filme brasileiro na casa dos dois dígitos, entre os 10% e 15%.

| Ano | Número de filmes lançados | Número de espectadores (R$ milhões) | Market share | Valores captados (R$ milhões) |
|---|---|---|---|---|
| 1995 | 14 | 2,9 | 3,7% | 2,2 |
| 1996 | 18 | 1,2 | 4,1% | 10,2 |
| 1997 | 21 | 2,4 | 4,6% | 26,0 |
| 1998 | 23 | 3,6 | 5,4% | 39,0 |
| 1999 | 28 | 5,1 | 7,8% | 53,3 |
| 2000 | 23 | 7,2 | 10,6% | 38,4 |
| 2001 | 30 | 6,9 | 9,3% | 56,5 |
| 2002 | 29 | 7,8 | 8,0% | 44,8 |
| 2003 | 30 | 22,0 | 21,4% | 72,3 |
| 2004 | 49 | 16,4 | 14,3% | 90,7 |
| 2005 | 45 | 10,7 | 12,0% | 93,2 |
| 2006 | 72 | 9,9 | 11,0% | 122,1 |
| 2007 | 78 | 10,3 | 11,6% | 128,7 |
| 2008 | 79 | 8,8 | 9,9% | 114,5 |
| 2009 | 83 | 15,9 | 14,2% | 89,9 |

FONTE: ORGANIZADO PELO AUTOR, COM BASE EM DADOS DA FILMEB E ANCINE.

Tabela 7 – Indicadores gerais do mercado cinematográfico brasileiro – 1995-2009

De qualquer modo, os níveis atuais são modestos em relação aos objetivos da política industrialista estabelecida com as leis de incentivo fiscal e com a criação da Ancine: a busca pela autossustentabilidade. São ainda mais modestos se considerarmos o nível de investimentos realizados indiretamente pelo Estado: apenas os valores captados pelos mecanismos de incentivo fiscais federais dos longas--metragens lançados nesse período atingiram quase R$ 1 bilhão (R$ 981 milhões) em valores nominais.[28]

De fato, houve um aumento significativo do montante de recursos captados pelas leis de incentivo fiscal, sobretudo a partir de 2003, até superar a casa dos R$ 100 milhões por ano a partir de 2006. Esses dados indicam que o modelo de leis de

---

28. Se considerássemos os valores reais, atualizados aos preços de 2009, os valores seriam, segundo a inflação média do período, superiores a R$ 1 bilhão. Deve-se ressaltar ainda que os valores consideram apenas a captação pelas leis de incentivo federais, desconsiderando, portanto, os aportes de recursos federais por fomento direto e os recursos estaduais, municipais e internacionais.

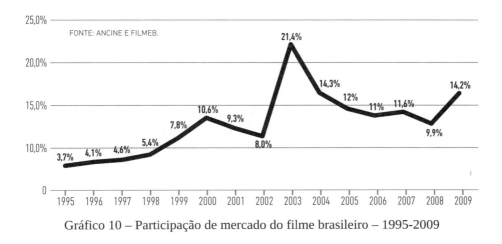

Gráfico 10 – Participação de mercado do filme brasileiro – 1995-2009

incentivo levou a um aprofundamento da dependência do Estado para a produção de longas-metragens, e não sua superação, como era o pressuposto dessa política. Ou, dito de outro modo, a participação de mercado do filme brasileiro não teve um aumento correspondente à evolução da captação de recursos pelos mecanismos de incentivo fiscal. Como vimos, o aumento na captação foi impulsionado pelo próprio governo, com a criação de mecanismos complementares, como os Funcines e o art. 39, X, da MP nº 2.228-1/01 (e a edição da MP nº 2.228-1/01), e os arts. 1º-A e 3º-A da Lei do Audiovisual (adicionados pela Lei nº 11.437/06).

O tímido crescimento da participação de mercado do filme brasileiro é ainda agravado se levarmos em conta o aumento no número de filmes lançados no período. Se entre 1997 e 2003 os lançamentos nacionais por ano variavam entre 20 e 30 filmes, nos dois anos seguintes o patamar subiu para entre 40 e 50, chegando em 2006 a 72, e subindo progressivamente até os 83 filmes de 2009. O aumento no número de filmes lançados não implicou crescimento proporcional na participação de mercado do filme brasileiro – nem no número absoluto de ingressos vendidos. Entre 2005 e 2008, esse número ficou estacionado num patamar médio de 10 milhões de ingressos.

Isso ocorreu porque grande parte dos filmes brasileiros lançados atingiu patamares ínfimos de bilheteria. O Gráfico 11 mostra que pouco menos da metade (42,3%) dos filmes brasileiros lançados entre 1995 e 2009 não atingiu 10 mil espectadores no mercado de salas de exibição. Se considerarmos o nível de 50 mil espectadores, esse número é ainda mais alarmante: dois entre três filmes brasilei-

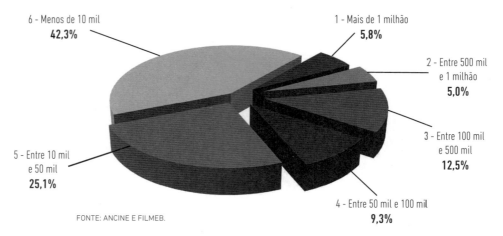

Gráfico 11 – Filmes brasileiros lançados, por faixa de espectadores – 1995-2009

ros (67,4%) não atingiram tal patamar.

Por outro lado, 10,8% dos filmes brasileiros lançados entre 1995 e 2009 obtiveram mais de 500 mil espectadores, sendo que 5,8% do total ultrapassou a marca de 1 milhão de espectadores. Ainda que esse número seja pequeno, sobretudo se levarmos em conta os ambiciosos objetivos dessa política industrialista, ele aponta para uma questão complementar: a dificuldade de sobrevivência do chamado "filme médio". Apenas 12,5% dos filmes lançados no período obtiveram entre 100 mil e 500 mil espectadores. É como se a atual configuração do mercado cinematográfico apontasse para uma irremediável oposição entre os filmes: de um lado, aspirantes a *blockbusters*; de outro, filmes com baixíssimo potencial competitivo, destinados a um pequeno nicho de mercado. É preciso observar que esse "abismo" é formado não meramente pela "qualidade" dos filmes, mas por uma configuração do mercado cinematográfico que privilegia lançamentos cada vez mais agressivos, com um investimento massivo nos custos de comercialização, ocupando simultaneamente um número cada vez maior de salas. Desse modo, a rotatividade dos filmes em cartaz torna-se mais intensa, prejudicando o filme médio, sustentado pelo boca a boca que garante sua permanência em cartaz.

O Gráfico 12 mostra o percentual de filmes brasileiros segundo sua faixa de espectadores e por ano de lançamento. Pode-se afirmar que há uma tendência progressiva de um maior número de filmes com até 10 mil espectadores. Enquanto até 2004 cerca de 25% dos filmes nacionais lançados se situavam nessa faixa

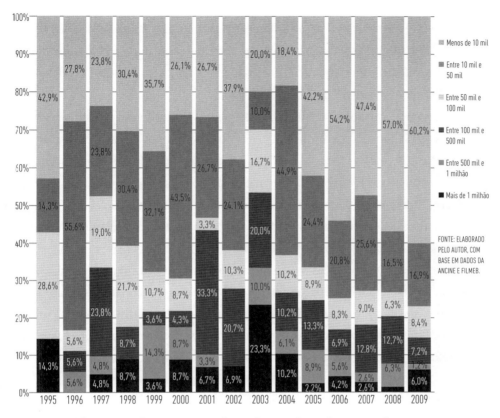

Gráfico 12 – Filmes nacionais lançados por faixa de espectadores e ano de lançamento – 1995-2009

– com algumas exceções, como em 1999 e 2002, cujos percentuais atingiram a casa dos 35% –, em todos os anos posteriores mais de 40% não atingiram esse patamar. Ou seja, nos últimos cinco anos do período estudado tem se agravado o abismo entre os filmes campeões de bilheteria e os com possibilidades comerciais ínfimas, que não conseguem atingir um patamar mínimo de 10 mil ingressos vendidos.[29] Em 2008 e 2009, mais da metade dos filmes lançados (57% e 60%, res-

---

29. Os dados neste trabalho referem-se exclusivamente ao número de ingressos vendidos no mercado comercial de salas de exibição. Não existem dados disponíveis sobre a quantidade de espectadores nos demais segmentos de mercado. Além disso, a Ancine não considera em suas estatísticas oficiais o número de espectadores no circuito não comercial do mercado de salas de exibição, como cineclubes e mostras e festivais de cinema, nos quais os "filmes de nicho" muitas vezes têm público superior ao do circuito comercial. A circulação dessas obras nesses nichos poderia ser considerada uma justificativa de apoio do Estado à produção dessas obras, já que essas exibições atingem locais muitas vezes sem salas de cinema ou para um público sem acesso aos cinemas de *shopping*. Certamente a extensão da circulação de uma obra audiovisual extrapola o circuito comercial

pectivamente) se encontrou nessa incômoda situação. Em 2008, 73,4% dos filmes não atingiram 50 mil espectadores. No ano seguinte, esse número foi ainda maior: 77,1%. Ou seja, três entre quatro filmes nacionais lançados nos últimos dois anos analisados não atingiram 50 mil espectadores.

Desse modo, quando se analisa simplesmente a evolução dos números gerais da participação de mercado do filme brasileiro, que nos últimos cinco anos se manteve entre 10% e 15%, não se percebe a drástica posição da maioria dos filmes nacionais, que não conseguem seu lugar num mercado cada vez mais concentrado. Apesar de um expressivo aumento no número de lançamentos e no montante de recursos captados para a sua realização, a maioria dos filmes lançados apresenta resultados comerciais muito reduzidos. E o que mais impressiona é que essa situação parece se intensificar nos últimos anos. Ou seja, se os objetivos das políticas públicas implementadas a partir dos anos 1990 eram a ocupação do mercado e a busca pela autossustentabilidade do produto brasileiro, essa situação parece ser cada vez mais distante para a grande parte dos filmes lançados, que, desse modo, tornam-se cada vez mais dependentes do financiamento estatal, e não o contrário, como pressupunham essas políticas.

## O ilusório *boom* dos documentários

**Estes números podem ser explicados,** pelo menos parcialmente, quando se analisam os lançamentos por gênero, conforme o Gráfico 13: pouco menos de ¼ dos filmes brasileiros lançados entre 1995 e 2009 (29,6%) são documentários, cujas possibilidades de bilheteria são bem mais reduzidas.

De fato, como mostra o Gráfico 14, apesar de os documentários representarem parte considerável dos lançamentos nacionais, sua participação de público é bastante reduzida: os 184 documentários lançados entre 1995 e 2009 formaram um público de pouco menos de 3 milhões, ou 1,6% do total de espectadores de filmes nacionais no período.

---

de salas de exibição, sobretudo no contexto de uma sociedade pós-industrial, em que a ênfase é a circulação e não propriamente a produção em escala industrial, cujas repercussões foram exploradas recentemente por Migliorin (2011). No entanto, se temos como objetivo analisar as políticas públicas para o setor audiovisual do período, que se pautaram na busca de um modelo industrial que visava à autossustentabilidade, acredito que um bom parâmetro para avaliar a efetividade dessas políticas seja o número de ingressos vendidos, ainda que reconhecendo as suas limitações para analisar essas mesmas políticas de forma mais ampla.

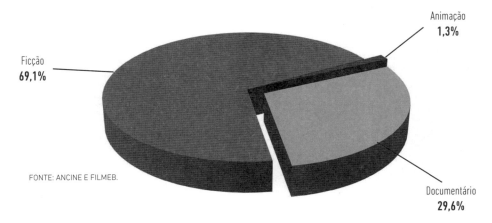

Gráfico 13 – Filmes nacionais lançados por gênero cinematográfico – 1995-2009

Os dados da Tabela 8 comprovam que o número de documentários lançados por ano vem crescendo. Se até o ano 2000 os filmes do gênero não chegavam a cinco lançamentos anuais, em 2002 atingiu-se a casa de dois dígitos, sofrendo um grande aumento em 2006, com 25 lançamentos, e chegando a 38 em 2009.

O Gráfico 15 mostra a expressiva participação de filmes do gênero no total de lançamentos nacionais. Enquanto até os anos 2000 os documentários ficavam na faixa de 10% do total de lançamentos, nos últimos anos, os filmes do gênero representam mais de 30% do total, chegando a 45,8% em 2009.

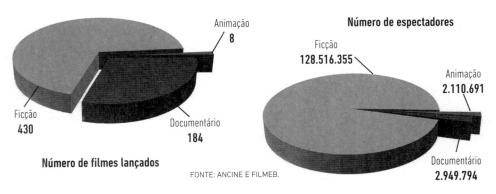

Gráfico 14 – Filmes nacionais lançados e número de espectadores por gênero – 1995-2009

| Ano | Animação | Documentário | Ficção | Total |
|---|---|---|---|---|
| 1995 | | 3 | 11 | 14 |
| 1996 | | 1 | 17 | 18 |
| 1997 | | 2 | 19 | 21 |
| 1998 | | 2 | 21 | 23 |
| 1999 | | 4 | 24 | 28 |
| 2000 | | 2 | 21 | 23 |
| 2001 | 1 | 8 | 21 | 30 |
| 2002 | | 10 | 19 | 29 |
| 2003 | | 4 | 26 | 30 |
| 2004 | 1 | 15 | 33 | 49 |
| 2005 | 1 | 13 | 31 | 45 |
| 2006 | 1 | 25 | 46 | 72 |
| 2007 | 2 | 32 | 44 | 78 |
| 2008 | 1 | 25 | 53 | 79 |
| 2009 | 1 | 38 | 44 | 83 |
| Total | 8 | 184 | 430 | 622 |

FONTE: ANCINE E FILMEB.

Tabela 8 – Filmes nacionais lançados, por gênero e ano de lançamento – 1995-2009

Vários fatores nos ajudam a compreender essa explosão do número de filmes documentais lançados comercialmente. Em primeiro lugar, uma questão tecnológica: a ampliação da projeção digital nas salas de exibição dos grandes centros urbanos, em geral ligadas ao chamado "circuito de arte". Com a difusão das câmeras digitais, a maioria dos filmes documentais passou a ser gravada nesse suporte, substituindo a película 35 mm. Essa substituição baseou-se principalmente no custo, já que as gravações em digital suprimiam os gastos com compra de película virgem e custos laboratoriais (revelação, copiagem, montagem de negativo etc.), cujos valores aumentaram de forma significativa desde a década de 1990 em decorrência da política cambial brasileira. Por outro lado, a câmera digital permite ao realizador mais portabilidade, reduzindo a equipe técnica e os equipamentos acessórios para a produção. A difusão das câmeras digitais, sobretudo em

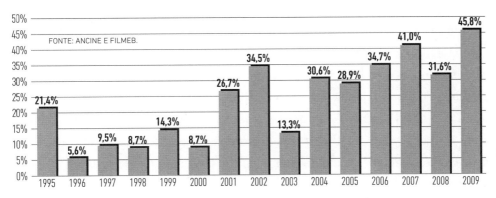

Gráfico 15 – Participação dos documentários no número de filmes nacionais, por ano de lançamento

meados da década de 1990, quando sua qualidade aumentou significativamente em paralelo a uma expressiva redução de seu custo, provocou uma revolução no documentário comparável à introdução das câmeras portáteis e do Nagra na década de 1960, tornando um equipamento de boa qualidade técnica razoavelmente acessível a um cineasta iniciante.

No entanto, se a tecnologia digital oferecia facilidades para a filmagem e finalização de um documentário de longa-metragem, o filme pronto sofria os mesmos entraves para a sua distribuição no mercado. Como as salas de exibição permaneciam equipadas com projetores 35 mm, para que um documentário finalizado em digital pudesse ser lançado comercialmente era preciso incorrer num processo chamado *transfer* – a passagem da matriz em digital para uma em 35 mm. No entanto, o custo desse processo praticamente inviabilizava o lançamento comercial, já que esses filmes naturalmente circulariam com um número de cópias reduzido.

Com a difusão da projeção digital nas salas de exibição[30], o documentário brasileiro foi diretamente beneficiado. Assim, um documentário finalizado em digital poderia ser lançado comercialmente com um custo bem reduzido, tornando desnecessário o processo do *transfer*. No entanto, como a digitalização do circuito de salas de exibição ainda é um processo lento, de modo que o circuito comercial permanece dominado pelas cópias 35 mm, os documentários podem ser lançados

---

30. Sobre os desafios do processo de digitalização das salas de exibição brasileiras, veja o texto seminal de De Luca (2009).

com um custo reduzido, mas seu lançamento permanece restrito a poucas salas, em geral no circuito de arte dos grandes centros urbanos. A ampliação do número de filmes documentais lançados não propiciou uma correspondente ocupação de mercado do gênero, já que em geral os filmes ocupam as mesmas salas, restritas a um circuito de nicho. Acabam, dessa forma, tirando o espaço uns dos outros, aumentando a rotatividade dos filmes brasileiros no circuito, retirados de cartaz muitas vezes em uma ou duas semanas após o lançamento.

Um segundo fator que pode ser apontado para o expressivo crescimento do número de documentários lançados comercialmente nas salas de exibição é a falta de espaço para os filmes do gênero na grade de programação das TVs, seja nos canais abertos ou fechados. Ao contrário dos países europeus, que têm uma legislação com cotas para a produção independente, estimulando as parcerias entre as emissoras de televisão e as empresas produtoras, no Brasil o modelo é o da produção própria. No caso das televisões fechadas, há uma abundância de canais estrangeiros, que veiculam conteúdo nacional de forma residual – quando o fazem.

Dessa forma, o documentário brasileiro não encontra espaço nas grades de programação das emissoras de TV, seja pela produção própria, num modelo que tende ao jornalístico, calcado no sensacionalismo, seja por uma política de aquisição de conteúdos já prontos, previamente formatados para canais segmentados à moda das televisões por assinatura (National Geographic, History Channel, Film&Arts etc.). Assim, o documentário brasileiro, rico em sua diversidade estilística, não encontra espaço na televisão, cada vez mais padronizada, e busca sua válvula de escape no mercado de salas de exibição, onde, como visto, disputa espaço com outras obras brasileiras e com filmes do chamado circuito de arte. Trata-se de um nítido paradoxo, pois o mercado cinematográfico é considerado *premium* em relação aos demais segmentos de mercado, de modo que o acesso de uma obra de longa-metragem a esse segmento é em geral mais restrito, incorrendo em maiores custos de lançamento e maior concorrência.

Essa distorção amplia-se quando se examina o perfil da produção documental: de fato, filmes de investigação estética, como os dirigidos por Eduardo Coutinho, são exceções num conjunto de documentários filmados de forma tradicional, centrados em entrevistas ou personagens populares (vide a grande presença de "documentários musicais"). Esses filmes não têm uma estética que justifique ser exibidos nos circuitos de nicho, dividindo espaço com filmes contemplados em festivais internacionais ou primordialmente de investigação de linguagem. Sua exibição nesse tipo de circuito justifica-se mais por sua dificuldade de inserção em circuitos mais favoráveis à sua fruição do que por suas características intrínsecas. Essa dissociação entre o público-alvo do filme e seu circuito de efetiva exibição está no centro dos percalços mercadológicos enfrentados por grande parte da produção do gênero.

Um terceiro fator que impulsiona o documentário para as salas de exibição é o que chamo aqui de barreira legal. O art. 1º da Lei do Audiovisual promove a produção de obras cinematográficas. E, segundo a MP nº 2.228-1/01 (art. 1º, II), obra cinematográfica é aquela "cuja destinação e exibição seja prioritariamente e inicialmente o mercado de salas de exibição". Portanto, obras destinadas a outros segmentos de mercado, como os telefilmes e as séries, não podem se beneficiar do mecanismo.

Essa definição legal revelou-se atenta às mudanças do mercado de salas de exibição em direção à projeção digital. A definição de obra cinematográfica não está ligada ao suporte de exibição, e sim ao segmento de mercado a que a obra se destina. Ou seja, uma obra cinematográfica não precisa necessariamente ser finalizada em película 35 mm, pode ser uma obra finalizada e exibida em digital, desde que destinada inicial e prioritariamente a esse segmento de mercado.

Dessa forma, os documentários produzidos com recursos do art. 1º da Lei do Audiovisual não mais precisam incorrer no processo do *transfer* para cumprir os requisitos formais da legislação. No entanto, permanece a obrigatoriedade de seu lançamento comercial no mercado de salas de exibição, restringindo a captação de recursos, por exemplo, de um projeto de documentário para TV (um telefilme ou uma série).

Ou seja, a legislação brasileira, inserindo a obrigatoriedade de lançamento comercial em sala de exibição de um documentário que capte recursos pelo art. 1º da Lei do Audiovisual, aprofunda as distorções de mercado: em vez de aproximar o documentário da TV, o seu mais típico segmento de mercado, empurra-o para as salas de exibição, onde terá um lançamento precário que dificultará suas possibilidades de retorno comercial, já que o preço pago pelas televisões para um produto cinematográfico é diretamente proporcional ao número de ingressos vendidos no segmento de salas de exibição, reduzindo ainda mais seu valor de compra.

Existem inclusive editais públicos que investem em documentários exclusivamente pelo art. 1º da Lei do Audiovisual. O caso típico é o do edital de cinema do BNDES, que, com a Petrobras, é um dos principais investidores do cinema nacional.[31]

De qualquer forma, o grande número de documentários lançados no mercado de salas de cinema é um nítido paradoxo de uma política industrialista, que visa a uma ocupação sustentada do mercado audiovisual. Em geral, esse grande número de documentários entra em cartaz em condições precárias, com menos de 10 mil espectadores e circulação restrita. De fato, se observarmos a faixa de público dos filmes documentais, na Tabela 9, o abismo assinalado na seção anterior se intensifica: 70,1% dos documentários lançados não atingiram 10 mil espectadores. Se elevarmos o patamar para 50 mil espectadores, o percentual é de 91,8%.

| Faixa de espectadores | Animação | Documentário | Ficção | Total |
|---|---|---|---|---|
| Mais de 1 milhão | 0 | 0 | 8,4% | 5,8% |
| Entre 500 mil e 1 milhão | 25,0% | 0 | 6,7% | 5,0% |
| Entre 100 mil e 500 mil | 37,5% | 2,7% | 16,3% | 12,5% |
| Entre 50 mil e 100 mil | 12,5% | 5,4% | 10,9% | 9,3% |
| Entre 10 mil e 50 mil | 12,5% | 21,7% | 26,7% | 25,1% |
| Menos de 10 mil | 12,5% | 70,1% | 30,9% | 42,3% |
| **Total** | **100%** | **100%** | **100%** | **100%** |

FONTE: ANCINE E FILMEB.

Tabela 9 – Proporção de filmes nacionais lançados, por gênero e faixa de espectadores – 1995-2009

A presença dos documentários, no entanto, não chega a distorcer por completo o panorama aqui descrito. Mesmo que analisemos exclusivamente os filmes de ficção, 57,7% daqueles lançados entre 1995 e 2009 não atingiram 50 mil espectadores. Curiosamente, as animações, apesar de em número bastante

---

31. O BNDES fez mudanças recentes em seu edital, que agora contempla documentários pelo art. 1º-A da Lei do Audiovisual, que não prevê a obrigatoriedade do lançamento no mercado de salas de exibição. Ainda assim, em quase todo o período analisado (1995-2009), o BNDES investiu recursos exclusivamente pelo art. 1º.

reduzido (apenas oito lançados no período), têm um perfil mais parecido com o "filme médio", equilibrando-se entre as faixas de espectadores, apesar de nenhum filme brasileiro do gênero ter superado a barreira de 1 milhão de espectadores – a animação brasileira mais vista até o momento é *Xuxinha e Guto contra os monstros do espaço*, com cerca de 600 mil espectadores.

## O perfil das distribuidoras

**Para analisar o mercado cinematográfico** brasileiro no período estudado sob o ponto de vista da distribuição, as empresas distribuidoras serão divididas em quatro grupos, segundo metodologia apresentada em trabalho anterior (Ikeda, 2010b):

6. **Estatal**: distribuidora cujo capital é, na maioria, de origem pública. Houve uma única distribuidora estatal no período – a RioFilme.
7. **Independentes**: distribuidoras de capital nacional. Por exemplo, Imagem, Imovision, Europa, Califórnia, Filmes do Estação.
8. ***Majors***: grandes conglomerados de distribuição de origem estrangeira, que atuam em escala global – Fox, Sony (Columbia), Disney (Buena Vista), Warner, Universal, Paramount.
9. **Distribuição própria**: empresas cuja atividade principal é a produção, mas que ingressaram na distribuição exclusivamente com os filmes por elas produzidos.

| Tipo de distribuidora | Número de filmes lançados | Número de espectadores (milhões) | Renda bruta de bilheteria (R$ milhões) | Valores captados (R$ milhões) |
|---|---|---|---|---|
| Independente | 254 | 28,9 | 193,5 | 308,6 |
| Estatal | 146 | 2,5 | 14,2 | 100 |
| *Major* | 135 | 92,7 | 595,9 | 504,5 |
| Própria | 64 | 1,7 | 9,3 | 18,5 |
| Mistos | 23 | 7,7 | 44,9 | 50,3 |

FONTE: ANCINE E FILMEB.

Tabela 10 – Indicadores gerais por tipo de distribuidora – 1995-2009

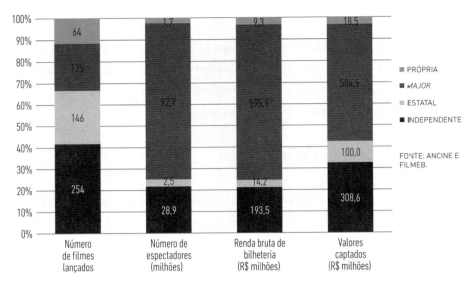

Gráfico 16 – Indicadores gerais (%) por tipo de distribuidora – 1995-2009

O Gráfico 16 desagrega os dados por tipo de distribuidora.[32] Os filmes brasileiros lançados pelas *majors*, apesar de representarem apenas 21,7% do número de lançamentos (135 filmes), foram responsáveis por 69,5% da renda bruta de bilheteria auferida pelos filmes brasileiros no período. Por outro lado, a RioFilme – única distribuidora estatal em operação no período –, mesmo tendo lançado um número maior de filmes em relação às *majors* (146 filmes, ou 23,5% do total de filmes nacionais lançados), foi responsável por pífio 1,7% da receita de bilheteria.

As distribuidoras independentes, de capital nacional, foram responsáveis pelo maior número de filmes brasileiros lançados no período: 254 títulos, ou 40,8% do total. No entanto, seu desempenho de mercado foi bastante inferior ao das *majors*, com 22,6% do total da bilheteria para filmes brasileiros.

Quando se comparam os números de renda bruta de bilheteria com os valores captados pelos mecanismos de incentivo fiscal, constata-se que mais da metade dos valores captados (51,4%) foi destinada a filmes distribuídos pelas *majors*. Ou seja,

---

32. Foram excluídos das tabelas e gráficos por tipo de distribuidora os títulos lançados em codistribuição, quando as distribuidoras são de tipos distintos. No período entre 1995 e 2009 foram 23 títulos: 17 entre independente e estatal (sendo oito filmes em codistribuição Severiano Ribeiro-RioFilme, lançados no ano de 1998), três entre independente e *major* e outros três títulos entre estatal e *major*. Esses 23 títulos, no entanto, não modificam de forma substancial a leitura dos números.

os filmes lançados pelas *majors* captaram em média (R$ 3,7 milhões por filme) um valor três vezes maior que os filmes das independentes (média de R$ 1,2 milhão por filme). Por outro lado, as *majors* são o único tipo de distribuidora cujos filmes têm renda bruta de bilheteria superior aos valores captados. Desse modo, se os filmes distribuídos por elas são, em média, os de maior bilheteria, eles são também os com maiores valores captados. Esse dado é um indício de que existe uma correlação positiva entre a captação de recursos incentivados e a bilheteria dos filmes.

Em seguida, cabe destacar com mais cuidado o fenômeno da distribuição própria. Esse grupo abrange empresas tipicamente produtoras que negociaram o lançamento de seus filmes diretamente com os exibidores, sem a interferência de um intermediário como distribuidor. Se nas empresas produtoras familiares existe uma tendência de integração entre as atividades de roteiro, produção e direção, neste caso até mesmo a distribuição se concentra em uma única pessoa: o próprio realizador da obra. Esse fenômeno não foi tão raro ou esparso quanto, a princípio, se poderia supor: foram 64 filmes, ou 10,3% do total dos lançamentos brasileiros no período. No entanto, o resultado comercial desses lançamentos é muito precário, somando 1,1% do total das receitas.

Esse fenômeno, de empresas produtoras que decidem negociar o lançamento de seus filmes, é uma distorção no setor de distribuição. O fato pode apontar para duas causas básicas. De um lado, a fragilidade comercial do filme, incapaz de despertar o interesse comercial de um distribuidor. Nesse caso, não haveria alternativa a não ser o próprio produtor negociar diretamente com o exibidor o lançamento de seu produto, sendo que a própria possibilidade de negociação com esse agente já estaria de antemão seriamente prejudicada. De outro lado, esse fenômeno pode refletir uma insatisfação das empresas produtoras com os serviços ofertados pelas distribuidoras existentes, o que as levaria a tentar elas mesmas negociar a distribuição de suas obras, seja por se julgarem aptas a elaborar uma estratégia de distribuição mais adequada, seja por buscarem se remunerar com o que seria a comissão do distribuidor.

De qualquer forma, por um motivo ou outro, representam uma fatia do mercado que os distribuidores já estabelecidos não conseguiram abarcar, voluntária ou involuntariamente. A distribuição própria surge no sentido contrário da lógica comercial do mercado de distribuição: a existência de uma carteira de títulos que favorece os termos de negociação de um distribuidor com o circuito exibidor. Por isso, a distribuição própria é mais típica no caso de um lançamento restrito, em um pequeno número de salas, ou ainda em uma ou duas cidades. Acaba ligando-se, assim, ao filme de nicho e a uma lógica particular do circuito exibidor para esse tipo de obra: como em geral elas circulam em dois ou três circuitos exibidores (no caso brasileiro, em geral nos circuitos do Grupo Estação e do Espaço de Cinema), seus produtores optam por procurar diretamente os exibidores para negociar os lançamentos, estimulados pelo contato com esses agentes em eventos como mostras e festivais de cinema – por vezes sediados nesses mesmos circuitos (por exemplo, o Festival do Rio e a Mostra de São Paulo). Dessa forma, de antemão, são obras cujo potencial comercial é bastante restrito, limitado a um número bem pequeno de salas.

O fenômeno da distribuição própria é recente e tem se intensificado nos últimos anos. De fato, 81,3% dos lançamentos sem um típico distribuidor foram feitos nos últimos quatro anos analisados. Quase ⅓ dos títulos nessa categoria (31,3%) foi lançado apenas em 2009 (20 títulos). O documentário mais uma vez contribui para essa distorção, já que grande parte dos títulos lançados pela distribuição própria é de filmes do gênero: entre os 64 títulos com distribuição própria, 40 (62,5%) são documentários. No entanto, a maior parte dos filmes do gênero permanece sendo lançada por distribuidoras independentes e apenas 21,7% do total de documentários brasileiros lançados no período analisado entraram em cartaz por meio da distribuição própria.

Quando se observa o número de títulos lançados por tipo de distribuidora segundo o ano de lançamento (Tabela 11), percebe-se uma paulatina transformação na distribuição de filmes brasileiros ao longo do período estudado. Como vimos, houve um substancial aumento no número de filmes lançados pelas *majors* a partir de 2003, com as mudanças implementadas pela MP nº 2.228-1/01, que estimulou as empresas a coproduzirem filmes brasileiros por meio do art. 3º da Lei do Audiovisual. Enquanto, entre 1995 e 2002, as *majors*, em conjunto, lançavam até dez filmes brasileiros por ano, a partir de 2003 esse número ficou sempre na casa dos dois dígitos. No entanto, esse aumento foi discreto, chegando ao máximo de 17 títulos em 2004, pois a típica estratégia dessas empresas é lançar um conjunto menor de títulos. De um lado, em virtude de esses títulos serem suplementares ao produto estrangeiro, carro-chefe das empresas; de outro, por conta do próprio limite de recursos pelo art. 3º disponível para essas empresas.

| Ano | Estatal | Independente | Major | Própria | Total |
|---|---|---|---|---|---|
| 1995 | 9 | 3 | 0 | 1 | 13 |
| 1996 | 16 | 1 | 1 | 0 | 18 |
| 1997 | 12 | 4 | 3 | 0 | 19 |
| 1998 | 8 | 2 | 3 | 2 | 15 |
| 1999 | 16 | 4 | 5 | 1 | 26 |
| 2000 | 13 | 0 | 8 | 0 | 21 |
| 2001 | 14 | 6 | 10 | 0 | 30 |
| 2002 | 13 | 11 | 4 | 1 | 29 |
| 2003 | 5 | 7 | 15 | 1 | 28 |
| 2004 | 7 | 22 | 17 | 3 | 49 |
| 2005 | 6 | 20 | 13 | 3 | 42 |
| 2006 | 7 | 34 | 16 | 15 | 72 |
| 2007 | 12 | 41 | 15 | 9 | 77 |
| 2008 | 4 | 52 | 14 | 8 | 78 |
| 2009 | 4 | 47 | 11 | 20 | 82 |
| Total | 146 | 254 | 135 | 64 | 599 |

FONTE: ANCINE E FILMEB.

Tabela 11 – Número de filmes nacionais, por tipo de distribuidora e ano de lançamento – 1995-2009

Já as independentes apresentaram um aumento expressivo no número de filmes brasileiros lançados nesse período. A partir de 2004, elas passaram a lançar mais de 20 filmes por ano, chegando aos 41 filmes em 2007 e atingindo um pico de 52 no ano seguinte.

Esse caminho foi praticamente o inverso do percorrido pela RioFilme. Até 2002, a empresa lançava mais de dez filmes por ano, sendo, nos primeiros anos da retomada, a distribuidora responsável por mais da metade dos lançamentos nacionais. A partir de 2003, a empresa reduziu seu ritmo de lançamentos, chegando à casa de um dígito. É possível, então, estabelecer uma relação entre o surgimento das independentes e a redução da participação da distribuidora estatal. À medida que as distribuidoras independentes foram se estabelecendo no mercado, a RioFilme foi perdendo participação, num processo paralelo ao esvaziamento da instituição após o segundo governo do prefeito do Rio de Janeiro, César Maia.

O gráfico 17 mostra que o aumento do número de filmes lançados pelas independentes está diretamente relacionado ao crescimento do número dessas empresas. Até 1999, eram, no máximo, três as distribuidoras brasileiras que lançaram filmes brasileiros por ano. Dessa forma, no período inicial da retomada, a principal opção para os filmes brasileiros era a RioFilme, distribuidora estatal e de nível municipal que se via na função de lançar quase todos os filmes brasileiros finalizados. A partir de 2001, o perfil de distribuição do filme brasileiro foi se diversificando com o surgimento de mais distribuidoras independentes, muitas delas tendo como atividade principal o faturamento no *homevideo*, como Lumière, Califórnia, Imagem e Europa. O filme brasileiro passou a ter mais alternativas para o seu lançamento com o desenvolvimento de distribuidoras de capital nacional. Algumas dessas distribuidoras chegaram a promover sete lançamentos por ano, como a Downtown em 2006, a Filmes do Estação em 2007 e a Pandora em 2008. A Downtown, empresa criada em 2006 por Bruno Wainer após a dissolução da parceria com Marc Beauchamps na Lumière, destaca-se por se dedicar exclusivamente à distribuição de filmes nacionais, tendo lançado filmes de sucesso comercial, como *Divã* e *Meu nome não é Johnny*, este último em codistribuição com a Sony.

O desenvolvimento das distribuidoras independentes oferece novas oportunidades para a inserção do filme brasileiro no mercado, como alternativa às *majors* para os filmes de maior repercussão comercial. Entre 1999 e 2004, a Lumière era a única distribuidora nacional apta a cumprir esse papel. Beneficiada por um contrato

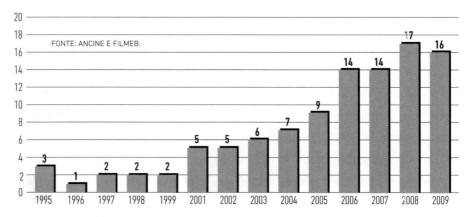

Gráfico 17 – Número de distribuidoras independentes com
lançamentos nacionais, por ano – 1995-2009

de exclusividade para o lançamento no Brasil dos filmes da Miramax, a Lumière assumiu o *status* de uma "*minimajor*", adquirindo recursos substanciais pelo art. 3º.[33] Com eles, a empresa investiu no lançamento de filmes como *Cidade de Deus*, *Olga* e *Os normais*, de público próximo ou superior a 3 milhões cada um. Nos últimos anos, com a diversificação do perfil de distribuição, outras empresas vêm se mostrando capazes de promover o lançamento de um filme brasileiro em larga escala, como a Imagem (*Os normais 2*, com 2,2 milhões de espectadores) e a Europa (*A grande família*, com 2 milhões de espectadores), além da já citada Downtown.

Existe uma preocupação governamental em atenuar os efeitos do art. 3º da Lei do Audiovisual, promovendo linhas específicas para o fomento à distribuição por empresas nacionais. É o caso do Prêmio Adicional de Renda – categoria distribuição – e das Linhas C e D do Fundo Setorial do Audiovisual, que serão analisados mais adiante. Dessa forma, ainda que em montante inferior aos disponibilizados pelo art. 3º, é possível vislumbrar maiores possibilidades para a distribuição de filmes brasileiros com uma tentativa governamental de investir também na distribuição de filmes, desconcentrando os investimentos quase exclusivamente do setor de produção.

## O perfil das empresas produtoras

**A pulverização no mercado de** produção pode ser vista quando se analisa o número de empresas que lançaram pelo menos um filme de longa-metragem entre 1995 e 2009: 320.[34] Elas não têm uma produção regular ou constante: como mostra o Gráfico 18, ⅔ lançaram um único filme nos últimos 15 anos. No outro extremo, apenas 7,2% lançaram pelo menos cinco filmes no mesmo período, o que corresponde a uma média de pelo menos um filme lançado a cada três anos. Desse modo, fica claro que o modelo de leis de incentivo, privilegiando uma política de realização de projetos isolados e não de fortalecimento das empresas produtoras, não conseguiu estabelecer um ritmo industrial ao mercado de produção, frágil pela sua extrema pulverização.

---

33. Sobre esse contrato de exclusividade, veja Ikeda (2010a).
34. No caso de obras coproduzidas, considerou-se a produtora responsável pela apresentação do projeto na Ancine. Em obras sem captação de recursos, considerou-se a empresa detentora de direitos majoritários sobre o filme.

Gráfico 18 – Composição de empresas produtoras, por número de filmes nacionais lançados entre 1995 e 2009

É possível sofisticar um pouco essa estatística, considerando que um grande conjunto de empresas produtoras é "jovem" e lançou seu primeiro longa comercialmente em época recente. De fato, 118 produtoras (36,9% do total) lançaram seu primeiro longa-metragem nos últimos três anos do período estudado (ou seja, entre 2007 e 2009). No entanto, é preciso observar que esses números refletem o aumento considerável na quantidade de lançamentos comerciais de filmes brasileiros no mercado de salas de exibição, sobretudo com documentários em distribuição própria. Ou seja, apesar de o mercado de produção ter um elevado número de entrantes, em sua grande maioria essas empresas tiveram o seu primeiro lançamento no mercado de salas de forma precária, com um reduzido número de espectadores, de modo que o lançamento não teve como resultado uma capitalização da empresa, conforme o padrão do modelo industrial. Como vimos, o aumento do número de filmes nacionais lançados nos últimos anos apenas contribuiu para a crescente precariedade desses lançamentos, em geral, com um público inferior a 10 mil espectadores.

Por outro lado, há um número um pouco mais animador se considerarmos as produtoras já estabelecidas no início do período estudado. Se analisarmos as 84 empresas produtoras que lançaram pelo menos um longa-metragem entre 1995 e 1999 (os primeiros cinco anos da retomada), pouco mais da metade dessas empresas (49 produtoras, 58,3%) conseguiu lançar pelo menos mais um filme nos dez anos seguintes, entre 2000 e 2009. Ou seja, para as empresas que conseguiram se estabelecer no período inicial da retomada, a dificuldade de seguir com seu processo produtivo foi menor. No entanto, esse número está longe de mostrar que houve uma continuidade no ritmo de produção dessas empresas: das 49 anteriormente referidas, 17 delas (35%) lançaram apenas um único filme entre 2000 e 2009. E, entre as 84 que lançaram pelo menos um longa entre 1995 e 1999, 66 (79%) ou não lançaram nenhum filme ou lançaram no máximo um filme nos dez anos posteriores.

Das 320 empresas produtoras que lançaram pelo menos um longa-metragem entre 1995 e 2009, apenas 23 (7,2%) promoveram cinco filmes ou mais no período. A Tabela 12 mostra quais são elas. A primeira constatação é uma concentração regional: apenas uma empresa fora do eixo Rio-São Paulo está nessa lista – a Casa de Cinema de Porto Alegre, com sete títulos. As demais são 13 produtoras sediadas no Rio de Janeiro e nove empresas de São Paulo.

A comparação entre as principais produtoras do período, utilizando diferentes critérios – o número de filmes lançados, a renda bruta de bilheteria dessas obras ou o montante de captação de recursos pelas leis de incentivo fiscais federais –, nos traz interessantes conclusões.

Por qualquer um dos três critérios acima citados, a Diler & Associados aparece como destaque. A Diler lançou nada menos que 26 filmes entre 1995 e 2009, sendo que dez deles superaram a marca de 1 milhão de espectadores, além de outros seis que obtiveram entre 500 mil e 1 milhão de espectadores. Os 26 filmes obtiveram uma renda bruta de bilheteria de R$ 128,6 milhões, superando o montante de captação de recursos incentivados (R$ 89,4 milhões). Boa parte da filmografia da empresa, no entanto, é composta de filmes infantis de grandes apresentadores da TV Globo: oito filmes com Xuxa Meneghel, entre os quais sete atingiram pelo menos 1 milhão de espectadores, e cinco filmes com Renato Aragão, na faixa entre 500 mil e 2 milhões de espectadores cada. Dos demais 13 filmes sem a marca "Xuxa-Didi", apenas um obteve mais de 1 milhão de espectadores: *Maria, mãe do Filho de Deus*, filme protagonizado pelo padre Marcelo Rossi, líder carismático da Igreja Católica.

| Empresa produtora | UF | Número de filmes lançados | Número de espectadores (mil) | Renda bruta de bilheteria (R$ milhões) | Valores captados (R$ milhões) |
|---|---|---|---|---|---|
| Diler & Associados Ltda. | RJ | 26 | 24.720,5 | 128,6 | 89,4 |
| Videofilmes Produções Artísticas Ltda. | RJ | 23 | 3.161,5 | 18,8 | 30,1 |
| Conspiração Filmes Entretenimento Ltda. | RJ | 16 | 12.118,3 | 87,2 | 52,7 |
| Filmes do Equador Ltda. | RJ | 14 | 4.193,3 | 25,8 | 53,5 |
| O2 Prod. Artísticas e Cinematográficas Ltda. | SP | 9 | 5.125,9 | 33,4 | 31,7 |
| Dezenove Som e Imagens Produções Ltda. | SP | 8 | 120,6 | 0,7 | 12,0 |
| Total Entertainment Ltda. | RJ | 7 | 14.931,9 | 119,4 | 26,8 |
| Casa de Cinema de Porto Alegre Ltda. | RS | 7 | 1.618,2 | 11,3 | 12,2 |
| Grupo Novo de Cinema e TV Ltda. | RJ | 7 | 790,0 | 2,6 | 8,8 |
| Tambellini Filmes e Prod. Audiovisuais Ltda. | RJ | 7 | 518,8 | 3,6 | 17,3 |
| Cinematográfica Superfilmes Ltda. | SP | 7 | 286,0 | 1,5 | 7,9 |
| Globo Filmes | RJ | 6 | 8.149,4 | 55,2 | 0 |
| Lereby Produções Ltda. | RJ | 6 | 7.242,9 | 50,2 | 24,8 |
| Raccord Prod. Artísticas e Cinemat. Ltda. | RJ | 6 | 472,3 | 3,1 | 7,4 |
| SP Filmes de São Paulo Ltda. | SP | 6 | 242,5 | 1,4 | 6,5 |
| Raiz Prod. Cinematográficas Ltda. ME | SP | 6 | 33,8 | 0,2 | 7,4 |
| Zazen Produções Audiovisuais Ltda. | RJ | 5 | 2.499,7 | 21,0 | 9,2 |
| A. F. Cinema e Vídeo Ltda. | SP | 5 | 916,5 | 4,2 | 13,5 |
| Gullane Entretenimento S.A. | SP | 5 | 252,1 | 2,0 | 12,6 |
| Olhos de Cão Prod. Cinemat. Ltda. ME | SP | 5 | 205,4 | 1,3 | 3,3 |
| Taiga Filmes e Vídeo Ltda. | RJ | 5 | 128,9 | 0,8 | 5,3 |
| TV Zero Produções Audiovisuais Ltda. | RJ | 5 | 88,0 | 0,6 | 2,6 |
| Plateau Marketing e Produções Culturais Ltda. | SP | 5 | 19,8 | 0,1 | 0,1 |

Tabela 12 – Empresas produtoras com cinco ou mais filmes brasileiros lançados entre 1995 e 2009

Com uma produção ágil e invejável infraestrutura física – a empresa está situada no Polo de Cinema da Barra da Tijuca, inclusive com acesso a estúdios –, a Diler responde à demanda de projetos em ritmo industrial, mas cuja fórmula é mais imediata, sem tanto aprofundamento no desenvolvimento de projetos. Por outro lado, os resultados cada vez menores de público dos filmes da marca "Xuxa-Didi" apontam para certo esgotamento do modelo de exposição desses artistas. A competição entre os filmes infantis no curto período das férias escolares, em que a frequência ao cinema é naturalmente concentrada, está cada vez mais acirrada com os destacados filmes de animação da Dreamworks e da Pixar, que atraem não só crianças como adultos. Além disso, os filmes infantis da Diler dependem de um modelo de financiamento baseado no art. 3º da Lei do Audiovisual, com distribuição das *majors*. Estas têm, em sua carteira principal de filmes, lançamentos infantis que acabam concorrendo com os próprios filmes brasileiros dos quais ela também é coprodutora, tornando essa convivência não sem tensões no interior da empresa, que obviamente privilegia o filme estrangeiro, oriundo de sua matriz. Com isso, os resultados de bilheteria dos filmes dos dois apresentadores têm sido cada vez menores. *O guerreiro Didi e a ninja Lili*, lançado nas férias de julho de 2008, obteve 648 mil espectadores, enquanto *Didi, o cupido trapalhão*, primeiro filme de Renato Aragão produzido pela Diler, atingiu 1,8 milhão em 2003. Depois do fracasso de um filme de animação com Xuxa Meneghel em 2005 (*Xuxinha e Guto contra os monstros do espaço*, com 600 mil espectadores) e de um resultado considerado mediano com *Xuxa gêmeas* no ano seguinte (1 milhão de espectadores), a Diler perdeu a conta Xuxa Meneghel, cujos filmes passaram a ser realizados pela Conspiração Filmes. No entanto, a própria Conspiração não conseguiu reverter a tendência de queda, mostrando que, mais que uma questão de modo de produção, existe um nítido esgotamento da própria exposição da apresentadora: o primeiro filme realizado com a Conspiração, *Xuxa em um sonho de menina*, foi o maior fracasso da apresentadora, obtendo apenas 350 mil espectadores em 2007. O filme seguinte, lançado apenas em 2009, *Xuxa em O mistério de Feiurinha*, obteve 1,1 milhão de espectadores, praticamente no mesmo patamar dos últimos filmes com a apresentadora lançados pela Diler. O mercado para filmes infantis, no final da primeira década deste século, apresentava uma nova configuração, sendo extremamente competitivo.

Apesar dos números expressivos, a Diler mostra uma considerável dificuldade no desenvolvimento de projetos originais, dependendo de um modelo de sucesso baseado em líderes carismáticos que atraiam a audiência. Sem a marca Xuxa e com o declínio das produções com Renato Aragão – o último filme foi em 2008 –, a Diler vem passando por problemas nos últimos anos. Em 2008, além de *O guerreiro Didi e a ninja Lili,* lançou apenas o documentário *Juízo,* com restritas possibilidades comerciais. Em 2009, lançou apenas um título, *Um lobisomem na Amazônia,* que já havia sido exibido no Festival do Rio de 2005, mas permanecia inédito por um desentendimento entre o produtor e o diretor Ivan Cardoso, e obteve um público pífio, com menos de 1 mil espectadores. Ou seja, o expressivo sucesso de boa parte dos filmes da produtora – em especial os da marca "Xuxa--Didi" – não foi suficiente para capitalizar a produtora num momento de crise, ou ainda para profissionalizar a produtora para a busca de alternativas ao modelo de sucesso baseado no carisma de apresentadores infantis. Com um custo fixo bastante elevado e carência de investimentos na fase de desenvolvimento de projetos, a Diler, principal empresa produtora dos primeiros 15 anos a partir da retomada, apresenta um futuro nebuloso, que resume alguns dos paradoxos do cinema industrial do período, ao optar por uma fórmula de sucesso em curto prazo, que apontou para um conjunto de contraindicações em médio e longo prazos.

Uma produtora com perfil comercial que conseguiu se estabelecer no mercado com uma estrutura mais sólida que a Diler é a Total Entertainment. A empresa é a segunda em renda bruta de bilheteria obtida por seus lançamentos (R$ 119,4 milhões), atrás apenas da Diler. No entanto, enquanto esta obteve R$ 128,6 milhões com 26 lançamentos, a Total obteve R$ 119,4 milhões com apenas sete filmes lançados. Com isso, consegue a notável média de 2,1 milhões de espectadores por filme. Uma característica interessante da empresa é a opção por um perfil de produção ligado ao cinema de gênero: todos os seus sete filmes são comédias rasgadas. O primeiro lançamento da Total, ocorrido em 2002, foi *Avassaladoras,* com uma repercussão mediana de 310 mil espectadores. Seu primeiro grande sucesso foi *Sexo, amor e traição,* uma coprodução com a Globo Filmes, sendo a estreia do diretor Jorge Fernando no cinema e com um elenco todo composto por atores das novelas da emissora. O filme, um *remake* do mexicano *Sexo, pudor e lágrimas,* atingiu 2,2 milhões de espectadores. Apesar de dois resultados apenas medianos em 2008 – *Sexo com amor,* com

430 mil espectadores, e *A guerra dos Rocha*, com 346 mil –, a Total tornou-se mais conhecida pelo enorme sucesso de *Se eu fosse você*. O primeiro filme obteve 3,6 milhões de espectadores, e a sua continuação, a impressionante marca de 6,1 milhões, tornando-se naquele momento o filme mais visto desde o início da retomada – posto que iria perder um ano mais tarde para *Tropa de elite 2*, por sinal, outra *sequel*. Apesar de se manter próxima do modelo televisivo, com uma direta aproximação com a Globo Filmes, a Total não estruturou seus produtos em personalidades carismáticas, mas investiu tanto no desenvolvimento de projetos originais quanto na diversificação de suas formas de financiamento.

Se boa parte dos filmes bebe da tradicional fonte de financiamento do cinema comercial brasileiro (art. 3º da Lei do Audiovisual, com distribuição de uma *major* e parceria com a Globo Filmes), é preciso apontar para o modelo de financiamento de *Divã*, que obteve 1,8 milhão de espectadores, com distribuição de uma independente nacional (a Downtown), sem recursos do art. 3º, tendo sido financiado por um Funcine. Desse modo, os bons resultados de *Divã* apontaram para a possibilidade de uma alternativa ao art. 3º para o financiamento de filmes comerciais.

A segunda empresa com maior número de filmes lançados no período é a VideoFilmes, com 23 lançamentos. No entanto, ela é apenas a 13ª em termos de renda bruta de bilheteria e a 42ª quando o critério é o número de espectadores por filme. Esse fato se justifica pelo grande número de documentários lançados pela empresa: dos 23 filmes, 11 são desse gênero. Mesmo nos filmes ficcionais, o perfil da produtora é de trabalhos de menor vocação comercial, em geral com destaque em festivais internacionais e possibilidades no mercado externo, liderados pela presença internacional do cineasta Walter Salles, um dos sócios da produtora. O grande sucesso de público da empresa é um dos mais emblemáticos filmes da retomada: *Central do Brasil*, com 1,6 milhão de espectadores, lançado em 1998, sendo um dos poucos do período a superar a marca de 1 milhão de espectadores sem ter sido distribuído por uma *major* (o filme foi lançado por uma codistribuição Severiano Ribeiro-Rio Filme). Além de produzir os filmes realizados pelos sócios da produtora – os irmãos João Moreira e Walter Salles –, como *Terra estrangeira, Abril despedaçado, O primeiro dia, Linha de passe, Nelson Freire, Entreatos* e *Santiago*, a empresa também produz filmes de jovens talentos, como Karim Aïnouz (*Madame Satã* e *O céu de Suely*) e Sérgio Machado (*Onde a Terra acaba, Cidade baixa* e

*Quincas Berro D'Água*). Além deles, a VideoFilmes tem produzido diversos filmes de Eduardo Coutinho, como *Babilônia 2000*, *Edifício Master*, *O fim e o princípio*, *Peões* e *Moscou*, muitos deles sem incentivo fiscal. Com isso, apesar de não obter resultados expressivos de bilheteria, a VideoFilmes tem se posicionado como produtora de destaque pelo perfil de qualidade artística de seus filmes.

Em segundo lugar como a empresa que mais se beneficiou de recursos das leis de incentivo fiscais, apenas atrás da Diler, vem a Filmes do Equador, de Lucy e Luiz Carlos Barreto. Grande personalidade política do cinema brasileiro desde os tempos do Cinema Novo, Barreto produziu 14 filmes no período, em geral produções de grande orçamento: metade deles teve captação superior a R$ 4 milhões. No entanto, um único filme superou a marca de 1 milhão de espectadores: *O quatrilho*, que atingiu 1,1 milhão, alavancado pela indicação ao Oscar de melhor filme estrangeiro em 1997. E apenas dois filmes – *O quatrilho* e *O casamento de Romeu e Julieta* – obtiveram uma renda bruta de bilheteria superior aos valores captados pelas leis de incentivo federais. Além disso, a Filmes do Equador destaca-se por ser tipicamente familiar, apesar dos elevados valores de captação: oito dos 14 filmes foram dirigidos por um dos filhos do casal Barreto – Bruno Barreto ou Fábio Barreto. Nos casos em que a empresa convidou outros profissionais para a direção de seus projetos, o resultado comercial tampouco foi animador, como em *Polaroides urbanas* (direção de Miguel Falabella, com 108 mil espectadores e captação de R$ 6 milhões) ou *O homem que desafiou o Diabo* (direção de Moacyr Góes, com 423 mil espectadores, captação de R$ 5,7milhões).

Duas produtoras com um perfil similar são a Conspiração Filmes e a O2 Produções Artísticas e Cinematográficas. Ambas se originaram na publicidade, expandindo seus negócios para a realização cinematográfica, refletindo um momento da produção nacional de diálogo com o mercado mediante novas bases de produção, não necessariamente populares (Tedesco e Tavares, 2004). Apesar de contar com diretores como sócios, seus produtores não são realizadores diretamente envolvidos em seus negócios: Leonardo Monteiro de Barros (da Conspiração) e Andrea Barata Ribeiro (da O2). Se ambas se afastam do perfil de empresas familiares, contando com estrutura administrativa e física bastante superior à média das produtoras do país, elas também não passam do perfil de filme médio, amparado em festivais internacionais, com algumas exceções. Na O2, a exceção está em *Cidade de Deus*, único filme da empresa que superou a marca de 1 milhão de espectadores (3,4 milhões em 2002). Já a Conspiração Filmes alcançou um patamar de empresa de sucessos de bilheteria com a estrondosa repercussão de *Dois filhos de Francisco*, com 5,3 milhões de espectadores em 2005, além de realizar filmes com Xuxa Meneghel, como *Xuxa em O mistério de Feiurinha*, com 1,1 milhão de espectadores, e *A mulher invisível*, que atingiu a marca de 2,3 milhões de espectadores em 2009. Alavancadas pelos contatos advindos do ramo da publicidade, as duas empresas estão entre as maiores captadoras do período: a Conspiração em terceiro lugar, com R$ 52,7 milhões captados para 16 filmes, e a O2 logo em seguida, em quarto lugar, com R$ 31,7 milhões captados para nove filmes.

Outra produtora de destaque no período é a Lereby Produções, que, apesar de sua estrutura de empresa individual, destaca-se pela íntima aproximação com a Globo Filmes. Todos os seus seis filmes foram produzidos e dirigidos pela mesma pessoa: Daniel Filho. Além de exercer a supervisão artística de projetos da Globo Filmes, ele ainda realiza projetos próprios, sempre em parceria com a Globo Filmes. Com isso, a Lereby conseguiu atingir a expressiva média de 1,2 milhão de espectadores por filme, de modo que três entre suas seis produções ultrapassaram a marca de 1 milhão de espectadores, com destaque para *Cazuza*, que em 2003 alcançou 3,1 milhões.

Entre as produtoras com maior renda bruta de bilheteria, curiosamente surge a Globo Filmes em quarto lugar, apenas com os projetos diretamente produzidos pela empresa, sem leis de incentivo, desconsiderando os projetos em que ela é coprodutora minoritária. Entre os seis filmes diretamente produzidos, três deles obtiveram mais de 2 milhões de espectadores, apesar de um deles (*Caramuru*, de Guel Arraes) não ter atingido o patamar de 250 mil.

Por outro lado, a lista de produtoras com a maior média de espectadores por filme aponta para outros nomes. Com isso, percebemos que o projeto de sucesso muitas vezes ocorre como exceção na trajetória da produtora, que sobrevive sem necessariamente ser amparada por um planejamento continuado de produção de filmes com potencial comercial. É o caso da HB Produções, uma empresa administrada por Hector Babenco, que produz e dirige seus filmes. Se por um lado a HB entra na lista das principais empresas pelo retumbante sucesso de *Carandiru*, com 4,7 milhões de espectadores, os outros dois filmes produzidos por ela não tiveram a mesma repercussão – *Coração iluminado*, com meros 18 mil espectadores, e *O passado*, com 174 mil. Isso mostra que não se trata de uma política industrial de fortalecimento de empresas competitivas que possam viabilizar projetos de diretores de renome, e sim da proliferação de pequenas empresas de diretores-produtores que viabilizam seus próprios projetos.

São exemplos como esse que mostram que as leis de incentivo funcionaram muito mais como política de incentivo a projetos isolados do que de fortalecimento de empresas produtoras competitivas. Não existiu uma política que incentivasse a formação de carteiras de projetos, já que se sabe que um cinema industrial se viabiliza não com projetos isolados, mas com projetos de continuidade de produção, em que o sucesso de um pequeno número de produções compensa o fracasso da maioria das outras (Barros, 2004). Da mesma forma, não houve uma política de aproximação dessas produtoras com distribuidores, que também trabalhariam com uma carteira de projetos. Caso a relação entre o distribuidor e o produtor fosse mais estreita, não se limitando à distribuição de um único projeto, haveria a possibilidade de, a partir de uma experiência de distribuição, o produtor readequar o projeto de produção de seus filmes visando a uma melhor aproximação com seu público-alvo. Ou seja, a própria experiência de distribuição contribuiria para a alimentação do processo produtivo, formando sinergias entre os dois elos da cadeia, no sentido de um reforço da competitividade e da aproximação ao gosto flutuante da demanda. No entanto, fora o art. 3º da Lei do Audiovisual, essa aproximação não ocorreu. Partia-se do enganoso pressuposto de que uma maior ocupação de mercado se daria simplesmente realizando-se bons filmes, cabendo essa tarefa exclusivamente ao produtor.

Por outro lado, grande parte das empresas produtoras permaneceu com uma estrutura familiar ou de empresa individual, baseada na concentração das funções de roteirista, produtor e diretor numa única pessoa. Ou seja, ainda se herdava uma estrutura anterior, que privilegiava o cinema de autor, em que o produtor simplesmente era a figura que viabilizaria financeiramente o projeto de um realizador, mas sem participar das decisões artísticas da obra, como mero administrador das finanças do filme. Se havia o desejo de uma política essencialmente industrialista, não houve estímulo ao fortalecimento de empresas produtoras, que tornassem o produtor o centro de um processo de profissionalização não apenas na gestão financeira, mas sobretudo na estratégia de desenvolvimento de um produto comercial. Como afirmava Bernardet (2009, p. 186):

É necessário trabalhar atualmente no sentido de uma mudança radical de mentalidade nos meios profissionais de cinema, e isso pela figura do produtor. Não afirmo que um cinema de produtor seja a utopia ou o paraíso reencontrado. Mas afirmo que me parece ser essa uma via na qual se deveria apostar para se opor a uma mentalidade cinema-de-autor-dependente-do-Estado em extinção. O que seja esse produtor é certamente tema para outra reflexão. Mas talvez possa se dizer desde já que não é apenas um investidor que atende a solicitações de um diretor, mas um profissional de cinema que sabe ler roteiro e um pouco mais, que não é o subalterno do diretor, que tem no Estado apenas um dos seus interlocutores ao lhes apresentar projetos, que tem uma percepção aguda das forças em jogo na situação atual e pressente as possibilidades de produção que podem decorrer da relação dessas forças, que é fonte de iniciativas.

O surgimento de produtoras que incorporam algumas das características apontadas por Bernardet – como a Total Entertainment, a Conspiração Filmes, a O2 Produções Artísticas e Cinematográficas e a Gullane Entretenimento, por exemplo, que realizaram seus primeiros longas-metragens no período da retomada – indica um cenário positivo, de fortalecimento do papel do produtor. No entanto, ainda são poucas as produtoras com esse perfil, que permanece como exceção, num contexto dominado pela fragmentação de empresas familiares de pequeno porte, as quais, como vimos, realizam em média um único projeto durante um período de dez anos.

## A captação de recursos por mecanismo e o perfil dos investidores

**O gráfico 19 mostra a** composição dos valores captados pelos mecanismos de incentivo fiscal para projetos audiovisuais entre 1994 e 2008, obtidos por meio da Ancine e divulgados nos Relatórios Financeiros, compilados pela Superintendência de Acompanhamento do Mercado (SAM).[35] Segundo os dados disponíveis, então, nesses 15 anos, o montante captado para projetos audiovisuais totalizou R$ 1,46 bilhão.

---

35. À época do fechamento dos gráficos e tabelas apresentados a seguir, os números de 2009 não tinham sido disponibilizados pela Ancine. Desde 2010, a agência tem demorado a divulgar os dados relativos à captação de recursos, cuja apuração é de sua responsabilidade. Tal demora é preocupante, pois, como vimos na Introdução, a disponibilização de dados e indicadores atualizados, de metodologia estável, é fundamental para elaborar e avaliar as políticas públicas.

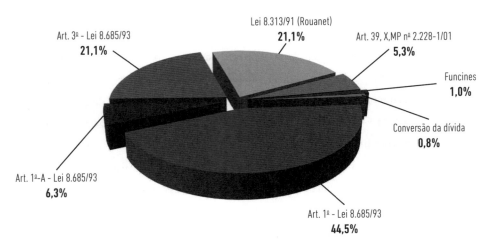

Gráfico 19 – Composição de valores captados por mecanismo de incentivo – 1994-2008

O art. 1º da Lei do Audiovisual foi o mecanismo com o maior montante de captação no período (44,5%). Sua preponderância se justifica pelo fato de ter o maior nível de dedução fiscal, superior a 100% dos valores investidos. A Lei Rouanet[36] e o art. 3º da Lei do Audiovisual praticamente se equivalem, com 21,1%. Os demais mecanismos têm valores menos expressivos: o art. 39, X, da MP nº 2.228--1/01 com 5,3%, e os Funcines e a conversão da dívida, com cerca de 1% cada. Apesar de ter sido implementado em 2007, em apenas dois anos o art. 1º-A da Lei do Audiovisual apresentou captação de 6,3% do total do montante do período.

Quando se analisa a evolução dos valores captados por mecanismo de incentivo por ano, conforme apresentado no Gráfico 20, a oscilação entre os mecanismos fica mais clara. Pode-se visualizar o predomínio do art. 1º da Lei do Audiovisual, sobretudo no período inicial da retomada, com um pico no ano de 1997.[37] Em seguida, até o ano de 2002, a Lei Rouanet era o segundo mecanismo mais utilizado. Com as mudanças da Condecine Remessa advindas da MP nº 2.228-1/01, o montante captado pelo art. 3º da Lei do Audiovisual superou o pela Lei Rouanet, chegando, em 2006, a ultrapassar o art. 1º. No entanto, a recessão no mercado de

---

36. Os dados relativos à Lei Rouanet apresentados neste capítulo abrangem apenas os projetos sob a responsabilidade da Ancine, excluindo, portanto, projetos de curtas e médias-metragens autorizados para captação exclusivamente pelo mecanismo, mostras e festivais de cinema nacionais, projetos de difusão, preservação cinematográfica e formação de mão de obra, acompanhados pela SAv/MinC.

37. Sobre o pico de captação no ano de 1997, veja o item "Da euforia à repolitização: a segunda metade da década de 1990" (p. 33).

*homevideo* nos últimos anos provocou uma drástica queda nos valores recolhidos pelo mecanismo. Com a implementação do art. 1º-A da Lei do Audiovisual no final de 2006, pela edição da Lei nº 11.437/06, esse mecanismo, com apenas dois anos em vigor, passou a ser preponderante, tornando-se, em 2008, o mecanismo com o maior volume de captação, superior a R$ 50 milhões, ultrapassando o art. 1º da Lei do Audiovisual. Mesmo sofrendo alguma oscilação, o art. 39, X, da MP nº 2.228-1/01 atingiu níveis de captação de cerca de R$ 15 milhões por ano. Por outro lado, verifica-se que os Funcines não se consolidaram como alternativa aos mecanismos vigentes, tendo captação anual bastante reduzida.

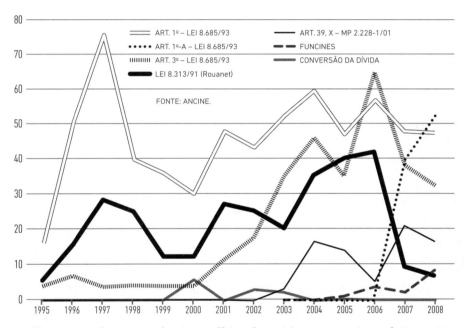

Gráfico 20 – Valores captados (em milhões de reais), por mecanismo de incentivo e ano de captação

As empresas estatais sempre foram importantes investidores pelos mecanismos de incentivo fiscal. De fato, como para certos tipos de projetos realizados pelo art. 25, a dedução fiscal é inferior a 100%, grande parte dos incentivadores pelo mecanismo são as empresas estatais. A Petrobras, por exemplo, foi a maior incentivadora pela Lei Rouanet. A Tabela 13 apresenta uma compilação de dados sobre os valores aportados em projetos pela Lei Rouanet sob a competência da

Ancine. Os dez maiores incentivadores no período entre 1994 e 2008 foram responsáveis por 73,6% do total incentivado pelo mecanismo. Considerando apenas os dez maiores, 68,7% do total captado pela Lei Rouanet foi oriundo de empresas estatais. Como mostra a tabela, os sete principais incentivadores pelo mecanismo foram grandes empresas estatais. Apenas a Petrobras foi responsável por mais de 45% dos valores aportados pela Lei Rouanet no período.[38]

| Empresa incentivadora | % do total incentivado pela Lei Rouanet | Natureza da empresa |
|---|---|---|
| Petróleo Brasileiro S.A. – Petrobras | 30,9% | Pública |
| Petrobras Distribuidora S.A. | 14,6% | Pública |
| Centrais Elétricas Brasileiras S.A. – Eletrobras | 13,3% | Pública |
| Telecomunicações de São Paulo – Telesp | 3,1% | Pública |
| Empresa Brasileira de Correios e Telégrafos | 2,6% | Pública |
| Telecomunicações Brasileiras S.A. – Telebras | 2,2% | Pública |
| Furnas Centrais Elétricas S.A. | 1,9% | Pública |
| Volkswagen do Brasil Ltda. | 1,8% | Privada |
| CSN – Companhia Siderúrgica Nacional | 1,7% | Privada |
| Brasil Telecom S.A. Matriz | 1,5% | Privada |
| **Outras** | **26,4%** | |

FONTE: ANCINE.

Tabela 13 – Os dez maiores incentivadores pela Lei Rouanet – 1994-2008

Já em relação aos investimentos realizados pelo art. 1º da Lei do Audiovisual, com dedução fiscal superior a 100% dos valores aportados, o número de empresas investidoras é bem mais pulverizado, conforme a Tabela 14: os 20 maiores investidores foram responsáveis por 43,5% do total investido pelo mecanismo no período. Entre esses, estão nove empresas estatais, com destaque para o sistema BNDES (BNDES, BNDESPAR e Finame), responsável por 14,3% do total dos

---

38. De novo, os números considerados abrangem apenas projetos do setor audiovisual sob a responsabilidade da Ancine, excluindo os demais projetos da Lei Rouanet relativos aos demais setores culturais ou a projetos audiovisuais diretamente acompanhados pela SAv/MinC.

investimentos pelos 20 maiores investidores do mecanismo no período. As empresas estatais correspondem a pouco menos de um terço (30,3%) do total investido pelo mecanismo. Sendo a dedução fiscal mais vantajosa que a da Lei Rouanet, naturalmente mais empresas privadas aportam recursos pelo mecanismo.

| Empresa investidora | % do total investido pelo art. 1º | Natureza da empresa |
|---|---|---|
| Banco Nacional de Desenvolvimento Econômico e Social – BNDES | 8,6% | Pública |
| Petrobras Distribuidora S.A. | 7,6% | Pública |
| BNDES Participações – BNDESPAR | 3,7% | Pública |
| Banco do Estado de São Paulo | 3,3% | Pública |
| Nossa Caixa Nosso Banco S.A. | 2,8% | Privada |
| Companhia de Saneamento Básico do Estado de São Paulo – Sabesp | 2,5% | Pública |
| Brasil Telecom S.A. Matriz | 2,0% | Privada |
| Agência Especial de Financiamento e Indústria – Finame | 1,9% | Pública |
| Goodyear do Brasil Produtos de Borracha Ltda. | 1,2% | Privada |
| Embraer Empresa Brasileira de Aeronáutica S.A. | 1,2% | Privada |
| BB – Distribuidora de Títulos e Valores Mobiliários S.A. | 1,0% | Pública |
| Credicard S.A. Administradora de Cartões de Crédito | 0,9% | Privada |
| Companhia de Eletricidade do Estado da Bahia S.A. – Coelba | 0,9% | Privada |
| Banco Bradesco S.A. Matriz | 0,9% | Privada |
| Copesul Petroquímica do Sul S.A. | 0,9% | Pública |
| Telecomunicações de Minas Gerias S.A. – Telemig | 0,8% | Privada |
| Usinas Siderúrgicas de Minas Gerias – Usiminas | 0,8% | Privada |
| MRS Logística S.A. | 0,8% | Privada |
| Companhia Energética de Minas Gerais – Cemig | 0,8% | Pública |
| Banco Votorantim S.A. | 0,8% | Privada |
| **Outras** | **56,5%** | |

FONTE: ANCINE.

Tabela 14 – Os 20 maiores investidores pelo art. 1º da Lei do Audiovisual – 1994-2008

Por sua vez, nos mecanismos de incentivo relativos às remessas para o exterior, como o art. 3º da Lei do Audiovisual e o art. 39, X, da MP nº 2.228-1/01, os investimentos são integralmente realizados por empresas privadas. Quanto aos Funcines, a Ancine não divulga dados sobre a origem dos investimentos de cada fundo, embora se saiba que os investimentos do BNDES tornam a participação estatal expressiva, estimada em cerca de 50%.

Dessa forma, se a participação das empresas estatais no montante investido pelas leis de incentivo fiscal é indiscutivelmente relevante, é exagerado afirmar que elas são responsáveis pela maioria dos investimentos realizados no setor. Esse fato se verifica, como vimos, apenas na Lei Rouanet, enquanto no art. 1º da Lei do Audiovisual a maior parte dos valores investidos é oriunda de empresas privadas. Além desses dois mecanismos, o art. 3º da Lei do Audiovisual e o art. 39, X, da MP nº 2.228-1/01 são integralmente realizados por empresas privadas.

Como o montante de recursos do art. 3º da Lei do Audiovisual e do art. 39, X, da MP nº 2.228-1/01 supera os valores incentivados pela Lei Rouanet, e o principal mecanismo no período analisado – o art. 1º da Lei do Audiovisual – tem grande parte dos investimentos realizada por empresas privadas, é possível afirmar que a maior parte dos valores aportados pelas leis de incentivo fiscal federais no período vem de empresas privadas e não de estatais, como em geral se afirma.

Por outro lado, independentemente da origem dos investimentos, as distorções podem ser vistas. Sendo de empresas estatais, as distorções são mais imediatas. A escolha dos projetos a ser realizados, em vez de partir diretamente de um órgão de governo especializado na produção audiovisual, vinha de empresas estatais cujo negócio era completamente dissociado da produção audiovisual, como petróleo (Petrobras) ou energia elétrica (Eletrobras). Dessa forma, a probabilidade de escolha de projetos de maior potencial comercial era mais reduzida, já que essas empresas não conhecem as especificidades da economia do audiovisual. Como empresas públicas, em geral o processo de escolha envolvia a formação de comissões de seleção, elaborada parcialmente por funcionários da empresa com um conhecimento precário do mercado cinematográfico ou por representantes da própria classe cinematográfica, que se utilizavam de critérios políticos para pautar suas escolhas, tendendo a beneficiar cineastas ou produtores já estabelecidos no mercado, em detrimento de entrantes.

Com diferentes editais para cada empresa pública, há, portanto, um incremento dos custos de intermediação: para o governo, que realiza um conjunto de editais separadamente; e para as próprias empresas produtoras, que inscrevem o mesmo projeto em diversos editais, incorrendo em custos de envio de nova documentação, impressão de roteiros etc. Se, por um lado, a existência de vários editais descentraliza as decisões, evitando clientelismos prováveis com a formação de uma comissão única, por outro, cria intermediários desnecessários, onerando os custos de seleção das obras.

No caso de os investidores serem empresas privadas, as distorções são de outra natureza, relacionadas à ausência de risco. A política de incentivos fiscais pressupunha que o aumento da competitividade do filme brasileiro se daria naturalmente, com a aproximação entre produtores cinematográficos e investidores privados, que escolheriam os projetos cinematográficos a ser filmados. Os investidores, interessados na maior exposição de sua marca (patrocínio) ou na auferição de receitas de comercialização (art. 1º da Lei do Audiovisual), escolheriam os projetos com maior perspectiva de retorno. Haveria, portanto, uma espécie de "seleção natural", em que apenas sobreviveriam no mercado as empresas produtoras com projetos mais adaptados às expectativas dos investidores, estimulando uma aproximação com o mercado.

No entanto, levava-se em conta que os investidores estariam aptos a escolher os projetos mais competitivos. Mas isso nem sempre se verificou, já que as empresas privadas tinham o poder da decisão, mas não o conhecimento específico do setor cinematográfico. As decisões basearam-se num conceito de marketing cultural, ou ainda nas escolhas dos diretores de marketing das empresas, voltadas a fatores não necessariamente mercadológicos. Como a dedução fiscal era integral, não havia risco para os investidores. Desse modo, a dedução fiscal passou a ser o fator preponderante na decisão de investir por parte dessas empresas, em detrimento da probabilidade de retorno comercial, que era pequena ou até improvável – e, além disso, de lento retorno, dado o longo prazo de maturação dos projetos cinematográficos, que demoravam em média cinco anos para ser concluídos. Dados os limites fiscais da dedução (apenas 3% do imposto de renda a pagar anual), a empresa produtora deveria aguardar uma sucessão de anos fiscais para completar a captação de recursos necessária para o orçamento do filme. Em vários casos, ainda, seria preciso o aporte de outros investidores para complementar os recursos, pulverizando a decisão de um único investidor como mecenas da obra, o que gerava dificuldades adicionais no projeto de captação de recursos, dada a necessidade de harmonizar estratégias de marketing de investidores distintos, de setores distintos, que naturalmente não poderiam ser concorrentes. Esses fatores em conjunto justificam a presença de bancos como os principais investidores pelo art. 1º da Lei do Audiovisual, interessados numa dedução fiscal superior a 100% do valor investido.

Dessa forma, o aumento gradativo dos percentuais de dedução fiscal, tornando-os, em alguns casos, superiores a 100% dos valores investidos, revelou--se uma faca de dois gumes. De um lado, os percentuais vantajosos contribuíam para um montante maior de recursos disponíveis à atividade, atraindo novos investidores ou fazendo que os antigos aumentassem os valores investidos. No entanto, ao tornar o investimento sem risco, atraíam investidores desinteressados pelo desempenho comercial da obra, que simplesmente viam o investimento como uma política de patrocínio, cujo benefício era o abatimento fiscal e a exposição de marketing da empresa. Criava-se, assim, uma lógica que não estimulava a busca pelo desempenho comercial das obras, mas aprofundava a dependência do Estado, visto que era claro que, sem o abatimento fiscal integral, as empresas se desinteressariam pelo aporte de recursos.

## A ausência de risco para o produtor e as distorções da captação de recursos

**A ausência de risco não** era só para os investidores, mas também para os produtores. Assim como, num momento de crise, os cineastas buscaram aumentar os percentuais de dedução fiscal e aumentar a parcela do imposto de renda devido dedutível, houve também, em paralelo, uma redução da contrapartida do produtor, isto é, o percentual de recursos não incentivados que deveriam compor o orçamento. Em 1995, houve uma redução da contrapartida de 40% para 20% (Lei nº 9.323/96) e, em 2002, a contrapartida tornou-se ínfimos 5% (MP nº 2.228-1/01). Se, na época áurea da Embrafilme, no regime CO-DIS, 60% do orçamento total era bancado por recursos estatais, no modelo das leis de incentivo simplesmente

95% do orçamento poderia ser utilizado mediante a captação de recursos pelas leis de incentivo fiscal. E poderiam ainda ser considerados para comprovar a contrapartida de 5% outros recursos públicos, como aportes estaduais ou municipais. Isto é, o limite de 95% do orçamento é apenas de recursos de captação pelas leis de incentivo fiscal. Na prática, os elevados orçamentos autorizados para captação faziam que, na verdade, essa contrapartida real fosse zero ou mesmo negativa.

Por outro lado, não havia nenhuma obrigação de o produtor retornar os valores captados para o Estado, sendo todos os mecanismos não reembolsáveis (a fundo perdido). Ou seja, o modelo de fomento indireto não era nem uma modalidade de financiamento (empréstimo a juros subsidiado) nem um mecanismo reembolsável (com participação nas receitas auferidas pela exploração comercial da obra).

Em complemento a isso, o nível autorizado pelo Estado para a captação de recursos de um projeto independe tanto das perspectivas comerciais do projeto analisado quanto da *performance* prévia dos filmes anteriores da produtora. Como o Estado não deveria se envolver no mérito dos projetos em si, a análise para autorização de captação se concentraria apenas na constituição legal da empresa produtora – se a razão social da empresa prevê a realização de obras audiovisuais e se ela está adimplente com os órgãos públicos e suas obrigações fiscais, previdenciárias e trabalhistas – e na compatibilidade de custos entre o orçamento apresentado e o roteiro técnico. Desse modo, um projeto de um filme de época de orçamento bastante elevado, mas com poucas perspectivas comerciais, apresentado por uma produtora que coleciona fracassos, teria normalmente valores autorizados para captação pelo Estado. Mas, segundo esse modelo, mesmo autorizado para captação, o projeto não conseguiria se viabilizar, pois não atrairia investidores que se interessariam pelo projeto, de modo que o mercado é que faria a análise de mérito, naturalmente selecionando os projetos mais competitivos. Como vimos, após o escândalo *Chatô*[39], a Secretaria do Audiovisual estipulou limites para a captação de recursos por projeto, mas definindo como parâmetro o currículo prévio da empresa, ou seja, o número de obras que a empresa já realizou, independentemente de seu resultado comercial, impondo, de forma clara, uma barreira legal aos entrantes. Uma empresa do ramo de publicidade, mesmo contando com uma infraes-

---

39.  Veja a seção "Da euforia à repolitização: a segunda metade da década de 1990" (p. 33).

trutura sólida e tendo realizado comerciais que algumas vezes podem custar mais que filmes de longa-metragem, nesse caso, seria considerada uma estreante, com um nível de captação mínimo, pois os requisitos de produção consideram apenas a produção de obras de longa-metragem. Assim, o Estado meramente fortaleceu a posição das empresas já estabelecidas, em vez de estimular o aumento da competitividade.

Independentemente tanto do resultado comercial do filme anterior quanto das perspectivas de receita do novo projeto apresentado, a captação de recursos era limitada apenas pelo currículo da empresa. Baseava-se nisso a cômoda ideia da imprevisibilidade do sucesso de um filme: como a realização de uma obra cinematográfica assume a característica da produção de bens de protótipos, com alto investimento no desenvolvimento de projetos originais, cada novo projeto é outro projeto, de modo que a experiência anterior da produtora não necessariamente conduz a projetos mais bem-sucedidos. São típicos os exemplos, mesmo no cinema industrial hollywoodiano, de retumbantes fracassos oriundos de empresas sólidas e com boa *performance* prévia, ou, de outro lado, de inesperados sucessos comerciais de pequenos filmes de realizadores com pouca experiência. Ou seja, é perfeitamente possível que uma produtora que realizou um fracasso de bilheteria possa, no filme seguinte, realizar um retumbante sucesso. Da mesma forma, era impossível prever de antemão as perspectivas comerciais de uma obra, dada a imprevisibilidade do gosto da demanda (Vogel, 2001; Bonell, 2006). Como, evidentemente, não havia uma fórmula científica que relacionasse os condicionantes de sucesso de um filme, concluiu-se, de maneira cômoda, que a solução era simplesmente não estipular nenhum tipo de parâmetro prévio, deixando ao bel-prazer dos produtores definir o nível de captação de cada projeto.

Como não havia limites ao nível de captação, que, na prática, correspondia ao custo integral do projeto, não houve um estímulo para que os produtores desenvolvessem projetos orientados para seu lançamento comercial. Como os filmes se pagavam no próprio processo de produção, e não mediante sua circulação no mercado, a orientação primeira dos produtores foi a sua viabilização financeira: ou seja, é como se, em vez de serem orientados para o mercado, os projetos fossem voltados para a captação. Ou, ainda, mais importante que realizar um filme que caia no gosto do público, é montar um projeto que caia no gosto dos investidores.

Esse é um dos fatores que explicam a existência, sobretudo no período inicial da retomada, de um conjunto de filmes históricos, com grande apelo aos editais públicos, mas de pouca perspectiva comercial.

A primeira consequência desse modelo de captação é o desestímulo à economia de custos de produção, levando ao aumento dos orçamentos. O custo de cada projeto passava a ser definido exclusivamente por sua viabilidade de captação e não por uma estratégia comercial de recuperação dos custos quando do lançamento no mercado. Como as condições de distribuição eram desfavoráveis, e o mercado exibidor, pequeno e concentrado, os produtores criaram a sensação de que "o que vier é lucro". Antes, no modelo de produção da Boca do Lixo, os filmes eram viabilizados sem recursos prévios do Estado e, por isso, produzidos de forma barata e com produção ágil, para que seus custos fossem recuperados pelo lançamento comercial e pelo adicional de bilheteria – que, por definição, só seria recebido após o lançamento, proporcionalmente à *performance* do filme, estimulando o risco e a posição competitiva das empresas produtoras. No modelo das leis de incentivo, ao contrário, a produção era custosa e lenta, com a multiplicação de intermediários, desestimulando o risco. Prosseguindo a comparação, na época da Boca do Lixo, o Estado atuava não ao conceder financiamento para a produção, mas oferecendo condições para que essas obras prontas pudessem ocupar seu lugar no mercado, com instrumentos como uma agressiva Cota de Tela e com a Lei da Dobra, que permitia ao filme médio sua sustentação em cartaz. No modelo das leis de incentivo, houve a percepção contrária: o apoio do Estado seria baseado no estímulo ao financiamento para a produção de obras, mas sem oferecer quaisquer instrumentos legais que favorecessem a inclusão destas num mercado cujas perspectivas comerciais eram cada vez mais restritas. Os produtores, assombrados com o fantasma da era Collor, simplesmente lutaram por um aumento do montante de recursos públicos para as obras, numa luta pela autopreservação, mas aprofundando a dependência do setor para com o Estado, em vez de contribuir para superá-la, como era o pressuposto dessas políticas.

Por outro lado, esse modelo de captação de recursos fez surgir um fenômeno curioso, ainda pouco observado. Como havia uma relativa facilidade na aprovação de orçamentos elevados, mas perspectivas incertas de captação, existiu um conjunto de filmes com grandes orçamentos autorizados, mas com uma captação de recursos bastante inferior ao montante aprovado. Como os investidores precisavam ser pulverizados – um único investidor dificilmente poderia aportar a totalidade dos recursos necessários para a viabilização financeira do projeto, mesmo em sucessivos anos fiscais – ou, em alguns casos, o aporte era limitado – o projeto não poderia ser contemplado em mais de um edital federal da mesma empresa, isto é, não poderia ganhar em edições seguidas o edital da Petrobras ou do BNDES, cujos investimentos têm tetos estabelecidos pelos próprios editais –, muitas vezes o produtor percebia que era melhor captar recursos criando um novo projeto do que persistindo em captar o saldo dos recursos disponíveis para o projeto em andamento. Em outros casos, iniciava a captação de recursos, mas, após um período, simplesmente não conseguia prosseguir com o processo, não encontrando novos investidores que complementassem o valor necessário para a finalização do projeto. Nos dois casos, a impossibilidade de definir o montante de captação *a priori* acabava provocando distorções no processo de produção, como o corte brusco de cenas ou mesmo uma finalização precária, quando o filme não conseguia a complementação dos recursos planejados. As incertezas no horizonte de captação dos projetos faziam que o produtor muitas vezes iniciasse a produção do filme sem poder prever com precisão como ele iria acabar, pois o planejamento das fontes de financiamento do projeto era naturalmente incerto. Desse modo, se, por um lado, há um conjunto de filmes com valores captados elevados, por outro o modelo gerou outro conjunto de filmes, talvez em maior número que o anterior, com captação reduzida, abaixo do montante necessário para ser competitivos no mercado. Esses filmes não conseguiam executar o que estava previsto no projeto.

O Gráfico 21 apresenta dados que confirmam essa hipótese, dividindo os filmes lançados entre 1995 e 2009 por faixa de captação. Esses dados problematizam a tão propagada ideia de que a maioria dos filmes brasileiros lançados é extremamente cara. Se, por um lado, 7,4% deles captaram recursos pelos mecanismos de incentivo fiscal federais superiores a R$ 5 milhões, por outro, 21,1% não captaram quaisquer recursos. Ou, ainda, mais da metade dos filmes lançados (56%) captou recursos inferiores a R$ 1 milhão.

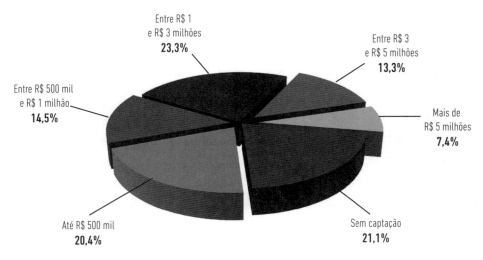

Gráfico 21 – Composição de filmes lançados, por faixa de captação
de recursos – 1995-2009

No entanto, a grande presença dos documentários nos lançamentos do mercado de salas de exibição pode distorcer os resultados. Por isso, o Gráfico 22 apresenta a faixa de captação desagregada por gênero cinematográfico. Se, de fato, nos documentários, a relação é ainda mais extrema – 37% dos títulos lançados do gênero não captaram recursos incentivados, e em 91% dos que captaram a captação foi inferior

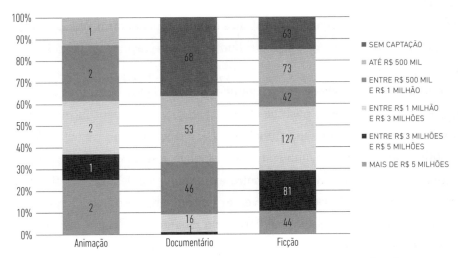

Gráfico 22 – Proporção de filmes lançados por gênero, segundo a faixa
de captação de recursos – 1995-2009

a R$ 1 milhão –, nos filmes de ficção também existe uma grande proporção com pequena captação de recursos pelos mecanismos de incentivo fiscal federais. Nos filmes ficcionais, 41,4% do total de lançamentos captaram menos que R$ 1 milhão, enquanto em 10,2% dos títulos a captação foi superior a R$ 5 milhões.

É preciso, mais uma vez, ressaltar que os valores apresentados não correspondem necessariamente ao orçamento total dos filmes, pois consideram apenas os recursos captados pelos mecanismos de incentivo fiscal federais. Isso pode gerar algumas distorções, provocadas por filmes que obtiveram outros tipos de recursos públicos para sua realização, como recursos federais pelo fomento direto, recursos estaduais ou municipais. Ainda assim, considerando-se que os mecanismos de incentivo permanecem como a principal fonte de financiamento da produção cinematográfica brasileira, é possível afirmar que: a) a captação de recursos incentivados não é imprescindível para a realização de um longa-metragem cinematográfico, visto que uma parcela considerável dos filmes lançados consegue ser realizada sem a captação de recursos, ou com uma captação em um nível bastante reduzido; b) os filmes brasileiros lançados no período não apresentam, em geral, níveis de captação de recursos incentivados elevados, como muitas vezes o senso comum apregoa. De qualquer forma, se quisermos ser mais cautelosos, pode-se afirmar que o nível de dependência das leis de incentivo fiscal federais não é tão expressivo quanto geralmente se afirma. Os produtores dessas obras conseguem realizar os filmes mesmo com baixos níveis de captação, com fontes complementares, seja por outros tipos de recursos públicos seja por recursos próprios.

Por outro lado, pode-se afirmar também, pelos dados mostrados no Gráfico 23, que há uma correlação positiva entre a captação de recursos incentivados e o número de espectadores de um filme. Os filmes lançados sem captação de recursos obtiveram um desempenho comercial bastante restrito: quase 70% deles não atingiram 10 mil espectadores. No outro extremo, cerca de 20% dos filmes com captação acima de R$ 3 milhões tiveram um número de espectadores superior a 1 milhão. Nas posições intermediárias, no entanto, essa regra não se realiza. Para os filmes com captação entre R$ 500 mil e R$ 3 milhões, uma proporção bastante pequena consegue resultados de filme médio, já que menos de 15% atingem 100 mil espectadores.

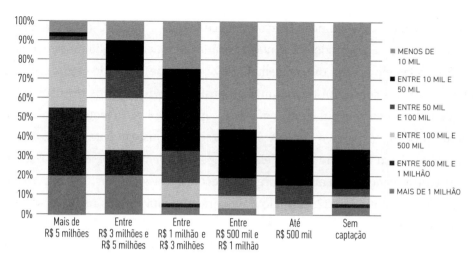

Gráfico 23 – Proporção de filmes lançados por faixa de captação, segundo o número de espectadores – 1995-2009

Ou seja, os números apontam novamente para o abismo que se configura no mercado cinematográfico brasileiro: de um lado, os *blockbusters* com elevada captação de recursos e, de outro, os filmes com baixíssimo resultado comercial e captação reduzida, quando há captação.

No entanto, esses dados devem ser analisados com cautela: não se deve concluir que, para o estímulo de uma política essencialmente industrialista, deve-se necessariamente promover projetos de orçamento mais elevado. O Gráfico 23 reflete a participação do art. 3º da Lei do Audiovisual, que eleva a captação de recursos, mas oferece a parceria com distribuidoras líderes que têm maior condição de tornar o filme mais competitivo. Mas o que se aponta, principalmente, é uma configuração de mercado que estrangula as possibilidades do filme médio, polarizando o circuito exibidor em alguns poucos lançamentos com uma agressiva estratégia de comercialização e, de outro lado, um enorme número de filmes de circulação restrita, em poucas salas, com pequena visibilidade. As políticas regulatórias deveriam tornar o mercado de salas de exibição maior e menos concentrado e também abrir possibilidades para a exploração comercial nos demais segmentos de mercado.

Outros fatores que provocam distorções na captação dos recursos incentivados estão relacionados à ineficiência dos procedimentos governamentais de acompanhamento da evolução física e financeira dos projetos. O depósito dos recursos captados é realizado em contas bancárias bloqueadas, cuja movimentação é autorizada pelo órgão governamental (SAv ou Ancine) segundo certos critérios. O bloqueio das contas foi feito com o propósito de evitar que os recursos sejam imediatamente gastos, nos casos em que a captação é insuficiente para a execução do projeto, correndo o risco de ser utilizados exclusivamente na fase de pré-produção. Caso o projeto não receba captações suplementares, corre o risco de nem sequer avançar para além da pré-produção. Com isso, a Ancine, com base na Instrução Normativa nº 22, estipulou que a movimentação dos recursos só pode ser realizada após a captação de 50% do total do orçamento autorizado para a captação, sendo que metade desse valor (25%) não precisa ser necessariamente depositada em conta, mas comprovada por um contrato firmado de aporte de recursos que assegure um cronograma financeiro para a captação de recursos. Após essa primeira movimentação de recursos, as captações posteriores permanecem sendo movimentadas apenas com a autorização da Ancine, mas sem exigências suplementares além da comprovação do depósito.

Ou seja, se, de um lado, existe uma preocupação governamental em impedir o descontrole do desembolso dos recursos captados, sobretudo nas fases embrionárias do projeto, de outro, não existe um acompanhamento em si dos valores movimentados segundo as etapas de produção. Ou, ainda, não há acompanhamento dos órgãos governamentais para promover uma correspondência entre a evolução financeira e a evolução física dos projetos. Desse modo, a movimentação de recursos está condicionada apenas ao montante de captação do projeto, independentemente de seu estágio de produção. Essa falta de acompanhamento da evolução física e financeira dos projetos – as produtoras precisam enviar relatórios trimestrais descrevendo a evolução da etapa de produção, mas essa exigência é meramente formal, muitas vezes não sendo cumprida pelas empresas nem sequer cobrada pelos órgãos de governo – reflete o distanciamento dos órgãos das condições efetivas de produção das obras. O cronograma de produção torna-se instável, muitas vezes dependente de captações suplementares que não se sabe quando vão ocorrer, ou mesmo se irão ocorrer. Esse é um nítido paradoxo em uma política industrialista. Como é possível um projeto de elaboração de um produto a ritmo industrial se não se pode estabelecer com precisão, no início de seu processo de produção, nem seu orçamento final (ou a origem de suas fontes de financiamento) nem seu cronograma de execução (quando estará pronto e poderá ser lançado no mercado)?

Problema similar acontece no processo de prestação de contas dos valores incentivados empenhados no projeto. Não existe um acompanhamento da produção com prestações de contas parciais, condicionando a movimentação de recursos para a etapa subsequente à aprovação de contas da etapa anterior. Ao contrário, a prestação de contas ocorre apenas após o lançamento da obra, com a apresentação de um sem-número de notas fiscais, correspondentes a todo o processo de produção – que, como vimos, em muitos casos dura mais de cinco anos. Caso a prestação de contas não seja aprovada, a produtora deve ressarcir o Tesouro Nacional, com a devolução dos recursos, o que consistiria num escândalo, fragilizando a atividade, sobretudo após as denúncias de malversação de dinheiro público promovidas pela imprensa nos casos *O guarani* e *Chatô*. A falta de acompanhamento do desembolso dos projetos aumenta também as possibilidades de desvio dos recursos e a consequente paralisação dos projetos antes de sua conclusão.

# 5. Para além do fomento indireto: os mecanismos automáticos e o Fundo Setorial do Audiovisual

## Os mecanismos automáticos

**A partir de 2005, os** mecanismos seletivos de apoio à produção cinematográfica foram complementados por mecanismos automáticos. Essa denominação, citada por autores como Bonell (2006) tendo como base o modelo francês de financiamento à produção de filmes, refere-se a mecanismos cujo processo de aferição de resultados se baseia na mensuração de critérios quantitativos, de modo que todos os projetos que atendam a determinadas condições, estabelecidas *a priori*, sejam elegíveis para o recebimento dos recursos.

A tentativa de estabelecer critérios prévios para a escolha dos projetos tem como objetivo reduzir a possibilidade de clientelismos ou conluios que possam distorcer o processo de seleção. Por isso, buscam-se critérios expressos quantitativamente, baseados em regras, de preferência, estáveis ao longo dos anos.

A forma mais simples de selecionar projetos por um mecanismo automático é quando todos aqueles que atendem às condições estipuladas recebem a mesma quantia, estabelecida previamente. No entanto, para o Estado, essa forma de seleção torna bastante difícil prever *a priori* o volume de recursos que deve ser reservado para cada mecanismo, já que não se sabe de antemão quantas obras seriam contempladas. Por isso, uma alternativa é definir parâmetros adicionais: determinando um teto para os recursos, estipulando um número máximo de projetos que podem ser selecionados, ou ainda variando o valor a ser recebido por cada um. As obras ou empresas inscritas são ordenadas segundo uma pontuação, dada pela acumulação de determinadas características incorporadas como parâmetros. Quanto mais pontos o projeto for capaz de somar, maior será o montante de recursos recebido.

Dessa forma, os mecanismos automáticos são, a princípio, o complemento adequado à política de incentivos fiscais, calcada numa expressão de um suposto Estado neutro, em que o valor recebido está diretamente associado a uma ideia de *performance* mensurável, sem a interferência direta do Estado na seleção dos projetos.

No entanto, na própria construção de critérios e na definição dos parâmetros para a pontuação das obras a ser contempladas pelos mecanismos automáticos estão inevitavelmente implícitos princípios de políticas públicas, privilegiando obras com determinadas características em detrimento de outras. Por isso, a suposta neutralidade dos mecanismos automáticos é, de fato, apenas relativa: quanto mais parâmetros e critérios adicionais existirem na apuração do prêmio, maior é a possibilidade de ação da política pública por caminhos definidos previamente.

A vantagem da estabilidade dos critérios de quantificação dos mecanismos automáticos é que as empresas proponentes de projetos podem antecipadamente organizar estratégias para aumentar a probabilidade de serem elegíveis. Com isso, o Estado acaba sendo indutor de políticas na forma como define os parâmetros, pois estes serão balizas pelas quais os agentes de mercado podem moldar suas decisões para receber os recursos. Pela forma como o Estado privilegia certos parâmetros em detrimento de outros, acaba podendo induzir uma mudança no comportamento dos agentes privados, estimulando certas condutas. A atuação do Estado, nesse caso, é apenas indireta, pois se baseia em estimular certos tipos de condutas positivas e não em inibir aquelas consideradas predatórias ou nocivas.

Mostraremos, a seguir, como os dois mecanismos automáticos implementados a partir de 2005 refletem os paradoxos do modelo de política pública, de um lado privilegiando uma posição competitiva de obras e empresas e de outro fortalecendo os elos mais frágeis da cadeia produtiva, ou ainda obras cujo mérito artístico sobressai mais que seu retorno comercial.

Foram criados dois mecanismos automáticos de fomento audiovisual. O primeiro deles é o Prêmio Adicional de Renda (PAR), destinado a produtores, distribuidores e exibidores segundo o critério de renda bruta de bilheteria de longas-metragens brasileiros. O segundo é o Programa de Incentivo à Qualidade do Cinema Brasileiro (PAQ), destinado a produtores e baseado em as participações e premiações de longas-metragens brasileiros em festivais nacionais e internacionais.

Na verdade, esses dois mecanismos são reedições de mecanismos já existentes na relação entre Estado e cinema desde os anos 1950. A origem de ambos os mecanismos está numa lei municipal, a Lei nº 4.854/55, criada no município de São Paulo. Os produtores de filmes brasileiros exibidos nos cinemas do município recebiam o valor de 15% da renda bruta, além de um adicional de 10% para "filmes de reconhecido valor artístico e técnico" (Johnson, 1987).

Com a criação do Instituto Nacional do Cinema, os adicionais ampliaram seu escopo, ganhando proporção nacional por meio da Resolução INC nº 15, de 28 de setembro de 1967. No entanto, a separação definitiva dos dois adicionais, criando o nome de "adicional de qualidade" para os filmes de elevado mérito artístico, foi estabelecida com a Resolução INC nº 39, de 30 de junho de 1970 (Mello, 1978).

Verifica-se que, já na sua primeira implementação, na década de 1950, os dois mecanismos foram criados em conjunto. Isso porque se acreditava que ambos se complementavam, dando suporte tanto a obras de caráter mais comercial quanto a de mérito artístico. A republicação desses mecanismos pela Ancine manteve esse princípio, mas, ao sofisticar a metodologia de cálculo e multiplicar os parâmetros, modificando a forma de apuração dos prêmios, acabou por tornar mais difusos os objetivos de cada prêmio separadamente. O Prêmio Adicional de Renda passou a beneficiar não apenas as obras de maior posição competitiva, e os parâmetros do Prêmio de Incentivo à Qualidade não conseguiram efetivamente reduzir a inevitável subjetividade da escolha dos projetos. É possível afirmar que, da forma como foram construídos, os mecanismos na verdade privilegiaram o filme médio, numa posição intermediária entre vocação comercial e potencial artístico.

## Prêmio Adicional de Renda (PAR)
Nas próprias palavras da Ancine,

> [...] o Prêmio Adicional de Renda (PAR) é um mecanismo de apoio financeiro à indústria cinematográfica brasileira, que se baseia no desempenho de mercado de empresas nacionais produtoras, distribuidoras e exibidoras de longas-metragens. Os recursos do Prêmio deverão ser utilizados, necessariamente, no fomento das atividades cinematográficas brasileiras, retroalimentando toda a cadeia produtiva.[40]

Segundo o art. 54 da MP nº 2.228-1/01, o Prêmio Adicional de Renda abrange apenas a renda bruta gerada no segmento de salas de exibição, já que mede exclusivamente o desempenho dos filmes de longa-metragem, não considerando a *performance* do filme brasileiro nos demais segmentos de mercado, como o vídeo doméstico e canais de TV aberta ou fechada.

Daí surge a primeira contradição desse prêmio: ao buscar estimular a indústria audiovisual brasileira, concentra seus esforços exclusivamente no segmento de salas de cinema. Permanecendo ligada à sua antiga implementação, nos anos 1950, ou, ainda, na época da Embrafilme, nos anos 1970, a atual regulamentação do prêmio não estimula a penetração das obras brasileiras nos diversos segmentos de mercado, mas se concentra em um único tipo de produto: o longa-metragem cinematográfico.

O primeiro edital do PAR foi feito em 2005, com a publicação da Instrução Normativa nº 44, de 11 de novembro de 2005, que, por sua vez, regulamentou o art. 54 da MP nº 2.228-1/01.

A seguir, serão apresentadas as metodologias de cálculo da premiação para cada um dos segmentos: produção, distribuição e exibição.[41]

### *PAR Produção*
A base da metodologia de quantificação do PAR Produção segue os mesmos critérios da versão do PAR estabelecida pela Resolução INC nº 39, de 30 de

---

40. Disponível em: <http://www.ancine.gov.br/node/1588>.
41. A partir do edital de 2014, com a introdução da modalidade de Suporte Automático no Fundo Setorial do Audiovisual (Prodav 06/2014), o Prêmio Adicional de Renda passou a ser destinado exclusivamente às empresas exibidoras.

junho de 1970.[42] Assim, sua nova versão estipula que o valor do prêmio é proporcional à renda de bilheteria. A metodologia também guarda inúmeras semelhanças: a aferição do prêmio é estipulada com base em uma alíquota linear, mensurada por faixas de renda. Isto é, o prêmio é sempre maior quanto maior for a renda, mas, a partir de certo montante de bilheteria, o prêmio passa a ser proporcionalmente menor.

| Faixas de premiação | Intervalo das faixas de premiação (limites inferior e superior) | Alíquotas sobre rendas de bilheteria (AR) |
|---|---|---|
| Faixa 1 | até 20.000 x PMI* | 0 |
| Faixa 2 | de 20.000 x PMI a 150.000 x PMI | 20% |
| Faixa 3 | de 150.000 x PMI a 300.000 x PMI | 10% |
| Faixa 4 | de 300.000 x PMI a 600.000 x PMI | 2% |
| Faixa 5 | de 600.000 x PMI a 1.000.000 x PMI | 0,5% |
| Faixa 6 | acima de 1.000.000 x PMI | 0,1% |

* PMI: PREÇO MÉDIO DO INGRESSO DO ANO-REFERÊNCIA.
FONTE: INSTRUÇÃO NORMATIVA Nº 44/05 – ANCINE.

Tabela 15 – Alíquotas por faixa de renda – PAR Produção

As alíquotas decrescentes acabam favorecendo o filme de médio porte comparativamente ao de grande potencial de bilheteria. A diferença no prêmio a ser recebido por filmes com 1 milhão, 2 milhões e 5 milhões de espectadores é bastante reduzida. Esse feito acontece pela forma como foram calibrados os parâmetros. A partir da faixa de renda de 300 mil espectadores, cada espectador a mais representa um acréscimo bastante pequeno no valor final do prêmio (2%). Dessa forma, a combinação entre alíquotas decrescentes e a calibração dos parâmetros do PAR conforme previsto na IN 44/05 privilegiou os filmes entre 20 mil e 300 mil espectadores. A partir desse limite, gradativamente, o impacto de cada espectador adicional no valor do prêmio se torna cada vez mais reduzido, o que se acirra na faixa a partir de 1 milhão de espectadores, em que a alíquota é de apenas 0,1%.

Em complemento a isso, há o fato de que o limite inferior de renda bruta para que uma obra seja elegível é de apenas 20 mil espectadores (multiplicado

---

42. No caso do PAR para o segmento de produção, já que era a única modalidade que existia no PAR em 1970. Portanto, a distribuição e a exibição não haviam sido consideradas.

pelo preço médio do ingresso – PMI). O baixo montante do piso contribui para que mais obras sejam contempladas, reduzindo o valor individual do prêmio. Com isso, obras com pouco mais de 20 mil espectadores passaram a receber um valor tão reduzido que praticamente impossibilitou sua destinação em um próximo projeto. No primeiro resultado do PAR, das 16 obras contempladas, oito receberam recursos inferiores a R$ 50 mil.

Além disso, o montante total disponibilizado para o prêmio é bastante pequeno. Na primeira edição foram disponibilizados R$ 2,021 milhões para as empresas de produção. Com esse valor, a obra com maior bilheteria, *Cazuza*, recebeu R$ 324 mil, o que corresponde a menos de 5% de seu orçamento.

Ou seja, de um lado, o piso baixo permite que mais obras sejam contempladas, mas com um valor insuficiente para que nem sequer iniciem um projeto de desenvolvimento. De outro, a redução das alíquotas nas maiores faixas de renda fez que os filmes de alta bilheteria também recebessem valores pouco significativos em relação a sua renda de bilheteria, reduzindo o impacto competitivo da premiação.

Em decorrência disso, a Instrução Normativa nº 75/08 promoveu mudanças na calibração dos parâmetros, aumentando o piso e elevando a alíquota da faixa de renda 6 (a partir de 1 milhão de espectadores). No entanto, o grau das mudanças foi bem pequeno: o piso passou de 20 mil espectadores para 35 mil e a alíquota da faixa 6 subiu de 0,1% para 0,15%. Isto é, as mudanças foram apenas apaziguadoras das distorções do prêmio, sem de fato alterar a natureza destas.

## PAR Distribuição

Segundo a IN 44/05, a metodologia de cálculo para o setor de distribuição é bastante parecida com a de produção, com a presença de alíquotas lineares e decrescentes, a partir da faixa de 150 mil espectadores (multiplicados pelo PMI).

Há, no entanto, duas mudanças principais na metodologia de cálculo do PAR Distribuição diante da do PAR Produção. A primeira é que não existe "piso mínimo" a partir do qual uma obra é elegível ao prêmio. Isto é, nessa categoria, todos os longas-metragens brasileiros lançados comercialmente por distribuidoras nacionais passam a ser elegíveis, mesmo aqueles na faixa inferior de renda (até 50 mil espectadores vezes o PMI).

A segunda é que as empresas distribuidoras concorrem com o somatório da renda auferida pelo conjunto de obras distribuídas no ano em questão. Dessa maneira, se uma distribuidora lança comercialmente quatro obras com um público de 20 mil espectadores por obra, a quantificação do prêmio será pela faixa 2, considerando o total de 80 mil espectadores.

| Faixas de premiação | Intervalo das faixas de premiação (limites inferior e superior) | Alíquotas sobre rendas de bilheteria (AR) |
|---|---|---|
| Faixa 1 | até 50.000 x PMI* | 15% |
| Faixa 2 | de 50.000 x PMI a 150.000 x PMI | 20% |
| Faixa 3 | de 150.000 x PMI a 300.000 x PMI | 10% |
| Faixa 4 | de 300.000 x PMI a 600.000 x PMI | 2% |
| Faixa 5 | de 600.000 x PMI a 1.000.000 x PMI | 0,5% |
| Faixa 6 | acima de 1.000.000 x PMI | 0,1% |

* PMI: PREÇO MÉDIO DO INGRESSO DO ANO-REFERÊNCIA.
FONTE: INSTRUÇÃO NORMATIVA Nº 44/05 – ANCINE.

Tabela 16 – Alíquotas por faixa de renda – PAR Distribuição

A ausência de um piso para a distribuição favorece os pequenos lançamentos. Possivelmente, algumas obras cinematográficas brasileiras desse porte nem sequer teriam sido lançadas sem a existência do prêmio. Isso porque uma distribuidora pode ser estimulada a ingressar com um filme de reduzida capacidade comercial em sua carteira de lançamentos, já que, com a soma dos resultados de pequenos filmes, pode atingir uma faixa de renda superior. Este critério, portanto, pode incentivar um maior número de pequenos lançamentos e ter contribuído para o aumento do lançamento de filmes de até 10 mil espectadores.

Por outro lado, considerar o somatório das rendas de bilheteria por empresa distribuidora prejudica ainda mais os filmes de maior potencial comercial. De forma análoga à metodologia do setor de produção, a distribuidora que lançar filmes cujo público esteja acima de 150 mil espectadores terá rendimentos marginais decrescentes. Dessa forma, uma distribuidora com um bom lançamento comercial terá um incentivo menor para lançar outro filme, mesmo um de médio porte, já que este agregará relativamente menos valor em sua premiação.

Segundo as regras da IN 44/05, apenas empresas distribuidoras brasileiras podem concorrer ao prêmio na categoria distribuição. Por isso, as filiais das *ma-*

*jors* no país não podem se habilitar ao prêmio, mesmo que distribuam filmes brasileiros. Segundo a exposição de motivos que acompanham a instrução normativa, essa é a forma encontrada para que as distribuidoras nacionais ganhem posição competitiva em relação às *majors* na aquisição de filmes nacionais, como compensação do efeito gerado pelo art. 3º da Lei do Audiovisual, em que as distribuidoras estrangeiras se tornam coprodutoras das obras cinematográficas brasileiras de maior potencial competitivo.

No entanto, o baixo valor do prêmio torna esse argumento um tanto distante. Em 2005, o montante destinado à distribuição foi de apenas R$ 2,021 milhões (mesmo valor do PAR Produção), enquanto o art. 3º recolheu, no mesmo ano, cerca de R$ 50 milhões. O teto de utilização do incentivo pelas *majors* num único projeto é de R$ 3 milhões, quase 50% maior do que todo o montante destinado ao PAR Distribuição.

De outro lado, a inexistência de um piso e a metodologia que considera o somatório da renda dos filmes lançados por uma distribuidora acentuam as distorções já apontadas em relação à metodologia do setor de produção, privilegiando os filmes de baixa *performance* e relativamente impactando pouco nos de mais alto desempenho comercial.

## PAR Exibição

Já para o setor de exibição, a metodologia de quantificação do prêmio é bastante diferente da dos setores de produção e distribuição. A base da quantificação não ocorre segundo a renda bruta de bilheteria dos filmes brasileiros em cartaz, e sim proporcionalmente ao número de dias em que os filmes brasileiros foram ofertados. A metodologia de cálculo é linear: caso um cinema exiba filmes brasileiros pelo dobro de dias que um segundo, o primeiro receberá o dobro do prêmio em relação ao segundo.

Além disso, existe um bônus (multiplicação dos valores por uma "alíquota de diversidade"), segundo o número de filmes brasileiros distintos que foram exibidos, como um espelho da diversidade. Dividem-se as salas inscritas em quartis, conforme o número de filmes brasileiros exibidos: caso uma sala de cinema esteja entre os 25% de salas que mais exibiram filmes brasileiros no período, há um bônus de 50% na premiação. Caso esteja entre o terceiro quartil e a mediana, o bônus é de 25%. No entanto, se estiver entre a mediana e o primeiro quartil, o bônus se reduz para 10%. De outro modo, não há bônus.

Se nos segmentos de produção e distribuição há um ajuste linear para que os valores recebidos por obra ou por empresa coincidam com o montante predeterminado, no caso do setor de exibição há um teto para o recebimento dos recursos, por sala isolada ou por complexo de duas salas.

A segunda mudança da metodologia de cálculo do PAR Distribuição em relação ao PAR Produção refere-se aos complexos elegíveis: só podem participar do prêmio cinemas de uma ou duas salas (salas isoladas ou complexos de duas salas), de propriedade de empresas brasileiras. Com isso, busca-se fortalecer o elo mais frágil da cadeia de exibição, dada a invasão massiva do segmento pelos *multiplexes*. Se essa iniciativa é louvável por fortalecer salas de frágil estrutura financeira, por outro lado esse recorte se afasta do perfil de fortalecimento da posição competitiva do filme brasileiro.

Dessa forma, no setor de exibição há um abandono completo dos princípios que estimulam o desempenho comercial do filme brasileiro. Como vimos, há atenuantes na metodologia de cálculo nos setores de produção e distribuição, enquanto, para a exibição, o critério de premiação nem sequer considera a renda de bilheteria dos filmes, mas apenas a oferta dos filmes pelos cinemas.

Acima de tudo, esse fato aponta para as contradições no bojo da formulação do PAR. De um lado, premiam-se filmes proporcionalmente à renda bruta de bilheteria da obra, objetivando o reforço da posição competitiva da produção cinematográfica nacional. De outro, elegem-se critérios de premiação que não apontam para a mesma direção: estímulo a distribuidoras especializadas em obras de pequeno potencial comercial, apoio a salas de cinema de frágil posição competitiva. É indiscutível a necessidade de políticas públicas de apoio aos pequenos exibidores ou distribuidores, cujos programas evidentemente contribuem para a difusão da produção nacional. O que se busca apontar aqui são as contradições na formulação de um programa de política pública que se apresenta com um pressuposto essencialmente mercadológico, mas o desenvolve segundo parâmetros que apontam para outros sentidos, sem que necessariamente eles se complementem de forma integrada – ao contrário, acabam sendo conflitantes entre si.

## Programa de Incentivo à Qualidade do Cinema Brasileiro (PAQ)

Segundo a Ancine,

> [...] o Programa de Incentivo à Qualidade do Cinema Brasileiro (PAQ) é um mecanismo de fomento à indústria cinematográfica brasileira, que concede apoio financeiro às empresas produtoras em razão da premiação ou indicação de longas-metragens brasileiros, de produção independente, em festivais nacionais e internacionais. Podem concorrer à premiação os produtores que receberam prêmios concedidos por júri oficial nas categorias de melhor filme e melhor direção, ou participaram com obras cinematográficas na principal mostra competitiva dos festivais.[43]

Como vimos, desde seu nascedouro na Lei nº 4.854/55 do município de São Paulo, o adicional de qualidade surgiu em complementaridade ao adicional de renda, premiando filmes "de elevado mérito técnico e artístico".

A Resolução INC nº 39, de 30 de junho de 1970, a mesma que regulamenta o adicional de renda, em seu art. 4º, previu a concessão de 12 prêmios para os filmes "de melhor padrão técnico, artístico ou cultural". Ao contrário do adicional de renda, o valor da premiação do adicional de qualidade era fixo e igual para todas as obras contempladas (300 salários-mínimos), não existindo dessa forma parâmetros para a quantificação do valor do prêmio (Mello, 1978).

No entanto, entre a grande quantidade de lançamentos comerciais de filmes brasileiros em determinado ano, como escolher os 12 filmes contemplados pelo prêmio, dado um critério tão subjetivo quanto a qualidade artística da obra? A saída encontrada pelo INC é uma solução típica: a formação de um júri, no caso, o Júri Nacional do Cinema, composto de 15 membros: a) o presidente do INC; b) o diretor do departamento de longa do INC; c) um representante da Câmara de Artes do Conselho Federal de Cultura; d) um produtor; e) um distribuidor; f) um exibidor; g) um diretor; h) um intérprete; i) um técnico; j) a m) quatro representantes dos críticos; n e o) duas personalidades de reconhecido saber cinematográfico.

Dessa forma, o adicional de qualidade, conforme regulamentado pelo INC, era um mecanismo seletivo. A própria composição do júri procura formar uma ampla representação dos mais diversos perfis que integram a cadeia cinematográfica, de

---

43. Disponível em: <http://www.ancine.gov.br/fomento/paq>.

representantes do governo a representantes dos técnicos e críticos cinematográficos. No entanto, ainda que sua composição seja variada, ela não esconde o caráter subjetivo da premiação, já que cada representante seleciona os filmes premiados segundo um critério próprio, particular, sem parâmetros predefinidos.

Já a regulamentação realizada pela Ancine transforma o adicional de qualidade num mecanismo automático. Em vez da constituição de um júri que analisa

| CLASSIFICAÇÃO ESPECIAL ||
|---|---|
| **Cannes** | **Veneza** |
| **Berlim** | **Oscar** |
| A Gramado | B Cine Ceará |
| Brasília | Brasileiro de Miami |
| Recife | Brasileiro de Paris |
| Festival do Rio | Melbourne (Austrália) |
| É tudo verdade | Miami International (Estados Unidos) |
| Mostra Internacional de São Paulo | |
| Anima Mundi | Viña del Mar (Chile) |
| San Sebastián (Espanha) | Toulouse (França) |
| Sundance (Estados Unidos) | Pusan (Coreia) |
| Rotterdam (Holanda) | Durban (África do Sul) |
| Mar del Plata (Argentina) | |
| Toronto (Canadá) | |
| Annecy (França) | |
| Huelva (Espanha) | |
| Karlovy Vary (República Checa) | C Valladolid (Espanha) |
| Locarno (Itália) | Troia (Portugal) |
| Havana (Cuba) | Chicago Latino Film Festival (Estados Unidos) |
| IDFA (Holanda) | |
| Moscou (Rússia) | Palm Spring (Estados Unidos) |
| Cartagena (Colômbia) | Tribeca (Estados Unidos) |
| San Francisco (Estados Unidos) | Int Children's Film Festival (Índia) |
| Biarritz – FCCAL (França) | |
| Guadalajara (México) | |

FONTE: ANEXO I DA IN 56 – ANCINE.

Tabela 17 – Classificação de festivais (PAQ)

o mérito das obras inscritas, criou-se uma metodologia de pontuação das obras segundo sua participação ou premiação em festivais nacionais e internacionais. Ou seja, introduzindo parâmetros quantitativos.

O primeiro edital do Programa de Incentivo à Qualidade do Cinema Brasileiro (PAQ) foi em 2006, a partir da publicação da Instrução Normativa nº 56, de 25 de setembro de 2006. Diferentemente do Prêmio Adicional de Renda, o PAQ não tinha previsão legal direta na MP nº 2.228-1/01.

A Instrução Normativa Ancine nº 56/06[44] prevê a pontuação das obras segundo uma classificação dos festivais em quatro classes: Classificação Especial, A, B e C. A obra premiada como melhor filme ou diretor pontuava com 4 pontos caso o festival estivesse inserido na Classificação Especial. A pontuação era decrescente até a classificação C, em que a obra premiada nesses festivais recebia 1 ponto. Caso a obra fosse selecionada para participar da principal mostra competitiva desses festivais, mas não fosse premiada como melhor filme ou direção, a obra selecionada recebia a metade da pontuação. No entanto, para os festivais da Classificação Especial, a obra selecionada para qualquer uma de suas mostras, ainda que não seja a principal competitiva, adquiria o direito à metade da pontuação.

Por outro lado, a pontuação não implica uma metodologia de cálculo do prêmio, mas apenas serve para selecionar os projetos com maior pontuação. Estes não serão premiados proporcionalmente à sua pontuação, conforme a lógica empregada no PAR, mas receberão como prêmio o mesmo valor fixo, independentemente de sua quantidade de pontos. No caso do primeiro edital do PAQ, em 2006, foram dez os projetos contemplados com o valor de R$ 100 mil.[45] De forma análoga ao PAR, o prêmio deve ser necessariamente reinvestido num projeto futuro da empresa produtora. No caso do PAQ, ele deve ser obrigatoriamente de desenvol-

---

44. Em dezembro de 2009, foi aprovada a IN87, que altera a IN56, acrescentando um conjunto de festivais àqueles apresentados na Tabela 17. Optei por analisar a estrutura originária do PAQ, conforme a IN56, mas a avaliação não sofre mudanças significativas se forem incorporados os novos festivais contidos na IN87. A IN87 apenas acrescentou novos festivais, sem suprimir os que já se apresentavam nem alterar a lógica de classificação e pontuação.

45. Nos anos seguintes, o número de filmes contemplados variou entre cinco e sete, cada um recebendo R$ 100 mil. Apenas em 2014 o edital do PAQ tornou-se parte das linhas do FSA, passando a premiar dez projetos com o valor individual de R$ 500 mil.

vimento de obra cinematográfica de longa-metragem, não podendo ser direcionado a um projeto já em produção.

Dessa forma, a regulamentação do PAQ pela Ancine buscou introduzir parâmetros quantitativos para um prêmio de mérito artístico, optando por uma via alternativa à formação de um júri para a seleção dos projetos. Essa escolha tem íntima relação com a própria lógica das leis de incentivo, em que o Estado não escolhe diretamente os projetos que receberão os recursos, mas transfere a decisão para agentes de mercado. No caso dos filmes de mérito artístico, esses agentes foram naturalmente os festivais de cinema, que permanecem os principais indutores do mercado de valoração artística de uma obra cinematográfica. Com esse sistema, o Estado opta por não assumir o ônus de escolher uma comissão.

No entanto, a busca de um critério de mensuração estável ou neutro é apenas aparente, já que a seleção ou a premiação de uma obra em festivais é, em si, um critério subjetivo, decidido por meio da formação de um júri. Dessa forma, o principal impacto da metodologia de premiação do PAQ é o de descentralizar as decisões: ao invés de formar um único júri para decidir os filmes contemplados, o critério pulveriza essa decisão entre várias comissões, formadas por jurados ou curadores. E, se essa pulverização reduz o risco de clientelismo na escolha dos projetos, também torna mais difuso o critério de premiação.

A suposta neutralidade do Estado na escolha das obras premiadas, ao inserir um mecanismo automático e um critério quantitativo, torna-se ainda mais relativa quando se leva em conta que a própria escolha de quais festivais integrarão cada uma das classificações propostas reflete certo direcionamento dos festivais que os produtores brasileiros procuram para promover a repercussão artística do cinema brasileiro. Vejamos, portanto, o perfil dos festivais que fazem parte de cada classificação.

Segundo a Instrução Normativa Ancine nº 56/06, a Classificação Especial é composta por apenas quatro festivais, todos internacionais: Cannes, Berlim, Veneza e Oscar. A participação do Oscar é curiosa, já que não se trata de um festival ou de uma mostra de filmes, e sim de uma premiação. Observe-se ainda que se trata da única premiação contida na lista de eventos elegíveis. Outras premiações importantes, como o Globo de Ouro, não estão incluídas. No caso brasileiro, eventos como o Grande Prêmio do Cinema Brasileiro, que seguem o mesmo modelo do Oscar, com premiação em categorias, não foram considerados.

As demais classificações combinam festivais nacionais e internacionais. No entanto, os critérios que definem se um festival é classificado como A, B ou C não são homogêneos, mas resultam da combinação de outras variáveis. Por exemplo, na categoria A foram contemplados os principais festivais brasileiros, mas também aqueles dedicados a gêneros, como o É Tudo Verdade e o Anima Mundi, exclusivos para documentários e animações, respectivamente. No caso dos festivais internacionais, existem tanto aqueles de grande tradição quanto os reveladores de jovens talentos ou de um cinema mais afeito a investigações de linguagem, como Rotterdam e Locarno, assim como os que privilegiam produções mais comerciais, como Sundance e Toronto.

Além disso, a classificação dos festivais nitidamente levou em conta não apenas fatores comerciais ou artísticos como também políticos, relacionados a uma visão estratégica da Ancine de estimular a presença da cinematografia brasileira no cinema latino-americano. Por isso, festivais como os de Havana (Cuba), Cartagena (Colômbia) e Guadalajara (México) foram enquadrados na classificação A, embora tenham uma repercussão no plano internacional mais reduzida que os festivais antes citados.

Dessa forma, ainda que de forma indireta, o Estado acaba por induzir um direcionamento, pela escolha dos festivais que compõem cada uma das classificações. É possível ver uma combinação de fatores artísticos, comerciais e políticos que definem essas escolhas. Se a pulverização das comissões reduz a possibilidade de favorecimento, em última instância ela apenas multiplica e diversifica os *lobbies* e as pressões, inevitavelmente presentes em cada uma dessas comissões.

Por fim, cabe analisar o impacto da premiação. O valor reduzido do prêmio (R$ 1 milhão no edital de 2006) tornou-se ainda mais pulverizado com a decisão de premiar dez filmes com o valor de R$ 100 mil. Com isso, estipulou-se que o prêmio deve necessariamente ser reinvestido num projeto de desenvolvimento da empresa produtora. A fragmentação de um montante pequeno torna o prêmio essencialmente assistencialista, contribuindo pouco para a efetiva alavancagem do próximo projeto desse diretor ou da produtora.

## O Fundo Setorial do Audiovisual (FSA)

### O retorno do fomento direto seletivo: entre o Estado interventor e o Estado regulador

O Fundo Setorial do Audiovisual (FSA), criado pela Lei nº 11.437/06 e regulamentado pelo Decreto nº 6.299, de 12 de dezembro de 2007, representa um novo momento na formulação das políticas públicas para o setor audiovisual. Nos capítulos anteriores, vimos que, em termos das políticas para o setor cinematográfico, o novo governo promoveu apenas alterações pontuais, que mantiveram a estrutura do modelo de incentivo indireto criado pelo governo anterior. De outro lado, criou mecanismos automáticos (o PAR e o PAQ) que, na verdade, são reedições de antigas modalidades, cujo impacto no setor cinematográfico é acessório, já que os valores empreendidos são pouco expressivos.

No entanto, o FSA aponta para uma nova estrutura programática de estímulo ao desenvolvimento do setor audiovisual. Trata-se de um novo mecanismo seletivo, em que, diferentemente do modelo das leis de incentivo, nos quais a participação do Estado é indireta, por meio de renúncia fiscal, desta vez o Estado assume o controle direto das políticas públicas, ao estabelecer linhas de ação e selecionar diretamente os projetos.

Porém, mais do que representar uma nova metodologia de seleção de projetos audiovisuais, em que o Estado recupera o seu poder de decisão – do qual simplesmente abdicou no modelo anterior –, com o FSA há a proposição de uma nova estrutura programática, que visa ao desenvolvimento articulado e integrado do cinema e do audiovisual brasileiro, estimulando toda a cadeia produtiva por meio dos diferentes segmentos de mercado.

Assim, trata-se de um passo significativo na direção de uma participação mais efetiva do Estado na condução das políticas públicas para o setor audiovisual, por dois aspectos principais.

De um lado, os recursos do FSA são alocados segundo linhas de ação específicas, de acordo com uma lógica programática, que prioriza determinados segmentos em que o investimento é considerado mais urgente ou que apresenta uma crise crônica. Ao contrário do modelo das leis de incentivo, que se voltava sobretudo ao apoio a projetos, escolhidos individualmente segundo os critérios particulares definidos pelos próprios agentes de mercado, o FSA tem seus recursos direcionados a programas, de acordo com a identificação de gargalos ou de segmentos prioritários.

De outro lado, a seleção dos projetos a ser incentivados não parte da iniciativa exclusiva dos agentes de mercado, que definem individualmente os próprios critérios de seleção. No FSA, a escolha dos projetos é realizada diretamente pelo próprio Estado, por intermédio de comissões compostas por servidores públicos dos órgãos governamentais envolvidos na gestão do FSA. Como esse fundo é um mecanismo seletivo, inevitavelmente os critérios de escolha envolvem questões de mérito relativas aos projetos. Ou seja, enquanto nas leis de incentivo o envolvimento do Estado se limitava aos aspectos formais (contrato social da empresa, regularidade fiscal etc.), no FSA o Estado entra na questão do mérito.

Desse modo, a participação do mercado, tanto na definição dos critérios de escolha quanto na seleção em si dos projetos incentivados, reduz-se de forma visível. O Estado deixa de adotar uma política neutra para assumir uma postura mais ativa, definindo linhas de ação prioritárias e selecionando diretamente os projetos pela análise de mérito dos inscritos, formando uma comissão composta por servidores públicos concursados.

Em certo sentido, é possível afirmar que o estabelecimento do Fundo Setorial do Audiovisual representa uma reação ao papel do Estado na promoção das políticas audiovisuais conforme estabelecido desde o início dos anos 1990. Aqui, trata-se, pela primeira vez desde a retomada, da proposição de uma política estatal sistêmica, com linhas de ação definidas pelo próprio Estado. Ao contrário do Estado mínimo do governo Collor ou mesmo do Estado regulador do governo FHC, o Estado reassume um papel propositivo das políticas cinematográficas.

Essa reação não implica um retorno ao Estado interventor dos anos 1970, já que a Ancine não se torna coprodutora ou distribuidora das obras audiovisuais produzidas, mas meramente indutora do desenvolvimento econômico estabelecido pelos próprios agentes de mercado – produtores, distribuidores e exibidores, potenciais proponentes dos projetos apresentados ao Fundo. Se o Estado passa a ter direito a parte do retorno financeiro com a exploração comercial do projeto, é importante ressaltar que ele não se torna detentor de direitos patrimoniais; o retorno do capital apenas faz parte da lógica de retroalimentação financeira do Fundo, na busca de sua autonomia financeira. Ou seja, o Estado entra na sociedade da realização do projeto proposto apenas sob o ponto de vista financeiro, mas nunca gerencial, não participando das decisões criativas ou administrativas relativas à execução do objeto em si.

## O papel do Comitê Gestor

Com o FSA, o Estado se torna mais ativo pela definição dos programas do Fundo, mas há uma participação dos agentes de mercado, ainda que indireta, na formulação das linhas prioritárias e na própria escolha dos projetos a ser selecionados. Essa participação pode ser vista na representação do Comitê Gestor do FSA (CGFSA), criado pela própria Lei nº 11.437/06, com a finalidade de definir as diretrizes e o plano anual de investimentos, acompanhar a implementação das ações e avaliar anualmente os resultados alcançados pelo Fundo. Sua composição originária era de seis membros:

- dois representantes do Ministério da Cultura;
- um representante da Ancine;
- um representante de instituição financeira credenciada pelo Comitê Gestor;
- dois representantes do setor de audiovisual.

O Decreto nº 8.281/14 ampliou o número de membros do Comitê Gestor do FSA de seis para nove, acrescentando um representante da Casa Civil, um membro do Ministério da Educação e um do setor audiovisual.

Portanto, por intermédio de três representantes, os agentes de mercado podem contribuir para a formulação das políticas públicas estabelecidas pelo FSA, priorizando determinadas linhas de ação e acompanhando sua efetiva implementação. A lógica do Comitê Gestor é similar à do Conselho Superior de Cinema, com a diferença de que, ao contrário deste, a participação privada no Comitê não é paritária, mas de um terço: são três representantes privados e seis de órgãos estatais. Ou seja, a contribuição privada às políticas desenvolvidas pelo FSA é claramente minoritária.

Além disso, cabe observar que a representação do Estado no Comitê Gestor nitidamente privilegia a participação do Ministério da Cultura (dois representantes) em relação à Ancine (um representante).

As principais atribuições do Comitê Gestor são:
- definir as diretrizes e selecionar as áreas prioritárias para a aplicação de recursos do FSA;
- aprovar o plano anual de investimentos;
- estabelecer os limites de aporte financeiro aplicável a cada grupo de ações;
- acompanhar a implementação das linhas de ação e avaliar anualmente os resultados alcançados;
- estabelecer as normas e critérios para a apresentação de projetos.

As atribuições de Secretaria Executiva do FSA são exercidas pela Ancine, assim como a responsabilidade pela execução orçamentária e financeira das ações do FSA e o apoio técnico e administrativo ao Comitê Gestor. Para operacionalizar suas ações, o FSA tem como agente financeiro instituições financeiras credenciadas pelo Comitê Gestor.

Os agentes financeiros são responsáveis por administrar e movimentar os recursos do FSA e por executar suas linhas de ação, incluindo a contratação dos projetos junto aos proponentes (formalização jurídica) e a gestão dos fluxos financeiros decorrentes de cada operação.

A Financiadora de Estudos e Projetos (Finep) foi o primeiro agente financeiro credenciado pelo FSA, tendo sido aprovado por seu Comitê Gestor em setembro de 2008. Desse modo, a Finep foi responsável pelo lançamento das chamadas públicas das linhas de ação criadas entre 2008 e 2010.

A partir de 2010, a Finep deixou de ser o agente financeiro credenciado pelo FSA. O BNDES, que já era exercia esse papel na operação direta do Programa Cinema Perto de Você, ocupou o lugar da FSA em dezembro de 2011. Esse lapso temporal fez que linhas de ação do FSA não fossem lançadas em 2011; porém, elas foram retomadas em 2012, como veremos no próximo capítulo. Quando isso ocorreu, o agente financeiro responsável pelas operações descentralizadas relativas às linhas de ação A, B, C e D passou a ser o Banco Regional de Desenvolvimento do Extremo Sul (BRDE).

O Comitê Gestor é ainda auxiliado por um Comitê de Investimentos (CI/FSA) em linhas de ação específicas, cuja finalidade principal é deliberar acerca da seleção final dos projetos que visam obter recursos do FSA, bem como dos montantes alocados a cada projeto. O CI/FSA é composto, até o momento, exclusivamente por servidores concursados da Ancine.

## Modalidades de apoio e fontes de financiamento

Outro elemento fundamental que distingue o FSA como inaugurador de uma relação entre o Estado e as empresas proponentes é o estabelecimento de distintas modalidades previstas para o aporte de recursos. Ao contrário do modelo de incentivo fiscal, que previa exclusivamente operações não reembolsáveis, isto é, a fundo perdido, o FSA estabelece que seus recursos podem ser aplicados:

- por intermédio de investimentos retornáveis em projetos de desenvolvimento da atividade audiovisual e produção de obras audiovisuais brasileiras;
- por meio de empréstimos reembolsáveis; ou
- por meio de valores não reembolsáveis em casos específicos, a serem previstos em regulamento.

Ou seja, a operação por meio de valores não reembolsáveis (a fundo perdido) é uma exceção, prevista apenas em casos específicos. A regra, portanto, é que parte dos valores aportados retorne ao próprio Fundo, criando um mecanismo de retroalimentação financeira. Desse modo, a participação do FSA pode ocorrer de duas formas distintas: investimentos retornáveis e empréstimos reembolsáveis.

Os investimentos retornáveis garantem ao FSA uma participação proporcional aos resultados do projeto beneficiado, enquanto os empréstimos reembolsáveis são um financiamento em que, independentemente do resultado comercial do projeto beneficiado, a empresa proponente deve reembolsar o FSA com um valor predeterminado (o principal, acrescido de juros).[46] Assim, pela modalidade investimentos retornáveis, o FSA entra no risco da realização do projeto, já que é remunerado com um percentual da receita da obra: caso seu desempenho comercial seja abaixo da expectativa inicial, o retorno para o FSA será em montante inferior ao previsto, mas, caso o desempenho supere as expectativas, o FSA pode ser remunerado inclusive além do montante beneficiado, mesmo corrigido. Por

---

46.   Ou seja, seguindo o modelo de financiamento vigente na época do INC/Embrafilme, antes da modalidade CO-DIS.

outro lado, a proponente corre menos risco, já que, caso o projeto não tenha o rendimento comercial esperado, o montante devolvido para o FSA será menor, não havendo a necessidade de se desfazer de parte de seu patrimônio para honrar o compromisso com o FSA, como o seria na modalidade de empréstimo.

A previsão de uma regra geral que estipula o retorno, ainda que parcial, dos valores aportados pelo FSA entra em acordo com a intenção de que este tenha existência autônoma, independente dos recursos orçamentários destinados pelo governo. Surge, portanto, a possibilidade de que o Fundo seja autossustentável, caso suas aplicações financeiras sejam em projetos de grande retorno comercial.

Em complemento a isso, a Lei nº 11.437/06 alterou a destinação da Condecine, de forma a destiná-la integralmente para compor a receita do FSA. Com isso, já que a Condecine é uma contribuição oriunda da própria atividade audiovisual, o FSA acaba sendo estruturado com base em uma lógica de retroalimentação: quanto maior for a capacidade do Fundo de estimular o desenvolvimento da atividade audiovisual, gerando receitas adicionais, maior será tanto o retorno ao Fundo dos valores investidos na área, diretamente proporcional ao recolhimento da Condecine.

De outro lado, fica clara a vocação desenvolvimentista da formulação das diretrizes do FSA, destinado ao desenvolvimento da atividade audiovisual e ao fortalecimento da cadeia produtiva. Sua lógica conjuga o fortalecimento do audiovisual como atividade essencialmente econômica com um modelo de participação mais ativa do Estado na formulação e na execução das políticas públicas. Ou seja, o FSA comprova que uma ação de inspiração industrialista não necessariamente implica uma visão do papel do Estado como mínimo, nem mesmo meramente regulador, atuando apenas para corrigir as distorções do mercado, mas pode ser implementada por um modelo de participação do Estado mais ativa.

## Critérios de seleção dos projetos

Os projetos inscritos nas "linhas de ação" do FSA passam por quatro etapas de seleção.[47]

---

47. Nas primeiras edições do FSA, havia uma quinta etapa, a "Avaliação gerencial, econômica e financeira", que consistia na análise das condições gerenciais, econômicas e financeiras da empresa, com base nos balanços patrimoniais. Nas últimas edições do FSA, porém, essa etapa foi excluída.

## Habilitação

Trata-se da fase inicial de seleção, composta por uma análise documental, em que se verifica a conformidade em relação aos itens básicos requeridos pelo edital e a entrega de todos os documentos necessários para a análise.

## Pré-seleção: avaliação de mérito por um sistema de pontuação

Esta é a principal fase de seleção, em que será realizada uma análise do mérito do projeto, realizada por uma comissão composta por servidores públicos concursados da Ancine e do agente financeiro. Com base em vários critérios apresentados previamente, os analistas avaliarão os projetos habilitados, lançando notas para diversos itens, que incluem desde a criatividade e originalidade do roteiro em si e o plano de negócios do projeto em tela até o desempenho prévio de mercado da empresa produtora e dos profissionais envolvidos na realização do projeto.

As primeiras linhas de ação do FSA apresentaram diversos quesitos de análise. Apesar de estes sofrerem pequenas variações pela especificidade de cada linha e por modificações pontuais ao longo do tempo, é possível reorganizá-los segundo três aspectos principais:

**Currículo da(s) empresa(s) e dos principais profissionais envolvidos**

Este aspecto se relaciona com a experiência prévia da empresa proponente e as obras anteriormente realizadas por ela, além do perfil dos profissionais que integram o projeto. No entanto, é importante perceber que, diferentemente dos critérios utilizados para a classificação de empresas produtoras para a definição do limite de captação de recursos incentivados, o currículo da proponente é pontuado não apenas pelo número de obras, mas principalmente pelo desempenho comercial de suas obras anteriores. Dessa forma, busca-se associar o nível de investimentos não só ao currículo, mas também ao desempenho comercial prévio e à capacidade gerencial das empresas e dos profissionais envolvidos. Parte-se do princípio de que proponentes com uma experiência prévia favorável têm mais probabilidade de realizar projetos de sucesso.

Esse critério, que reúne os parâmetros mais diretamente mensuráveis, representa uma moderada barreira de entrada, já que empresas proponentes iniciantes no mercado audiovisual têm uma nítida desvantagem em relação a empresas já estabelecidas, visto que a soma desses quesitos totaliza entre 30% e 45% do total de pontos possíveis, pois os pesos variam segundo as linhas de ação.

**Plano de negócios**

Este item abrange as possibilidades de o projeto atingir o seu público-alvo, por meio da organização de um plano de negócios que preveja a estruturação financeira do projeto, além das suas possibilidades de distribuição.

Dessa forma, este item também privilegia projetos de vocação mais comercial, já que os de proponentes menos estabelecidas têm mais dificuldade de realizar acordos comerciais que favoreçam seu plano de distribuição.

**Aspectos artísticos**

Este item analisa a parte essencialmente artística da obra, abrangendo aspectos como a originalidade de seu roteiro, sua estrutura dramática e sua relevância. Ou seja, são critérios de natureza subjetiva, mas que devem ser pontuados por parâmetros quantitativos. No entanto, entre os aspectos considerados, está o interesse que a obra pode despertar no público, o que insere um componente nitidamente ligado a um aspecto mais comercial.

Ou seja, a eleição de parâmetros quantitativos não soluciona a essência do desafio de enfrentar a análise de mérito do projeto, que não pode se basear em parâmetros diretamente mensuráveis. A análise do roteiro acaba residindo em subitens gerais, como a originalidade do roteiro ou a construção dos personagens. Conciliar esses itens com uma suposta adequação ao público evidencia a tentativa de equilíbrio entre a busca de obras inventivas, originais, mas que não deixem de ter apelo comercial.

Esses três aspectos conjugam diferentes enfoques para a realização da obra, como se abrangessem um componente ligado ao passado (o desempenho prévio da proponente e dos profissionais envolvidos), ao presente (aspectos artísticos relacionados à obra em si) e ao futuro (perspectivas de retorno comercial após a finalização da obra).

Há, portanto, uma ênfase em aspectos comerciais, pela eleição de parâmetros diretamente mensuráveis, privilegiando projetos de produtoras já estabelecidas com mais probabilidade de retorno comercial, em que os projetos inscritos são pontuados segundo parâmetros estabelecidos *a priori*. No entanto, há contradições nos critérios de mensuração, já que a análise de mérito, ligada aos aspectos artísticos da obra inscrita, não é de natureza diretamente mensurável, ainda que sejam pontuados para a classificação final da obra.

## *Defesa oral* (pitching)

Os projetos classificados seguem para uma etapa em que representantes do projeto devem responder presencialmente a questões e dúvidas diante do Comitê de Investimento, também formado por representantes da Ancine e do agente financeiro credenciado.

## *Decisão final*

Após a avaliação da pré-seleção e a apresentação do *pitching*, a decisão final será deliberada em caráter definitivo pelo Comitê de Investimento (CI/FSA), que estabelecerá o montante de recursos aportados e a participação do FSA na composição dos investimentos. Portanto, cabe a esse comitê tomar a decisão final, com a indicação dos projetos aprovados e seus respectivos valores, para a assinatura dos contratos correspondentes pelo agente financeiro.

Assim, apesar de a pontuação apresentada na fase de pré-seleção, os pareceres dos consultores externos e a análise dos técnicos da primeira comissão fundamentarem as escolhas do Comitê de Investimento, este é soberano para realizar a escolha final, reunindo as informações das fases anteriores.

## Primeiras linhas de ação: resultados

Esta seção apresenta uma análise dos resultados das primeiras linhas de ação implementadas pelo FSA. Pretendemos mostrar como os resultados ilustram as contradições de um modelo essencialmente guiado por parâmetros de desempenho comercial, ora premiando obras cuja natureza é a do mérito artístico, ora premiando obras cujo objetivo primordial é o retorno comercial.

As primeiras chamadas públicas do FSA foram lançadas apenas em dezembro de 2008 e os resultados publicados em 2009, estabelecendo quatro linhas de ação:

| Linha de ação | Descrição da linha | Valor |
|---|---|---|
| A | Produção cinematográfica de longa-metragem | R$ 30 milhões |
| B | Produção independente de obras audiovisuais para televisão | R$ 14 milhões |
| C | Aquisição de direitos de distribuição de obras cinematográficas de longa-metragem | R$ 20 milhões |
| D | Comercialização de obras cinematográficas brasileiras de longa-metragem no mercado de salas de cinema | R$ 10 milhões |

Tabela 18 – Linhas de ação – FSA 2008

Verifica-se que o foco inicial permanece sendo a produção cinematográfica. Dos R$ 74 milhões destinados às primeiras linhas, R$ 50 milhões (67,6%) foram designados às produtoras cinematográficas (linhas A e C). Os mecanismos de incentivo fiscal estabelecem uma concentração do aporte de recursos no elo da produção cinematográfica, em detrimento dos demais elos da cadeia produtiva e de outros segmentos de mercado, mostrando que as linhas A e C do FSA aprofundaram a ênfase nesse setor.

Por outro lado, a linha C promove um vínculo efetivo entre produtora e distribuidora, já que prevê o aporte de recursos na produção. Nessa linha, os projetos devem ser apresentados por empresas distribuidoras de capital nacional, que assegurem o lançamento comercial dessas obras, mediante um contrato de distribuição. Em complementação aos recursos do PAR Distribuição, a linha C do FSA oferece, portanto, uma maior possibilidade de as empresas distribuidoras nacionais disputarem com as *majors* os direitos de distribuição dos projetos de longas-metragens brasileiros de maior potencial comercial, inserindo um componente de competitividade para essas distribuidoras e podendo funcionar como uma espécie de amortecimento dos efeitos do art. 3º da Lei do Audiovisual.

Já a linha D capitaliza as empresas distribuidoras, financiando recursos para as despesas de comercialização da obra. Com isso, as distribuidoras nacionais arriscam-se menos ao promover uma estratégia de comercialização mais agressiva, financiando cópias ou mesmo uma campanha de divulgação da obra. Como as distribuidoras brasileiras notadamente têm menos capital de giro que as estrangeiras, o financiamento das despesas de comercialização estimula o aumento do número de cópias lançadas, incentivando a penetração do produto nacional nas salas de exibição.

Por fim, a linha B reconhece a necessidade de que o aporte de recursos não esteja apenas voltado ao segmento de salas de exibição, mas que também abranja o segmento de televisão, seja fechada ou aberta, estimulando a participação da produção independente nos canais, dominados pela produção própria (caso presente na TV aberta e nos canais das programadoras nacionais de TV fechada) ou pelo conteúdo estrangeiro (nos canais das programadoras estrangeiras de TV por assinatura).

Em suma, o FSA oferece maiores possibilidades em relação ao modelo de leis de incentivo de promover políticas públicas que integrem os elos da cadeia produtiva. Se essas linhas contemplaram o setor de distribuição, além de prever recursos para a produção independente à televisão, o investimento ainda permaneceu mais voltado para a produção cinematográfica. E, nos anos posteriores, em 2009 e 2010, foram mantidas as mesmas quatro linhas de ação antes descritas. Houve pequenas alterações nos pesos dos critérios de mérito e nas condições de elegibilidade, mas em geral as normas não tiveram mudanças significativas nesses anos.

Quando se examina a relação de projetos selecionados pelas primeiras linhas propostas do FSA em sua edição inicial (2008), a fim de averiguar, ainda que de forma preliminar, um primeiro resultado dessa ação programática, pode-se facilmente identificar um conjunto de paradoxos. Apesar de o FSA possibilitar um novo direcionamento, seus resultados são muito tímidos em relação à efetiva construção de uma nova etapa de desenvolvimento do mercado audiovisual brasileiro.

Os 18 projetos selecionados na linha A (produção cinematográfica), com valor total de R$ 15 milhões, espelham essas contradições. De um lado, existem projetos de nítido apelo comercial, como *Chico Xavier* (dir. Daniel Filho), *Besouro* (dir. João Daniel Tikhomiroff) e *Salve geral* (dir. Sérgio Rezende). De outro, existem projetos de nítida vocação artística, mas com poucas perspectivas comerciais, como *Insolação* (dir. Daniela Thomas e Felipe Hirsch), *Eu receberia as piores notícias dos seus lindos lábios* (dir. Beto Brant) e *Febre do rato* (dir. Cláudio Assis). Há também uma surpreendente quantidade de projetos de estreantes, dados os critérios do FSA que pontuam a experiência prévia (o currículo) dos envolvidos, como *Estação Liberdade* (dir. Caíto Ortiz) ou *Um dia* (dir. Jefferson De).

Ou seja, na tentativa de equilibrar critérios com parâmetros diretamente mensuráveis, que privilegiam o currículo da empresa e a perspectiva comercial da obra, e critérios cuja mensuração é problemática, relacionados aos aspectos artísticos, o resultado final da linha A apontou uma indefinição do perfil do FSA, convivendo na mesma seleção projetos de vocações diferenciadas: tanto os de eminente vocação comercial quanto os de maior mérito artístico. Assim como no modelo das leis de incentivo, apesar de o FSA apresentar uma estrutura nitidamente industrialista, privilegiando as perspectivas comerciais das obras, os projetos realizados a partir dos seus editais comprovam uma oscilação, ou ainda uma tensão entre projetos de caráter mais comercial e projetos de caráter mais artístico.

Ainda que a seleção pelo FSA de projetos com perfil diferenciado possa ser considerada saudável, espelhando a diversidade dos modos de produção do cinema brasileiro contemporâneo, dados os pressupostos de política pública que embasam a implementação do FSA os resultados parecem contraditórios. Seria mais coerente lançar linhas de ação diferenciadas para filmes de perfis diferentes. Nesse caso, os parâmetros a ser considerados poderiam ser distintos; ou, ainda, os pesos conferidos a cada critério poderiam ser modificados, dada a natureza da linha de ação.

O resultado das linhas B e D refletiu essa tensão de forma ainda mais visível, comprovando a distância entre o previsto no edital e as necessidades das empresas a que os recursos se dirigiam. A linha D, voltada para o financiamento de despesas de comercialização, foi dominada por títulos pouco competitivos. Mais que isso, as empresas distribuidoras nacionais mais competitivas, como Imagem e Downtown, nem sequer inscreveram projetos na linha. Dos sete projetos contemplados, cinco foram apresentados pela mesma distribuidora, a RioFilme, estimulada pela nova gestão de Sérgio Sá Leitão, que vem modificando o perfil da empresa para abranger lançamentos mais competitivos. Entre eles, destaca-se *31 minutos*, voltado para o público infantojuvenil, produzido pela Total Entertainment, que realizou grandes sucessos de bilheteria. Por outro lado, a presença de dois documentários entre os sete títulos contemplados apresentados pela RioFilme comprova a falta de vocação competitiva dos projetos selecionados.

Na linha B, voltada para produção independente para a TV, o resultado abrangeu projetos de pouco impacto comercial, já que nenhuma emissora de radiodifusão participou da seleção. Isso ocorreu graças às restrições inclusas no edital, que exigia um contrato entre a produtora independente e o canal de televisão, prevendo a participação financeira do canal de pelo menos 15% do orçamento total em troca apenas da exclusividade dos direitos de exibição por um prazo de 24 meses, mas sem direitos patrimoniais sobre a obra. Dessa forma, foram aprovados projetos apenas para canais públicos, como TV Cultura, TV Escola e TV Brasil, com um perfil essencialmente cultural, como *Bom dia, arqueologia* e *Arte popular do Brasil* – duas séries de documentários sobre temas ligados à cultura e ao patrimônio histórico brasileiros.

Os resultados mais coerentes com a política desenhada pelo FSA foram os da linha C, em que a articulação entre produtores independentes e distribuidores nacionais se tornou positiva, gerando parcerias em projetos com efetivo potencial comercial, como *De pernas para o ar* e *Desenrola*, ambos apresentados pela Downtown. Essa associação entre produção e distribuição, que, por sua vez, tem como antecedente a própria relação desenvolvida pelo art. 3º da Lei do Audiovisual, mostra que um caminho possível é a articulação entre diferentes segmentos da cadeia produtiva, aspecto ainda em falta nos mecanismos brasileiros, exclusivamente voltados para o financiamento a projetos.

# 6. Um epílogo: as políticas para o audiovisual no primeiro governo Dilma (2011-2014)

**Nos capítulos anteriores, analisamos as** políticas públicas para o audiovisual implementadas num período que cobre 20 anos, entre 1990 e 2010 – ou do governo Collor até o fim do mandato do presidente Lula. Aqui, à guisa de epílogo, comentaremos as principais características do primeiro mandato da presidente Dilma.

Os últimos anos apresentaram novidades para a política audiovisual. Em primeiro lugar, em contraste com o início do governo Lula – em que a Secretaria do Audiovisual assumiu papel preponderante na formulação das políticas públicas para o setor –, no final desse mesmo governo percebe-se uma tendência de fortalecimento da Ancine como instância propositora e o esvaziamento da SAv como órgão formulador de políticas.

O início desse processo pode ser associado à saída de Sílvio Da-Rin, em abril de 2010, da Secretaria do Audiovisual. Se no início do governo Lula as tensões entre Ancine e SAv foram constantes, mas em geral favoráveis à SAv, ao final do mesmo governo os embates se mantiveram, mas com preponderância da Ancine.

Esse processo espelha o fortalecimento de Manoel Rangel à frente da Ancine. Líder do projeto da Ancinav, Rangel ingressa na Ancine em 2005, após as fracassadas tentativas de aprovação do projeto. Com o fim do mandato de Gustavo Dahl, em dezembro de 2006 Rangel é nomeado Diretor-Presidente. Em maio de 2009, é reconduzido ao cargo, permanecendo nele por mais quatro anos – avançando, portanto, do governo Lula para o governo Dilma.

Em maio de 2013, ele foi novamente reconduzido. Houve uma controvérsia jurídica e política, já que entraria em seu terceiro mandato como diretor da Ancine. No entanto, Rangel beneficiou-se de uma brecha na Medida Provisória 2228--1/01, em que não consta vedação explícita a uma segunda recondução, embora esta seja uma medida atípica no âmbito das agências reguladoras. Diante do fato, a Associação de Servidores da Ancine (Aspac) divulgou uma carta pública criticando a segunda recondução e afirmando que a medida contrariava as boas práticas regulatórias, além de representar uma ameaça de captura governamental da Agência pelo governo, comprometendo sua autonomia.

No entanto, Rangel gozava de grande prestígio nas esferas governamentais e sua gestão era aprovada pela grande maioria de cineastas e produtores. A aprovação da lei que cria o Fundo Setorial do Audiovisual, em 2006, inaugurou um novo momento da política audiovisual e novos recursos para o setor. Mas um fato recente em especial contribuiu de forma decisiva para a manutenção de Rangel: a aprovação da Lei nº 12.485/11, que, como veremos, criou a obrigatoriedade de veiculação de obras brasileiras nos canais e pacotes de TV por assinatura e turbinou o FSA, com o expressivo aumento de recursos por meio da majoração de tributos arrecadados pela Condecine. Como ainda estava em estágio de regulamentação ao fim do segundo mandato de Lula, era natural a defesa de que, de início, a lei pudesse ser gerida por Rangel. Dessa forma, sua manutenção foi defendida de forma veemente pela Ministra da Cultura, Marta Suplicy, e pela maioria das associações de cineastas e produtores, que se manifestaram publicamente em defesa do terceiro mandato.

Mas se a Ancine contou com a continuidade de suas políticas, o caso do Ministério da Cultura foi bastante mais turbulento, com muitos percalços no período. Enquanto as gestões de Gilberto Gil e Juca Ferreira consolidaram o MinC na ponta de lança de um pensamento contemporâneo para a cultura, não houve continuidade direta das políticas da gestão anterior com a saída de Juca Ferreira do Ministério.

A Secretaria do Audiovisual permaneceu sob a sombra dessas disputas: de um lado, o retrocesso de um projeto do MinC para a cultura; de outro, tornou-se cada vez menor diante da expansão política e orçamentária da Ancine.

## A nova gestão do MinC: descontinuidades e retrocesso

**No lugar de Juca Ferreira,** foi nomeada para o cargo de Ministra da Cultura Ana de Hollanda, intérprete e irmã de Chico Buarque. Sua gestão foi bastante tumultuada, marcada por políticas confusas. Apesar da manutenção do mesmo partido político à frente do poder federal, muitos analistas identificaram um retrocesso nas políticas adotadas por Hollanda em relação às gestões anteriores. Em pouco tempo, a ministra despertou reações bastante contrárias, por suprimir liberdades e iniciativas das gestões anteriores. Dois episódios merecem especial atenção.

O primeiro relaciona-se à questão dos direitos autorais. Já em seu primeiro mês como ministra, Ana sofreu fortes críticas por sua iniciativa de retirar a licença Creative Commons do site do MinC. Segundo ela, a introdução da logomarca fazia propaganda de um serviço, não devendo portanto constar em um site de órgão público. No entanto, pesquisadores como Ronaldo Lemos contra-argumentaram que não se tratava de propaganda, pois o Creative Commons é apenas uma licença que informa as possibilidades de uso comercial e de modificação de uma obra – sendo, inclusive, compatível com a atual lei de direitos autorais do país. Lemos afirmou ainda que outras empresas, de natureza privada, que detêm redes sociais, como o Twitter e o Facebook, têm estampadas suas logomarcas no site do MinC, tornando contraditórios os argumentos da ministra.

Essa medida aparentemente sem grande importância teve inúmeros desdobramentos, e pode ser vista como elemento de um processo mais estratégico, que ilustra a posição da ministra em confronto direto com seus antecessores na forma de considerar a gestão dos direitos de autor.

Durante as gestões Gil-Juca, houve uma "política de valorização do software livre e o reconhecimento das novas formas de produzir e circular informação pelas redes interconectadas" (Savazoni, 2011). O próprio Gil se anunciou como *hacker*. Ao usar o termo, o ministro abriu uma discussão sobre os direitos de autor que privilegiava o compartilhamento da informação mais do que a ênfase na propriedade e na remuneração do autor, como expressa na Lei nº 9.810/98. A ampla difusão da tecnologia digital criava um novo ambiente para a propagação das informações, permitindo maior democratização do acesso e da produção de bens culturais e de conhecimento. No entanto, a Lei nº 9.810/98 mostrava-se ultrapassada; seu viés nitidamente patrimonialista restringia a circulação das informações pela excessiva ênfase na remuneração e na exclusividade da licença pelo autor. O objetivo era, portanto, reformar a lei, para que o foco não fosse apenas o bem-estar do autor, mas também o da sociedade. Enfim, buscava-se um equilíbrio entre os direitos de remuneração do autor (interesse privado) e a necessidade social de compartilhamento do conhecimento (interesse público).

Dessa forma, em dezembro de 2007, o MinC criou o Fórum Nacional de Direito Autoral, promovendo uma série de seminários e encontros para debater a legislação de direitos de autor. Os desdobramentos do Fórum levaram à percepção de que as ações governamentais deveriam ser estruturadas com base em três elementos: um programa de expansão da banda larga, a reforma da lei de direitos autorais e a aprovação do marco civil da internet. Portanto, a reforma da lei de direitos autorais era um dos eixos de um projeto mais amplo, que visava ao maior acesso à informação e à cultura (Klang, 2012).

Partindo desses debates, o Ministério da Cultura elaborou um anteprojeto de lei para substituir a Lei nº 9.810/98. Após ampla consulta pública, com dezenas de encontros e debates, o texto consolidado foi encaminhado à Casa Civil no final de 2010 para apresentação ao Congresso Nacional.

No entanto, a posse de Ana de Hollanda modificou esse cenário. Após a exclusão da logomarca do Creative Commons do site do MinC, a ministra retirou da pauta o projeto de reforma da lei de direitos autorais, argumentando que, "mesmo estando em consulta pública por anos, uma área não se sentiu contemplada, a dos autores" (*O Globo*, 7 abr. 2011). Com essa medida, manifestou sua clara discordância em relação ao processo desenvolvido pelos ministros anteriores, interrompendo o processo de aprovação de reforma de lei e sinalizando que este demandava mais debates para incorporar outros pontos de vista.

Essas tensões foram agravadas quando a ministra começou a ser vista como favorável ao Escritório Central de Arrecadação e Distribuição (Ecad). Ana afastou Marcos Souza, Diretor de Direitos Intelectuais do MinC – principal articulador técnico da reforma da lei –, e, em seu lugar, nomeou Marcia Regina Barbosa para o cargo, supostamente indicada por Hildebrando Pontes Neto, ex-presidente do extinto Conselho Nacional de Direito Autoral (CNDA) e ligado ao Ecad. Além disso, uma troca de e-mails divulgada pelo jornal *O Globo* fornecia indícios de que diretores do Ecad teriam canal direto de acesso à ministra, visando à manutenção de lei de direitos autorais vigente (*O Globo*, 3 maio 2011).

Bastante controverso, o Ecad é o escritório central responsável pela arrecadação dos direitos de autor pela execução pública relativa às obras musicais e posterior distribuição dos recursos arrecadados para os detentores de direitos autorais. Trata-se de um órgão sem fins lucrativos, mas sem ingerência estatal. Por meio de filiação voluntária, o autor concorda com as práticas do órgão e o autoriza a praticar atos referentes à cobrança dos direitos, conforme previsto nos artigos 97 e 98 da LDA.

A criação do Ecad contribuiu para uniformizar as práticas de cobrança de obras musicais, favorecendo os autores. Porém, o órgão sofre crescentes críticas devido a seu perfil centralizador, à pouca transparência no que se refere à distribuição de suas receitas e ao papel coercitivo de sua atuação – que dificulta a exibição pública mesmo quando se trata de eventos sem fins lucrativos. As práticas do Ecad reforçam uma ótica essencialmente patrimonialista na defesa dos direitos de autor, tornando a remuneração deste e a licença de seus direitos os pilares de sua atuação – o que evidentemente entra em conflito com a visão dos defensores da "cultura digital", que buscam um equilíbrio entre a remuneração dos autores e a disseminação de informação, que privilegiaria toda a sociedade.

O segundo episódio de desgaste da ministra e de discordância em relação à gestão anterior refere-se aos Pontos de Cultura. Como vimos, estes foram a ação prioritária do Programa Cultura Viva, dinamizando a ação cultural por meio do fortalecimento dos agentes locais espalhados pelo país. Com a posse de Ana de Hollanda, os Pontos de Cultura não receberam a devida atenção pelo novo ministério, atrasando pagamentos e não lançando novos editais. A situação foi se agravando até que, em fevereiro de 2011 membros da Comissão Paulista dos Pontos de Cultura fizeram uma manifestação em frente ao MinC, em Brasília, depois que a ministra desmarcou algumas reuniões com eles. Segundo dados fornecidos pelos representantes dos Pontos, dos R$ 205,3 milhões liberados pelo programa Cultura Viva (Programa 1.141 do MinC), apenas R$ 14,4 milhões haviam sido empenhados pela nova gestão. Segundo a equipe da ministra, a redução devia-se a problemas relativos à prestação de contas com os pontos e pontões de cultura, o que provocava a inadimplência das entidades. Em resposta, os pontos citaram o aumento da burocracia sobre entidades que funcionam sem um corpo rígido de funcionários, o que atravancaria a operacionalização dos projetos.

Esses dois exemplos mostram caminhos diferentes do novo ministério em relação à gestão de Juca Ferreira e Gilberto Gil. Na verdade, existe também um fator político. Hollanda foi alçada ao cargo com o apoio do grupo contrário ao de Gil, representando o núcleo duro da área de cultura do PT, embora ela não seja filiada ao partido (Sousa, 2010). Juca e Gil tornaram-se líderes da cultura no governo Lula mesmo sendo filiados ao PV. Na gestão Dilma, líderes petistas da área cultural buscaram retomar o poder assumindo os principais cargos do Ministério da Cultura, liderados por Antonio Grassi, que havia sido demitido da Funarte por Gil. Diante disso, a falta de continuidade dos programas da gestão Gil-Juca pode ser lida como uma ênfase "revanchista" do novo grupo que ascendeu ao poder.

Ao mesmo tempo, é importante destacar que a principal iniciativa da gestão Ana de Hollanda, que aponta para uma nova visão estratégica do papel da cultura, corresponde à criação da Secretaria da Economia Criativa. A ênfase dada ao tema evidencia as relações entre cultura e desenvolvimento, e uma mudança de ótica do Ministério da Cultura, agora mais voltado a uma visão desenvolvimentista da cultura, mais focada em seus aspectos comerciais – o que teria paralelo com a própria posição da ministra quanto aos direitos de autor. Nesse sentido, como bem aponta De Marchi (2013), a gestão de Hollanda se relaciona com uma política mais ampla do governo Dilma, que o autor denomina de "neodesenvolvimentista", buscando destacar a chamada "dimensão econômica" do conceito de cultura, com o reconhecimento tanto da capacidade das diversas atividades culturais de gerar empregos e renda para vários grupos sociais quanto do caráter cultural de determinadas atividades econômicas, como o turismo, a moda, o design etc. Assim, as políticas do MinC poderiam também ser aplicadas transversalmente a atividades que em geral não vinham recebendo atenção do órgão.

De Marchi destaca ainda que a visão da secretária Claudia Leitão, conforme expressa no Plano de Metas da Secretaria da Economia Criativa, se diferencia da abordagem próxima à experiência britânica, tendendo para o economicismo de inclinação liberal. O desafio do programa de governo seria equilibrar o potencial econômico das atividades que cruzam o campo da cultura e seus aspectos tipicamente culturais.

De qualquer forma, a inexperiência política de Ana de Hollanda agravou as tensões e tornou insustentável a sua permanência. Sem estar diretamente filiada a um partido, sua gestão demonstrou grande dificuldade de articulação política, com uma tendência ao isolamento que se intensificou diante da dificuldade do ministério de reagir às críticas que recebia. A situação se agravou com uma carta escrita por Ana em agosto de 2012, dirigida à ministra do Planejamento, Miriam Belchior, reclamando do orçamento do MinC – que estaria afetando a manutenção de prédios e obras e o pagamento dos servidores, mobilizados em protestos frequentes por melhores condições de trabalho. Com pouca interlocução política e em meio a diversas críticas, Ana acabou sendo destituída do MinC.

Em seu lugar, foi empossada a senadora Marta Suplicy. Sua habilidade política foi fundamental para dirimir as intensas críticas da gestão anterior, mas ficou clara sua falta de ambição política em direção a um projeto de cultura, em contraste com a posição muito bem estruturada e articulada da gestão Gil-Juca. Embora em nível nacional houvesse a manutenção do mesmo partido político no poder, estava claro que os tempos eram outros: na gestão Dilma, a cultura não tinha o mesmo nível estratégico observado no governo Lula. A pasta da Cultura retomou a lógica tradicional de ser muito mais uma "moeda de troca" na composição política dos diversos ministérios que compõem a base governista do que de assumir um protagonismo quanto aos modos de viver e fazer da sociedade brasileira. Especulou-se que a indicação de Marta fez parte de um acordo para que a então senadora se integrasse à campanha do petista Fernando Haddad pela prefeitura de São Paulo, como uma espécie de "prêmio de consolação" por ter sido preterida.

A principal medida de Marta foi a aprovação do Vale Cultura – projeto inovador na estrutura de apoio à cultura por ser o único mecanismo que estimula o consumo cultural, ou seja, funciona como incentivo pela ótica da demanda, e não da oferta. Assim, o Vale Cultura é um incentivo aos empregadores para que seus funcionários (apenas os regidos pela CLT), sobretudo aqueles com remuneração entre dois e cinco salários mínimos, recebam um cartão magnético no valor mensal de R$ 50 para consumir bens e serviços culturais diversos – espetáculos de teatro, cinema, museus, shows, circo, compra de CDs, DVDs, livros, revistas e jornais – como bem lhes aprouver. Caso as empresas adiram ao programa, é possível abater os valores aportados em até 1% do imposto de renda devido.

Outra medida de destaque da gestão Suplicy foi a adoção do modelo dos Centros de Artes e Esportes Unificados (CEUs), seguindo experiência adotada quando ela foi prefeita de São Paulo. Os CEUs integram no mesmo espaço projetos culturais e práticas esportivas e de lazer voltados para territórios de maior vulnerabilidade social, com gestão compartilhada entre prefeitura e sociedade. Para tanto, houve um amplo mapeamento dos chamados "territórios de vivência", com uma estratégia de apoio à mobilização social visando o fortalecimento da sustentabilidade dos CEUs. Portanto, eles se diferenciam das políticas dos Pontos de Cultura: enquanto estes pulverizam as ações governamentais, empoderando e fortalecendo pequenos grupos já existentes, os CEUs buscam montar uma infraestrutura física, acoplados ao PAC, para a oferta de serviços culturais e de lazer.

Quanto à Secretaria do Audiovisual, após a saída de Sílvio Da-Rin, em abril de 2010, seu poder de elaboração e de implantação de políticas públicas para o setor audiovisual perdeu força, em contraste com o empoderamento da Ancine. Ainda no governo Lula, a equipe de Newton Cannito propôs a criação de um Fundo Setorial de Incentivo à Inovação do Audiovisual, mas sua curta gestão impossibilitou que este fosse levado a cabo. Com Ana de Hollanda, a secretária do Audiovisual foi Ana Paula Dourado Santana, funcionária de longa data do Ministério, mas sem respaldo político para implementar uma visão mais estratégica. Em dezembro de 2012, Marta Suplicy trouxe para o cargo Leopoldo Nunes, que fora diretor da Ancine e diretor de programação da EBC durante o período de Orlando Senna. Sua gestão foi marcada por um longo processo de desgaste com a Cinemateca Brasileira, após a exoneração de Carlos Magalhães, com a instalação de uma auditoria para investigar indícios de irregularidades na prestação de contas do órgão pelo Tribunal de Contas da União. Após a saída de Nunes, assumiu, em novembro de 2013, Mario Borgneth, que também trabalhara com Senna na EBC. Em termos concretos, pouco foi realizado pelos quatro secretários do audiovisual durante o primeiro mandato de Dilma, evidenciando as dificuldades da Secretaria do Audiovisual de colocar-se de forma estratégica no campo de forças da cultura, sobretudo diante do grande orçamento e do poder político da Ancine.

## A Ancine e a busca de ações estruturantes

**A continuidade de Manoel Rangel** à frente da Agência Nacional do Cinema tornou a transição do governo Lula para o governo Dilma mais suave. No primeiro governo desta, Rangel conseguiu fortalecer a Ancine na proposição e na execução das políticas públicas para o audiovisual. Ao contrário do período da Embrafilme, em que cineastas e produtores regiam o comando da política audiovisual, a posse de Rangel inaugura um momento em que as políticas passam a ser desenvolvidas não pela classe cinematográfica, mas por um corpo burocrático neutro, por meio da iniciativa do próprio governo. Assim, a política pública para o audiovisual passou a levar em conta não necessariamente o desejo dos cineastas, mas da sociedade como um todo – ou, ainda, o interesse público.

No período entre 2011 e 2014, destacam-se algumas medidas da Ancine. A principal delas é a aprovação da Lei nº 12.485/11 – mais conhecida por estipular cotas de programação nacional nos canais e nos pacotes da TV por assinatura, assegurando um mercado para a produção independente brasileira. Porém, a abrangência da lei é ainda maior, pois coloca a Ancine como agência reguladora do conteúdo audiovisual nesse segmento, dividindo responsabilidades com a Agência Nacional de Telecomunicações (Anatel).

Um dos mais importantes aspectos da lei é o aumento da arrecadação da Condecine, elevando exponencialmente os recursos disponíveis para o Fundo Setorial do Audiovisual. Assim, a partir de 2013, o FSA lançou chamadas públicas para atender às exigências das novas demandas de conteúdo audiovisual diferenciado, sofisticando as linhas de ação disponíveis para os proponentes.

Parte desses recursos é destinada ao Programa Cinema Perto de Você. Gerido pelo BNDES, ele visa ampliar e modernizar o parque exibidor brasileiro por meio da construção e da reforma de salas de cinema, em cidades de médio porte ou na periferia dos grandes centros urbanos. O programa, aliado ao Projeto Cinema da Cidade, gerenciado pela Caixa Econômica Federal e voltado à construção de cinemas em municípios menores, compõe os principais pontos da Lei nº 12.599/12. Além disso, a preocupação com a rapidez na digitalização das salas de cinema gerou medidas de desoneração tributária, facilitando a compra de equipamentos – sobretudo importados – e a realização de obras nas salas. Esse conjunto de medidas forma o Recine, cujo objetivo é expandir e diversificar o circuito comercial do mercado de salas de exibição no país. Diferencia-se, assim, dos demais mecanismos existentes, mais voltados para a produção ou a distribuição de obras audiovisuais.

A Ancine elaborou um ambicioso planejamento estratégico visando o desenvolvimento do audiovisual brasileiro, a fim de que o país se torne a quinta economia do audiovisual até 2020. As metas e os indicadores estão previstos no Plano de Diretrizes e Metas para o Audiovisual (PDM), aprovado pelo Conselho Superior do Cinema em agosto de 2012 e submetido a consulta pública antes de ser ratificado pelo governo. O documento prevê o investimento integrado nos diversos elos da cadeia produtiva e nos segmentos de mercado, elegendo três deles como prioritários: o cinema, a TV por assinatura e o vídeo sob demanda. O Plano foi a base do Programa Brasil de Todas as Telas: lançado pelo Governo Federal em julho de 2014, em meio ao anúncio de um pacote de medidas para o desenvolvimento integrado do setor audiovisual, ele usa recursos do FSA e se estrutura em quatro eixos:

1. Desenvolvimento de projetos, roteiros, marcas e formatos;
2. Capacitação e formação profissional;
3. Produção e difusão de conteúdos brasileiros;
4. Programa Cinema Perto de Você.

Dessa forma, se os mecanismos de fomento indiretos dificultavam o planejamento da política pública para o audiovisual, que acabava por favorecer a produção de longas-metragens cinematográficos, esse conjunto de medidas comprova o amadurecimento do setor, cujas ações se diversificam, abrangem vários segmentos de mercado e ingressam, ainda que de forma tímida, no campo da regulação propriamente dita.

Dado o fracasso do projeto da Ancinav, restou a Manoel Rangel administrar a sua herança: as Leis nº 11.437/06 e 12.485/11 podem ser entendidas como "a Ancinav possível" – ou, ainda, como as primeiras medidas de fato que permitem ampliar a atuação da Ancine na busca de seus objetivos, conforme descritos na MP nº 2228-1/01.

## A Lei nº 12.485/11 e a busca de regulação do conteúdo na TV por assinatura

No segundo semestre de 2011, o governo conseguiu aprovar a Lei nº 12.485/11, que oferece novas perspectivas para a inserção da produção independente na programação das TVs por assinatura. Assim, após o fracassado projeto da Ancinav, trata-se da primeira medida efetiva de regulação do conteúdo audiovisual, que oferece a oportunidade histórica de consolidar uma política pública que promova o efetivo estabelecimento de uma indústria audiovisual no país – criando bases sistêmicas para desenvolver uma produção independente que atenda às necessidades competitivas do mercado, mas sem deixar de lado os princípios públicos que regem a produção audiovisual, conforme previstos pela própria Constituição Federal.

Seu processo de tramitação foi bastante longo e contou com várias proposições de projetos, sendo os mais difundidos o PL 29/07 e o PLC 116/10. Este último dispositivo legal, que estipula normas para o serviço de acesso condicionado, ou seja, para o segmento de TV fechada, independentemente da tecnologia, esbarrou em um conjunto de pressões políticas. De um lado, as empresas de telecomunicações desejavam ingressar nesse mercado adquirindo licenças de exploração dos serviços. De outro, as empresas já estabelecidas – em especial a Globo – procuravam criar obstáculos aos novos entrantes. Além disso, produtores independentes e sociedade civil buscavam a aplicação dos princípios constitucionais para a programação de conteúdos na TV, visando a maior acesso e maior diversificação. A aprovação da Lei, ainda que não criasse um novo órgão regulador, ampliou as responsabilidades da Ancine e inseriu princípios de regulação de conteúdo na TV por assinatura.

Como vimos, a regulação de conteúdo no Brasil permanece embrionária. A TV aberta brasileira consolidou-se num modelo de exploração comercial baseado em produção própria. A Constituição Federal de 1988 abriu caminho para o estabelecimento de uma programação que atendesse não apenas aos interesses comerciais das emissoras, voltados para a conquista imediata da audiência, mas ao interesse público – sobretudo levando em conta que a TV é a principal fonte de informação dos brasileiros. O artigo 221 da Constituição Federal estabelece que a produção e a programação das emissoras de rádio e TV devem dar preferência a finalidades educativas, artísticas, culturais e informativas, prevendo o estímulo à produção independente e à regionalização da produção, além do respeito aos valores éticos da pessoa e da família. No entanto, esse artigo ainda não foi regulamentado de forma plena, sobretudo no que se refere à presença da produção independente e regional. A criação da Anatel poderia contribuir para o avanço nesse campo, mas entraves políticos afastaram a agência das questões sobre conteúdo. Além de estabelecer uma indefensável diferenciação entre "telecomunicação" e "radiodifusão" – de modo que as TVs abertas continuassem regidas pelo Código Brasileiro de Telecomunicações (CBT), instrumento legal nitidamente arcaico, aprovado em 1962 –, a posterior legislação sobre telecomunicações abrangeu apenas uma das tecnologias (o cabo), por meio da Lei do Cabo (Lei nº 8.977/95). Apesar de criar uma série de canais de veiculação obrigatória, como os comunitários e universitários, tornou-se uma lei por demais tímida para promover a efetiva regulação dos conteúdos exibidos na miríade de canais que compõem a TV fechada.

Desse modo, a Lei nº 12.485/11 pode ser entendida como o início de um processo de efetiva participação do Estado na regulação dos conteúdos veiculados na TV, por meio de uma política sistêmica que promova, de fato, um primeiro esboço de desenvolvimento da indústria audiovisual no país. Para isso, primeiro, ela divide a responsabilidade de regulação entre dois órgãos: de um lado, a Anatel se encarrega dos aspectos da infraestrutura técnica, autorizando e fiscalizando as licenças de exploração dos sinais; de outro, os atributos regulatórios da Ancine são ampliados, ficando a agência a cargo de aspectos da produção, da programação e do empacotamento desta.

Além disso, a lei estabelece cotas mínimas de programação nacional na programação da TV por assinatura, criando dois tipos distintos de cota: as de canal e de pacote. Nas primeiras, cada canal que veicule em horário nobre majoritariamente conteúdo de espaço qualificado deverá exibir no mínimo 3h30min por semana de conteúdo brasileiro de espaço qualificado nessa faixa de horário (art. 16). Para entender essa proposição, é preciso primeiro explicar o conceito de "espaço qualificado", diretamente relacionado à distinção entre "conteúdos de fluxo ou de onda" e "conteúdos de estoque" e atribuída ao teórico Patrice Flichy (1980). Os conteúdos de fluxo são aqueles cuja função econômica primordial se esgota em sua própria veiculação na grade de programação de um canal televisivo; já os conteúdos de estoque podem ser utilizados não somente nos canais, mas explorados economicamente em outros segmentos de mercado e territórios. Desse modo, o estímulo à produção independente se daria de fato com conteúdos de estoque, que costumam render frutos econômicos a seus detentores ao longo do tempo, podendo ser comercializados em outros segmentos de mercado – minisséries, filmes, documentários, seriados etc. Segundo essa lógica, a Lei considera "espaço qualificado" algo próximo dos conteúdos de estoque, privilegiando as obras que necessitam de maior volume de produção e criação e excluindo programas jornalísticos (ligados ao registro de eventos factuais), conteúdos políticos ou religiosos, televendas e infomerciais, eventos esportivos, programas de auditório ancorados por apresentador etc.

Desse modo, a cota de canal (3h30min semanais) apenas deve ser respeitada para os canais que exibam, no horário nobre, majoritariamente conteúdos de espaço qualificado. Ou seja, canais como HBO e TNT têm de exibir obras brasileiras em sua grade, mas aqueles como CNN e ESPN não têm essa obrigatoriedade. Como a maior parte dos canais com maior alcance médio diário é de espaço qualificado, esse dispositivo inaugura uma inédita demanda de programação nacional, que deve ser necessariamente produzida nos últimos sete anos; mantém-se, assim, a necessidade constante de novos conteúdos. Além disso, pelo menos metade desse tempo de programação (ou seja, pelo menos 1h45min por semana) deve ser preenchida com produção independente.

De outro lado, a cota de pacote estimula a programação de canais brasileiros. O art. 17 estipula que, a cada três canais de espaço qualificado existentes nos pacotes ofertados ao assinante, ao menos um deles deverá exibir majoritariamente conteúdos brasileiros de espaço qualificado no horário nobre. Esse canal, chamado de "canal brasileiro de espaço qualificado" deve: a) ser programado por programadora brasileira; b) veicular majoritariamente, no horário nobre, conteúdos audiovisuais brasileiros que constituam espaço qualificado, sendo metade desses conteúdos produzidos por produtora nacional independente; c) não ser objeto de acordo de exclusividade que impeça sua programadora de comercializar, para qualquer empacotadora interessada, seus direitos de exibição ou veiculação.

Essa medida fortalece os programadores e os canais independentes de produção nacional que não conseguiam ser incluídos no *line-up* das operadoras, por concorrerem com um canal similar de propriedade indireta da própria operadora ou por pertencerem a um grupo concorrente. É o caso do Cine Brasil TV ou do Canal Brasil. Além disso, permitiu a criação de novos canais, como o Prime Box e o Curta!.

Os dois tipos de cota se complementam, estimulando tanto a presença de conteúdo brasileiro nos canais de programação estrangeira quanto a existência de novos canais, programados por empresas nacionais, dedicados majoritariamente a conteúdos brasileiros. Quanto aos canais jornalísticos, a Lei estimula o acesso do assinante a diferentes fontes de informação. Nos pacotes em que houver canal de programação gerado por programadora brasileira que tenha preponderantemente conteúdos jornalísticos no horário nobre, deverá ser ofertado pelo menos um canal adicional de programação com as mesmas características no mesmo pacote. Ou seja, se um pacote contém a Globo News, precisará oferecer no mesmo pacote a Band News ou a Record News.

Mas como suprir a demanda desses novos conteúdos? Para isso, a Lei elevou os valores de arrecadação da Condecine, estendendo a tributação às empresas prestadoras de serviço que tenham capacidade operacional de distribuir os conteúdos previstos pela Lei e tornando as empresas de telecomunicação contribuintes. Desse modo, estima-se que a Condecine obteria recursos adicionais da ordem de R$ 800 milhões por ano para a produção dos novos conteúdos. A execução dos valores se daria pelo Fundo Setorial do Audiovisual, que passou a apresentar novas linhas específicas para atender a essa demanda crescente.

Portanto, a Lei nº 12.485/11 estabelece a possibilidade de um mercado audiovisual para a produção independente brasileira na TV por assinatura. O crescimento da produção audiovisual é visível, assim como o aumento no número de empregos e a demanda de técnicos qualificados. Outros desafios ainda precisam ser enfrentados pela legislação – como o estímulo à produção regional e o desenvolvimento das produções fora do eixo Rio-São Paulo. A lei determina que pelo menos 30% do montante do novo tipo de Condecine, relativo ao setor de telecomunicações, seja empregado em produções das regiões Norte, Nordeste e Centro-Oeste. Porém, esse dispositivo não foi devidamente regulamentado até agora.

## O Fundo Setorial do Audiovisual: novos desafios

A Lei nº 12.485/11 trouxe consigo um expressivo aumento dos recursos arrecadados para a Condecine. Enquanto em 2010 tal arrecadação foi da ordem de R$ 40 milhões, em 2013 esse montante superou R$ 800 milhões.

Dessa forma, para atender à demanda crescente de conteúdos brasileiros em decorrência da nova lei, e seguindo o ideal de crescimento previsto no Plano de Diretrizes e Metas para o Audiovisual (PDM), o Fundo Setorial do Audiovisual, em suas chamadas públicas no ano de 2013, reformulou suas linhas de ação. Desde o lançamento das primeiras chamadas do fundo, em 2008, o perfil dessas linhas permanecera o mesmo: mantinham-se concentradas no segmento de salas de exibição e privilegiavam a produção cinematográfica. Havia uma única linha para a produção de séries de TV (Linha "B", mas ainda incipiente).

As chamadas públicas em 2013 ampliaram esse escopo. As linhas anteriores – os Prodecines de 01 a 04, com a linha de produção cinematográfica sendo desdobrada em aporte na produção e em complementação à filmagem, e o Prodav 01, para a produção de séries de TV – permaneceram, mas o Prodecine recebeu uma linha adicional – o Prodecine 05/2013, para Projetos de Produção de Longas-Metragens com Propostas de Linguagem Inovadora e Relevância Artística. Com isso, a Ancine buscou atenuar a ênfase em um perfil estritamente comercial para a seleção dos projetos, abrindo uma linha específica para aqueles predominantemente artísticos. No entanto, ela é questionada por dar peso excessivo à participação prévia do diretor e da produtora em festivais, sobretudo internacionais. Ou seja, se as linhas anteriores do FSA buscavam projetos com inclinação para o mercado comercial, esta privilegia os projetos que se inserem em um "mercado de arte".

O Prodav foi aquecido com quatro novas linhas de ação. O Prodav 02/2013 prevê aportes para a produção de obras para a TV, mas por meio de um contrato prévio com programadores; equivale, assim, à Linha C, alterando-se o segmento de mercado prioritário.

Os Prodavs 03, 04 e 05 dedicam-se a projetos de desenvolvimento de obras audiovisuais ou de formato de obra, que podem ser de diferentes tipos e voltados para diversos segmentos de mercado, abrangendo obras seriadas e não seriadas destinadas aos segmentos de salas de exibição, TV (paga ou aberta) e vídeo sob demanda. A chamada pública permite a produção de um episódio-piloto, no caso de obras seriadas, ou de um demo jogável, no caso de projetos de jogos eletrônicos.

O Prodav 03/2013 é voltado para "núcleos criativos", definidos como "grupo de profissionais organizado por empresa produtora brasileira independente para estruturação de dinâmica de Desenvolvimento de Carteira de Projetos de obras audiovisuais". Cada núcleo criativo inscrito no fundo deve prever o desenvolvimento de no mínimo cinco projetos. A singularidade dessa linha é o apoio não a um projeto isolado, como era a tônica de todos os editais de produção e das chamadas públicas anteriores do FSA, mas a uma carteira de projetos – o que fortalece a empresa produtora, gerando externalidades positivas e economia de escala. O foco deixa de ser o projeto e passa a ser a empresa produtora.

O Prodav 04/2013 se diferencia do anterior pelo fato de o investimento ser destinado a um projeto isolado, desde que amadurecido por meio de um laboratório de produção. Este funciona como uma consultoria, ministrada por empresa especializada, que realiza uma dinâmica composta por três semanas de encontros presenciais, acrescidas de supervisão a distância.

Já o Prodav 05/2013 prevê aportes para o desenvolvimento de projetos isolados, mas sem a intermediação de um laboratório.

As chamadas públicas de 2014 incorporaram duas novas linhas de ação. O Prodav 06/2014 inaugura o fomento automático: as empresas recebem recursos para futuros projetos proporcionalmente ao desempenho comercial dos seus produtos já licenciados. São beneficiárias diretas empresas produtoras, distribuidoras (segmento de salas de exibição) ou programadoras (da TV aberta ou fechada) brasileiras.

A Chamada Pública 01/2014 se insere na descentralização dos recursos investidos pelo FSA, prevendo a regionalização dos aportes financeiros. Desse modo, o FSA complementa com recursos financeiros o valor previsto nos editais estaduais e municipais. Privilegiam-se projetos de longa-metragem e de obras seriadas, mas as categorias contempladas são definidas conforme os editais regionais – segundo os critérios de avaliação e as necessidades de cada local, ou seja, preservando sua autonomia. Na primeira edição, houve parceria com os estados de Ceará, Minas Gerais, Rio Grande do Sul, Distrito Federal, Acre e Sergipe; com as prefeituras de

João Pessoa (PB), Goiânia (GO), Rio de Janeiro (RJ), Campo Grande (MS), Porto Alegre (RS), Natal (RN) e Salvador (BA); e com emissoras públicas de radiodifusão, como as administradas pelo Irdeb (BA) e pela Funtelpa (PA).

Com o lançamento das novas linhas de ação, o montante de recursos disponível para o Fundo Setorial do Audiovisual obteve extraordinário aumento nos últimos dois anos, em decorrência da elevação dos tributos da Condecine para o setor de telecomunicações. Nas chamadas públicas lançadas em 2014, o valor quase atingiu a cifra de R$ 393 milhões. Com essa quantia, é possível afirmar que o FSA assumiu a primazia do investimento público federal em audiovisual, superando o montante captado pelos mecanismos de fomento indireto que ainda permanecem em vigor.

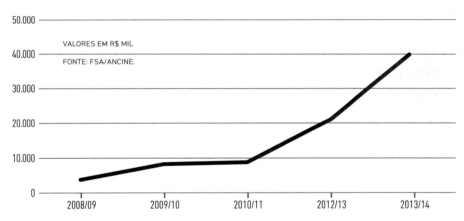

Gráfico 24 – Valores das linhas de ação lançadas pelo FSA por ano
(linhas Prodav e Prodecine)

Porém, ainda que as linhas de ação do FSA tenham se diversificado e crescido sobremaneira, permanecem os desafios para o desenvolvimento do mercado audiovisual, a fim de que sejam alcançados as metas do PDM e os objetivos da Ancine.

Embora haja avanços nas novas linhas – como os investimentos em carteiras de projetos, o suporte automático e a suplementação regional –, a política de investimentos do FSA permanece ligada à lógica tradicional de investimento em produção. Seu grande desafio é complementar essa lógica promovendo investimentos que garantam o aumento do mercado audiovisual. É preciso investir em incubadoras, arranjos produtivos locais, projetos de inovação, infraestrutura técnica, modelos de produção menos hierarquizados. Deve-se também atentar para os nichos de mercado, promover sinergia entre agentes intermediários cuja atividade principal não seja o audiovisual, estimular os mercados regionais e locais. Urge investir na formação de talentos, mediante o estímulo à pesquisa, à publicação de estudos e livros, à criação de cursos de pós-graduação – sobretudo em gestão e empreendedorismo – e à concessão de bolsas de estudo, especialmente no exterior. É preciso buscar um equilíbrio entre o fortalecimento das empresas produtoras e das distribuidoras independentes para a realização de obras com nítido apelo comercial e o estímulo à pesquisa estética e à produção daquelas com linguagem inovadora ou aspectos não comerciais, revelando novos talentos e perscrutando outros aspectos da sociedade e da cultura brasileira. Por fim, faz-se necessário estimular os mercados regionais, fora do eixo Rio-São Paulo, descentralizando a produção independente no país.

Muito ainda há por fazer, mas os avanços da política pública para o audiovisual nas últimas duas décadas são indiscutíveis. Existe, portanto, um cheiro de esperança no ar.

# Referências

AGUIAR, Cristiano. "Análise da proposta de criação da Agência Nacional de Cinema e do Audiovisual". *Revista de Economía Política de las Tecnologías de la Información y Comunicación*, v. VII, n. 1, 2005.

ALMEIDA, Paulo Sérgio; BUTCHER, Pedro. *Cinema, desenvolvimento e mercado*. Rio de Janeiro: BNDES/Aeroplano, 2003.

ALVARENGA, Marcus Vinícius Tavares de. *Cineastas e a formação da Ancine (1999-2003)*. Dissertação (mestrado em Imagem e Som) – Universidade Federal de São Carlos, São Carlos, 2010.

AMANCIO, Tunico. *Artes e manhas da Embrafilme: cinema estatal brasileiro em sua época de ouro (1977/1981)*. Niterói: Ed. UFF, 2000.

ANCINE – Agência Nacional do Cinema. *Manual do produtor*. Rio de Janeiro: Ancine, 2005.

_____. *Legislação audiovisual*. Disponível em: <http://www.ancine.gov.br/legislacao>. Acesso em: 5 nov. 2014.

ARAÚJO, Sérgio Sobreira. *Cultura, política e mercado na Bahia: a criação da Secretaria da Cultura e Turismo*. Dissertação (Mestrado em Cultura e Sociedade) – Universidade Federal da Bahia, Salvador, 2007.

ATTAYDE, Maria Cristina. "A lei geral de comunicação eletrônica de massa e a qualidade da programação televisiva". *Revista do Serviço Público*, v. 58, n. 3. Brasília: ENAP, jul.-set. 2007.

AUTRAN, Arthur. *O pensamento industrial cinematográfico brasileiro*. Tese (doutorado em Multimeios) – Instituto de Artes da Universidade Estadual de Campinas, Campinas, 2005.

BAHIA, Lia; AMANCIO, Tunico. "Notas sobre a emergência de um novo cenário audiovisual no Brasil nos anos 2000". *Contracampo*, v. 21, Niterói, ago. 2010, p. 113-30.

BARBOSA FILHO, André. "O Sistema Brasileiro de Televisão Digital: do sonho à realidade". *Comunicação & Sociedade*, v. 29, n. 48, 2007.

BARRETO, L. C. "Artistas protestam contra o 'dirigismo' e PT intervém". *Estado de S. Paulo*, 5 maio 2003.

BARROS, Leonardo Monteiro de. *Avaliação de empresas de cinema e estúdios cinematográficos*. Dissertação (mestrado profissionalizante em Administração) – Instituição de Apoio ao Instituto Brasileiro de Mercado de Capitais, Rio de Janeiro, 2004.

BENHAMOU, Françoise. *A economia da cultura*. São Paulo: Ateliê Editorial, 2007.

BENJO, Isaac. *Fundamentos da economia da regulação*. Rio de Janeiro: Thex, 1999.

BERNARDET, Jean-Claude. *Cinema brasileiro: propostas para uma História*. 2. ed. rev. e ampl. São Paulo: Companhia das Letras, 2009.

BOLAÑO, César Ricardo Siqueira. "A economia política da televisão brasileira". *RBCC*, Intercom XXII, n. 2, São Paulo, 1999.

\_\_\_\_\_. *Mercado brasileiro de televisão*. 2. ed. Aracaju: Universidade Federal de Sergipe, 2000.

BOLAÑO, Cesar Ricardo Siqueira; BRITTOS, Valério Cruz. "TV pública, políticas de comunicação e democratização: movimentos conjunturais e mudança estrutural". *Revista de Economía Política de las Tecnologías de la Información y Comunicación*, v. X, n. 3, set.-dez. 2008.

BONELL, René. *La vingt-cinquièmeimage: une économie de l'audiovisuel*. 4. ed. Paris: Éditions Gallimard, 2006.

BRASIL. *Análise e avaliação do papel das agências reguladoras no atual arranjo institucional brasileiro. Relatório do grupo de trabalho interministerial*. Brasília: Casa Civil, Câmara de Infraestrutura – Câmara de Política Econômica, set. 2003.

\_\_\_\_\_. *Relatório de gestão (2003-2006)*. Brasília: Ministério da Cultura – Secretaria do Audiovisual, 2006.

\_\_\_\_\_. *Apresentação de projetos culturais*. Brasília: Ministério da Cultura, 2008.

\_\_\_\_\_. *Programa Nacional de Cultura, Educação e Cidadania*. Brasília: Secretaria de Cidadania Cultural – Ministério da Cultura, 2010.

BRESSER PEREIRA, Luiz Carlos. "O governo Collor e a modernidade em tempos incertos". *Novos Estudos Cebrap*, n. 29, mar. 1991.

\_\_\_\_\_. *Crise econômica e reforma do Estado no Brasil: para uma nova interpretação da América Latina*. São Paulo: Editora 34, 1996.

\_\_\_\_\_. "A reforma do Estado dos anos 90: lógica e mecanismos de controle". *Lua Nova – Revista de Cultura e Política*, n. 45, 1998, p. 49-95.

BRITTOS, Valério; NAZÁRIO, Paola Madeira. "Lei do audiovisual: a reação empresarial e os recuos do governo Lula". In: *Actas do Congreso Internacional Lusocom 2006*, Santiago de Compostela, abr. 2006.

BRITTOS, Valério; KALIKOSKE, Andres. "Economia e audiovisual: as barreiras à entrada nas indústrias culturais contemporâneas". In: MELEIRO, Alessandra (org.). *Cinema e economia política. Indústria cinematográfica e audiovisual brasileira.* v. II. São Paulo: Escrituras, 2009.

BUCCI, Eugenio. É possível fazer televisão pública no Brasil? *Novos Estudos – Cebrap*, n. 88, dez. 2010. Disponível em: <http://www.scielo.br/scielo.php?pid=S0101-33002010000300001&script=sci_arttext>. Acesso em 5 nov. 2014.

BUTCHER, Pedro. *A dona da história: origens da Globo Filmes e seu impacto no audiovisual brasileiro.* Dissertação (mestrado em Comunicação Social) – Escola de Comunicação da Universidade Federal do Rio de Janeiro, Rio de Janeiro, 2006.

CAMPOS, Humberto Alves de. "Falhas de mercado e falhas de governo: uma revisão da literatura sobre regulação econômica". *Prismas: direito, políticas públicas e mundialização*, v. 5, n. 2, Brasília, jul.-dez. 2008, p. 341-70.

CAMPOS, Renato Márcio. "Carlota Joaquina, referencial de mercado para a retomada do cinema brasileiro: Estratégias de produção, distribuição e exibição". In: *Anais do V Encontro dos Núcleos de Pesquisa da Intercom*. Intercom, São Paulo, 2005. CD-ROM.

CAPPARELLI, Sérgio. *Televisão e capitalismo no Brasil.* Porto Alegre: LPM, 1982.

CARVALHO, Thiago. *Monitoramento da programação da televisão por assinatura. Nota técnica nº 3.* Superintendência de Acompanhamento de Mercado – Agência Nacional do Cinema – 2008. Disponível em: <http://www.ancine.gov.br/media/SAM/NotasTecnicas/TvFechada.pdf>. Acesso em: 14 fev. 2011.

CASTELLS, Manuel. *A sociedade em rede – A era da informação: economia, sociedade e cultura.* São Paulo: Paz e Terra, 1999.

CATANI, Afrânio Mendes. "Política cinematográfica nos anos Collor (1990-1992): um arremedo neoliberal". *Revista Imagens*, Campinas, n. 3, dez. 1994.

CESÁRIO, Lia Bahia. *Uma análise do campo cinematográfico sob a perspectiva industrial.* Dissertação (mestrado em Comunicação Social) – Programa de Pós-Graduação em Comunicação da Universidade Federal Fluminense, Niterói, 2009.

CESNIK, Fábio. *Guia do incentivo à cultura.* Barueri: Manole, 2002.

CRETON, Laurent. *Le cinema et l'argent.* Paris: Nathan, 2000.

CRUZ, Renato. *TV digital no Brasil: tecnologia versus política.* São Paulo: Ed. Senac, 2008.

DAHL. "Tela vivíssima". *Tela Viva*, São Paulo, n. 159, abr. 2006, p. 42-43.

DE LUCA, Luiz Gonzaga Assis. *A hora do cinema digital: democratização e globalização do audiovisual.* São Paulo: Imprensa Oficial do Estado de São Paulo, 2009.

_____. "Mercado exibidor brasileiro: do monopólio ao pluripólio". In: MELEIRO, Alessandra (org.). *Cinema e mercado*. São Paulo: Escrituras Editora, 2010.

DE MARCHI, Leonardo. "Construindo um conceito neodesenvolvimentista de economia criativa no Brasil: política cultural na era do novo MinC". *Novos Olhares*, v. 2, n. 2, 2013, p. 37-48. Disponível em: <http://www.revistas.usp.br/novosolhares/article/view/69826/72486>. Acesso em: 9 maio 2015.

DIEGUES, C. "A cultura está sob intervenção". *O Globo*, 3 maio 2003.

DRAGOMIR, Marius. "Concentração de meios de comunicação na Europa: o jogo dos Golias". *Cadernos Adenauer*, v. VIII, n. 4, 2007, p. 63-82.

"EM AUDIÊNCIA no Senado, ministra Ana de Hollanda nega relação com o Ecad e confunde natureza do Creative Commons". *O Globo*, 7 abr. 2011. Disponível em <http://oglobo.globo.com/cultura/em-audiencia-no-senado-ministra-ana-de-hollanda-nega-relacao-com-ecad-confunde-natureza-do-creative-commons-2799612#ixzz3G8E-6VxFZ>.Acesso em: 9 maio 2015.

FERREIRA, Fábio Almeida. *O Brasil na sociedade da informação: estado regulador e a agência nacional de telecomunicações*. Dissertação (mestrado em Ciência da Informação) – Universidade Federal da Bahia, Salvador, 2004.

FLICHY, Patrice. *Les industries de l'imaginaire: pour une analyse économique des médias*. Grenoble: Presses Universitaires de Grenoble, Institut National de l'Audiovisuel, 1980.

FOCUS. *Focus 2009: World Film Market Trends. Tendances du marché mondial du film*. Strasburgo: Observatoire Européen de l'Audiovisuel, 2009. Disponível em: <http://www.obs.coe.int/documents/205595/424287/focus2009.pdf/865dc18a-83fc--4032-a6b1-0f5e0fbaaacb>. Acesso em: 9 maio 2015.

FONSECA, Pedro Cezar Dutra. *Vargas: o capitalismo em construção – 1906-1954*. São Paulo: Brasiliense, 1987.

FOREST, Claude. *L'agent du cinéma (introduction à l'économie du septième art)*. Paris: Belin, 2002.

FORNAZARI, Fabio. "Instituições do Estado e políticas de regulação e incentivo ao cinema no Brasil: o caso Ancine e Ancinav". *Revista de Administração Pública*, v. 40, n. 4, Rio de Janeiro, jul.-ago. 2006.

GATTI, André Piero. *O consumo e o comércio cinematográfico no Brasil vistos através da distribuição de filmes nacionais: empresas distribuidoras e filmes de longa--metragem (1966-1990)*. Dissertação (mestrado em Comunicação) – Escola de Comunicações e Artes da Universidade de São Paulo, São Paulo, 1999.

_____. *Distribuição e exibição na indústria cinematográfica brasileira (1993-2003)*. Tese (doutorado em Multimeios) – Instituto de Artes da Universidade Estadual de Campinas, Campinas, 2005.

_____. *Embrafilme e o cinema brasileiro*. v. 6. São Paulo, 2007 (Coleção Cadernos de Pesquisa).

GUERRA, Ana Káthia Cruz. "O modelo regulatório do SBTVD – Sistema Brasileiro de TV digital: passado, presente e futuro". *Intellectus*, ano VI, n, 13, out.-dez. 2010.

GUIMARÃES, Letícia. *A influência da participação do capital estrangeiro na produção cinematográfica brasileira independente a partir de incentivos fiscais*. Monografia (Conclusão do Curso de Especialização em Direito) – Fundação Armando Álvares Penteado, São Paulo, 2007.

IANNI, Octavio. *Estado e planejamento econômico no Brasil (1930-1970)*. 5. ed. rev. e atual. Rio de Janeiro: Civilização Brasileira, 1991.

IKEDA, Marcelo. *Perfil dos projetos ativos 2006*. [S.l.:] Superintendência de Acompanhamento de Mercado/Agência Nacional do Cinema, jun. 2007. Nota Técnica nº 1. Disponível em: <http://www.ancine.gov.br/media/SAM/NotasTecnicas/Projetos Ativos2006.pdf>. Acesso em: 14 fev. 2011.

_____. *Distribuição de filmes brasileiros no período da "retomada" (1995-2007)*. Monografia (Conclusão do Curso de Especialização em Economia e Regulação do Audiovisual) – Instituto de Economia da Universidade Federal do Rio de Janeiro, Rio de Janeiro, 2010a.

_____. "Distribuição de longas-metragens brasileiros a partir das leis de incentivo (1995--2007): um panorama". In: FABRIS, Mariarosario *et al*. (orgs.). *X Estudos de Cinema e Audiovisual Socine 2008*. São Paulo: Socine, 2010b.

_____. "'Muito falado e pouco visto': perfil da distribuição do documentário brasileiro nas salas de exibição (1995-2008)". In: PAIVA *et al*. (orgs.). *XI Estudos de Cinema e Audiovisual Socine 2009*. São Paulo: Socine, 2010c.

IKEDA, Marcelo; SANTOS, Guiwhi. "Enfrentando Hollyworld". In: *Le Monde Diplomatiquen, 33*. São Paulo: Instituto Pólis, abr. 2010, p. 31

JOHNSON, Randal. *The film industry in Brazil – Culture and State*. Pittsburgh: University of Pittsburgh Press, 1987.

_____. "Ascensão e queda do cinema brasileiro". *Revista da USP*, n. 19, São Paulo, set.--out./nov. 1993.

KLANG, Helena. "A questão autoral no Ministério da Cultura durante o governo Lula". *II Seminário Internacional de Políticas Culturais*. Rio de Janeiro: Fundação Casa de Rui Barbosa, 2011.

KUNZ, William M. *Culture conglomerates: consolidation in the motion picture and television industries*. Nova York: Rowman & Littlefield, 2007

LEAL FILHO, Laurindo Lalo. *A melhor TV do mundo*. São Paulo: Summus, 1997.

LEHU, Jean-Marc. *Branded entertainment; product placement & brand strategy in the entertainment business*. Londres/Filadélfia: Kogan Page, 2007.

LEITÃO, S. S. Coletiva de imprensa de Sérgio Sá Leitão e Juca Ferreira. Disponível em: <http://www.canalcontemporaneo.art.br/tecnopoliticas/archives/2004_08.html>. Acesso em: 9 maio 2015.

LEMOS DA SILVA, Dirceu. "A falsa promessa da multiprogramação na TV digital". *Intercom. Anais do XXXVI Congresso Brasileiro de Ciências da Comunicação*. Manaus (AM), 4 a 7 set. 2013. Disponível em <http://www.intercom.org.br/papers/nacionais/2013/resumos/R8-0795-1.pdf>. Acesso em: 5 nov. 2014.

LIMA, Venício Artur de. "Globalização e políticas públicas no Brasil: a privatização das comunicações entre 1995 e 1998". *Revista Brasileira de Política Internacional*, v. 41, n. 2, Brasília, dez. 1998. Disponível em: <http://www.scielo.br/scielo.php?script=sci_arttext&pid=S0034-73291998000200007&lng=en&nrm=iso>. Acesso em: 4 dez. 2010.

LOPES, Denise. *Cinema brasileiro pós-Collor*. Dissertação (mestrado em Comunicação Social) – Programa de Pós-Graduação em Comunicação da Universidade Federal Fluminense, Niterói, 2001.

MANTEGA, Guido. *O programa de privatizações brasileiro e a sua repercussão na dinâmica econômica*. São Paulo: Núcleo de Pesquisas e Publicações/Fundação Getulio Vargas, 2001 (Série Relatórios de Pesquisa, n. 53). Disponível em: <http://virtualbib.fgv.br/dspace/bitstream/handle/10438/3195/Rel%2053-2001.pdf?sequence=1>. Acesso em: 14 jan. 2011.

MARQUES NETO, Floriano Peixoto de Azevedo. *Agências reguladoras – Instrumentos do fortalecimento do Estado*. São Paulo: Abar, 2003.

MARSON, Melina. *O cinema da retomada: Estado e cinema no Brasil da dissolução da Embrafilme à criação da Ancine*. Dissertação (mestrado em Sociologia) – Instituto de Filosofia e Ciências Humanas da Universidade Estadual de Campinas, Campinas, 2006.

MARTINS, Fernando. *Perfil da programação da TV aberta – 2007*. Nota técnica nº 2. [S.l.:] Superintendência de Acompanhamento de Mercado/Agência Nacional do Cinema, mar. 2008. Disponível em <http://www.ancine.gov.br/media/SAM/NotasTecnicas/TvAberta.pdf>. Acesso em: 14 fev. 2011.

MASSON, Celso. "Caros, ruins e você paga". *Veja*, São Paulo, 30 jun. 1999.

MEDEIROS, Jotabê. "Ana de Hollanda no país do Ecad". *CartaCapital*, 12 mar. 2012. Disponível em <http://farofafa.cartacapital.com.br/2012/03/12/ministerio-do-ecad/>. Acesso em: 9 maio 2015.

MEDIASALLES. *White book of the European exhibition industry*. Disponível em: <http://www.mediasalles.it/whiteb.htm>. Acesso em: 2000.

MELLO, Alcino Teixeira de. *Legislação do cinema brasileiro*, vols. 1 e 2. Rio de Janeiro: Embrafilme, 1978.

MIGLIORIN, Cezar. "Por um cinema pós-industrial: notas para um debate". *Revista Cinética*, fev. 2011. Disponível em: <http://www.revistacinetica.com.br/cinemaposindustrial.htm>. Acesso em: 18 mar. 2011.

MIOLA, Edna. Sistema *deliberativo e tensões entre interesses públicos e privados: a criação da Empresa Brasil de Comunicação em debate no Congresso e na imprensa*. Tese (doutorado em Comunicação Social), Universidade Federal de Minas Gerais, Belo Horizonte (MG), 2012.

MIRANDA, André. "Em trocas de e-mails, diretores de associações que compõem o Ecad tratam da relação próxima com a atual gestão do Ministério da Cultura". *O Globo*, 3 maio 2011. Disponível em: <http://oglobo.globo.com/cultura/em-trocas-de-mails-diretores-de-associacoes-que-compoem-ecad-tratam-da-relacao-proxima-com-atual--gestao-do-ministerio-da-cultura-2776197>. Acesso em: 9 maio 2015.

MOISÉS, José Álvaro. "Os efeitos das leis de incentivo". In: WEFFORT, Francisco; SOUZA, Márcio (orgs.). *Um olhar sobre a cultura brasileira*. Brasília: Ministério da Cultura, 1998, p. 445-62.

_____. *Uma nova política para o cinema brasileiro*. Versão revista de texto transcrito do depoimento gravado prestado à Comissão de Especial de Cinema do Senado Federal no dia 14 de outubro de 1999.

MORAES, Alexandre de (org.). *Agências reguladoras*. São Paulo: Atlas, 2002.

MORAES, Dênis de. "Mídia e globalização neoliberal". *Contracampo*, v. 7, Niterói, 2002, p. 7-22.

MOREIRA, Fayga; BEZERRA, Laura; ROCHA, Renata. "A Secretaria do Audiovisual: políticas de cultura, políticas de comunicação". In: RUBIM, Antonio Albino Canelas (org.). *Políticas culturais no governo Lula*. Salvador: Edufba, 2010, p. 133-58.

NUNES, Edson et al. "O Governo Lula e as mudanças nas agências reguladoras". In: *Observatório Universitário – Documento de trabalho nº 17*. Rio de Janeiro: Instituto Databrasil, jan. 2005.

NUNES, Leopoldo. "Falsa euforia". *Revista dos Bancários*, n. 41, Brasília, fev. 1999. Disponível em: <http://www.spbancarios.com.br/rdbmateria.asp?c=38>. Acesso em: 15 mar. 2010.

OLIVIERI, Cristiane Garcia. *Cultura neoliberal: leis de incentivo como política pública de cultura*. São Paulo: Escrituras, 2004.

PACHECO, Regina. "Agências reguladoras no Brasil: Ulisses e as sereias ou Narciso e Eco?". In: 8º Congreso Internacional del Clad sobre la reforma del Estado y de la administración pública, Panamá, out. 2003. *Anais...* Panamá, 2003.

PAIVA, Thaís da Silva Brito de; SANTOS, Suzy dos. "TV Brasil: análise de uma TV em crise de identidade". In: Intercom – Sociedade Brasileira de Estudos Interdisciplinares da Comunicação, XIII Congresso de Ciências da Comunicação na Região Sudeste, São Paulo, 7 a 10 de maio de 2008. Disponível em: <http://www.intercom.org.br/papers/regionais/sudeste2008/resumos/R9-0380-1.pdf>. Acesso em: 5 mar. 2011.

RAMOS, José Mário Ortiz. *Cinema, Estado e lutas culturais: anos 50, 60, 70*. Rio de Janeiro: Paz e Terra, 1983.

REIS, Paula Félix dos. "Políticas Culturais no Brasil Contemporâneo: um estudo do governo Lula" (2003-2006), I Encontro Nacional do Ulepicc Brasil. São Paulo, 2006. Disponível em <http//www.ulepicc.org.br/aequivos/ec_paula.pdf>. Acesso em: 29 abr. 2015.

ROCHA, Renata. "O Ministério da Cultura e a construção da TV Brasil: processos políticos, atores e mobilizações". *Eptic Online*, v. 15, n. 2, 2013. Disponível em: <http://www.seer.ufs.br/index.php/eptic/article/view/942>. Acesso em 5 nov. 2014.

RODRIGUES, Paola Daniella da Fonseca. *A TV digital no Brasil: do SBTVD ao ISDTV-T – A política a reboque da tecnologia*. Dissertação (mestrado em Comunicação), Universidade de Brasília, Brasília (DF), 2008.

SANDOT, Frédérique. *Finance et cinema: les Sofica: analyse de rentabilité de l'investissement cinématographique*. Paris: Editions Universitaires Europeennes, 2010.

SAVAZONI, Rodrigo. "Ana de Hollanda, o Comando de Caça aos Commonistas e a transição conservadora?" *Brasil de Fato*, 31 jan. 2011. Disponível em: <http://www.brasildefato.com.br/node/5561>. Acesso em: 9 maio 2015.

SCHETTINO, Paulo. *O novo cinema brasileiro*. Tese (doutorado em Cinema), Universidade de São Paulo, São Paulo (SP), 2002.

SCHNEIDER, Ben Ross. "A privatização no governo Collor: triunfo do liberalismo ou colapso do Estado desenvolvimentista?". *Revista de Economia Política*, v. 12, n. 1, jan.-mar. 1992.

SELONK, Aleteia. *Distribuição cinematográfica no Brasil e suas repercussões políticas e sociais: um estudo comparado da distribuição da cinematografia nacional e estrangeira*. Dissertação (mestrado em Comunicação Social) – Pontifícia Universidade Católica do Rio Grande do Sul, Porto Alegre, 2004.

SILVA, Frederico Barbosa da. *Economia e política cultural: acesso, emprego e financiamento*. Brasília: Ministério da Cultura, 2007 (Coleção Cadernos de Políticas Culturais, 3).

SILVA, Frederico Barbosa da; ARAÚJO, Herton Ellery. *Cultura viva: avaliação do programa arte, educação e cidadania*. Brasília: IPEA, 2010.

SILVA JÚNIOR, Ary Ramos da. *Algumas considerações sobre o Consenso de Washington* [s.d]. Disponível em: <http://www.aryramos.pro.br/artigos-14326/algumas-consideracoes-sobre-o-consenso-de-washington>. Acesso em: 9 maio 2015.

SIMIS, Anita. *Estado e cinema no Brasil*. São Paulo: Annablume/Fapesp,1996.

_____. "A Globo entra no cinema". In: BRITTOS, Valério Cruz; BOLAÑO, César (orgs.). *Rede Globo: 40 anos de poder e hegemonia*. São Paulo: Paulus, 2005.

SOUTO, Marcos Juruena Villela. "Agências reguladoras". *Revista de Direito Administrativo*, v. 216, Rio de Janeiro, abr.-jun. 1999.

SOUZA, José Inácio de Melo. "Congresso de Cinema". In: RAMOS, Fernão; MIRANDA, Luís Felipe de. *Enciclopédia do Cinema Brasileiro*. São Paulo: Senac, 2000.

STERNHEIM, Alfredo. *Cinema da Boca: dicionário de diretores*. São Paulo: Imprensa Oficial do Estado de São Paulo/Cultura – Fundação Padre Anchieta, 2005.

TEDESCO, Cybelle; TAVARES, Denise. "Lynxfilm, O2 e Conspiração: parcerias com o cinema brasileiro". In: IV Encontro dos Núcleos de Pesquisa da Intercom. *Anais...* Porto Alegre, 2004. Disponível em: <http://www.portcom.intercom.org.br/pdfs/51312200 52486070597749045279782 1164182.pdf>. Acesso em: 11 fev. 2011.

TOLILA, Paul. *Cultura e economia: problemas, hipóteses, pistas*. São Paulo: Iluminuras/Itaú Cultural, 2007.

Tonieto, Márcia Terezinha. *Sistema Brasileiro de TV Digital – SBTVD: uma análise política e tecnológica na inclusão social*. Dissertação (mestrado profissional em Computação Aplicada), Universidade Estadual do Ceará/Cefet, 2006.

Valente, Jonas. *TV pública no Brasil: a criação da TV Brasil e sua inserção no modo de regulação setorial da televisão brasileira*. Dissertação (mestrado em Comunicação), Universidade de Brasília, Brasília (DF), 2009.

Vogel, Harold. *Entertainment industry economics*. 5. ed. Cambridge: Cambridge University Press, 2001.

Venâncio Filho, Alberto. *A intervenção do Estado no domínio econômico: o direito público econômico no Brasil*. Rio de Janeiro: Fundação Getulio Vargas, 1966.

Wimmer, Miriam. "Os projetos de lei de comunicação de massa por assinatura: controvérsias, interesses e expectativas". *Revista de Direito, Estado e Telecomunicações*, v. 2, n. 1, 2010, p. 231-58. Disponível em: <http://www.ndsr.org/SEER/index.php?journal=rdet&page=article&op=view&path%5B%5D=32>. Acesso em: 9 maio 2015.

Zaverucha, Vera. *Lei do Audiovisual: passo a passo*. Rio de Janeiro: Funarte, 1997.

# Agradecimentos

Este livro é fruto de mais de dez anos de trabalho na teoria e na prática da gestão audiovisual. Como servidor da Ancine durante oito anos, pude conviver de perto com os desafios da política audiovisual brasileira. Agradeço a Gustavo Dahl e Luiz Fernando Noel, que não estão mais entre nós. A Vera Zaverucha. A Jane Guerra-Peixe. Aos servidores da SAM, Helena, Roberto, Sílvia, Thiago e Mariana, pelo apoio e pela compreensão.

Esta publicação é fruto de minha dissertação de mestrado no Programa de Pós-Graduação em Comunicação da Universidade Federal Fluminense (UFF). Agradeço aos docentes e alunos do curso, em especial a meu orientador, Tunico Amancio, e ao professor Dênis de Moraes.

A Leonardo Monteiro de Barros, pela organização do curso Film & TV Business. A Luiz Gonzaga de Luca, por me conceder um pouco do seu concorrido tempo.

A Lia Gomensoro, que me abriu as portas para a gestão do audiovisual. A Sheila Najberg, que me ensinou a pesquisar.

À (já extinta) Secretaria da Economia Criativa do Ministério da Cultura e ao CNPq, que me permitiram ampliar e divulgar esta pesquisa. À equipe da Summus Editorial, em especial a Soraia Bini Cury, pelo capricho e cuidado editoriais.

Agradeço sobretudo a Andréia e Francisco Ramalho, que ajudaram a tornar este sonho possível.

A Deus e a meus pais, que me fazem persistir acreditando na possibilidade de um futuro mais digno.